問題対処の教師行動

Teacher's Action for troublesome Behavior

西口利文

学文社

はじめに

　本書は，教師あるいは子どもがフラストレーションを抱えている場面を問題場面と位置づけ，小学校における問題場面での教師行動とその特徴について，教育心理学的な実証的研究の成果をふまえながらまとめたものである。問題場面について，具体的には，授業中におしゃべりをしている児童のいる場面，掃除に対して怠慢な児童のいる場面，依存的な児童が教師にかかわる場面など，小学校でよく見られる場面を本書では取り上げている。

　全体の構成については，6章から成り立っている。第1章は序論である。問題場面での教師行動とその特徴を記述したものは，教師にとって，日々の活動に資する知識になりうることを論じている。また，教師が日々の実践で困難を抱えたとき，対処方法のレパートリーを知識として豊富にもっていることが，その困難の克服に資することを論じている。こうした議論をふまえて，本書が，次の四つの主たる目的をもった実証的研究の成果を報告するものであると説明している。

　①　問題場面における教師集団の行動（注意する，おだやかに接する等の行動）および言葉かけの現状を明らかにすること。

　②　問題場面で生じる教師たちの内的要因と教師行動および言葉かけとの関連を明らかにすること。

　③　問題場面での教師の種々の行動や言葉かけに対する児童たちの見方を明らかにすること。

　④　問題場面での行動のレパートリーを教師が内面化するための条件について検討すること。

　第2章から第5章では，各目的にそった実証的研究をもとに記述を行っている。第2章では，問題場面で教師たちが，いかなる行動や言葉かけを行っているかについての調査結果を報告している。そして，問題場面の内容別に，実践されやすい，あるいはされにくい行動の存在することや，各場面において，ど

の程度，多様な対処行動を実践できるかについて詳述している。

　第3章では，問題場面での教師たちの内的要因が，その場での行動や言葉かけにどのように影響しているかについての調査結果をまとめている。そのなかで，教師の「問題所有」（苛立ちの程度），「効力期待強度」（自らの対処がうまくいくという確信の程度）といった教師の心理的要因が，教師の行動に影響していることを報告している。またこうした心理的要因が教師の行動に与える影響力の強さが，問題場面の種類によって異なることを報告している。

　第4章では，問題場面での教師の種々の行動や言葉かけが，児童たちによってどのように評価されているかについての調査結果をまとめている。そのなかで，教師の統制的行動は，一般的には児童たちに否定的に評価されやすいものの，児童たちが教師からの統制的行動を予測しやすい問題場面で行われた場合は，否定的な評価はされにくいことを報告している。また，反社会的な行動をするクラスメートに対しては，教師の統制的な言葉かけは肯定的に評価される傾向にあり，逆に彼らを承認するような言葉かけは低い評価につながることなどを明らかにした結果についても紹介している。

　第5章では，問題場面での行動のレパートリーを豊富にもつ教師の特徴の検証ならびに，教師がレパートリーを豊富にするための教育的な支援方法についての実践研究の結果をまとめている。ここでは，自らの力量が高まることを期待している教師や，自らの力量への満足感が高すぎない教師において，行動のレパートリーが豊富であることを報告している。また，教員志望の大学生を対象として，大学の講義のなかで，行動のレパートリーを広げるためのワークシートを活用することで，その教育的効果が期待できることについても報告している。

　第6章においては，総括的討論を行っている。第1章で示した目的をふまえて，問題場面における教師行動を検討した一連の成果を包括的に考察している。さらには，問題場面の教師行動に関する今後の研究の展望についてもまとめている。

　ところで，本書の刊行にあたっては，筆者は以下の2点に貢献することを念

頭に置いている。一つは学校教育の実践に対する貢献である。本書は，小学校の問題場面を題材に，場面想定法の手法を用いた実証的研究によりまとめられている。こうした研究手法を用いた結果として，教育実践にも活用しうる種々の知見を提出するに至った。そこで筆者としては，本書に収められた一連の記述内容が，教育実践ならびにこれを支援する教育心理学研究のさらなる発展につながれば幸いであると考えている。もう一つは，教師教育に対する貢献である。本書の記述内容を巧みに加工すれば，教師やこれから教師を目指そうとする大学生を対象とした，生徒指導に関する研修用教材の開発が期待できる。すなわち本書が，問題場面に対処する教師行動を題材とした，教師教育ならびにそれらの研究の発展の一助になればよいと考えている。

　いずれにおいても，教育に関する研究に従事されている研究者や，教育実践の場で活躍する教師の方々には，とりわけ本書に目を通していただけるとありがたい。そのうえで，諸氏の叡智の助けを得ることによって，本書が教育という場のよりよい大きな変化をもたらすきっかけになれば，筆者としては至上の喜びである。

目　次

はじめに ——————————————————————————— 1

第1章　序　論 ——————————————————————— 7
1.1　教師行動を支える実践的知識　8
1.2　教師行動を理解する研究アプローチ　9
1.3　問題場面の定義　12
1.4　問題場面における教師行動を理解する意義　14
1.5　問題場面における教師行動およびとりまく変数　17
　1.5.1　問題場面における教師集団の行動　17
　1.5.2　各教師の内的要因と教師行動の関連　19
　1.5.3　教師行動に対する児童および生徒の見方　20
　1.5.4　教師が内面化する指導方法についてのレパートリー　21
1.6　本書における研究の目的　22

第2章　問題場面における教師集団の行動 ——————————— 25
2.1　[研究①]　問題場面での小学校教師の行動分析　26
2.2　[研究②]　問題場面での小学校教師の言葉かけ　38
2.3　まとめ　57

第3章　教師行動に影響する教師の内的要因 ————————— 59
3.1　[研究③]　小学校教師の内的要因と行動との関連　60
3.2　[研究④]　小学校教師の内的要因と言葉かけとの関連　68
3.3　まとめ　78

第4章　教師行動に対する児童の見方 ———————————— 79
4.1　[研究⑤]　問題場面での教師行動に対する児童の評価　80
4.2　[研究⑥]　教師の統制表出への評価に影響する児童の内的要因　97
4.3　[研究⑦]　問題場面で児童が求める教師の言葉かけ　107
4.4　まとめ　132

第5章　教師による言葉かけのレパートリーの習得の検討 ──────── 135
5.1　［研究⑧］教師の内的要因と言葉かけのレパートリーの習得との関連　136
5.2　［研究⑨］言葉かけのレパートリーを豊富にするワークシートの効果　144
5.3　まとめ　161

第6章　総括的討論 ──────────────────────── 163
6.1　討論の視点　164
6.2　問題場面における教師集団の行動　164
6.3　教師の内的要因と問題場面での教師行動との関連　168
6.4　問題場面での教師行動に対する児童の見方　171
6.5　指導方法のレパートリーを教師が内面化するための条件　172
6.6　おわりに：問題場面に対処する教師行動の研究の展望　174

おわりに ──────────────────────────── 179
引用文献 ──────────────────────────── 181
本書で取り上げた研究の出典 ─────────────────── 184
索引 ───────────────────────────── 185

第1章 序 論

1.1 教師行動を支える実践的知識

　学校の教育活動は，教師と児童，生徒とのコミュニケーションを通じて行われている。そのため，学校で児童，生徒が受ける教育的な影響力を知るうえで，教師行動およびそのあり方ついて明らかにしていくことの意義は大きい。

　ところで，これまで教育心理学に関する文献では，教師行動のあり方について提唱した一般性の高い科学的な理論や技術が紹介されてきた。しかしながら，こうした理論や技術の多くが，教師にとって，実践に有用な知見となり得たかどうかについては疑問も投げかけられてきた。

　梶田(1986)は，個々の教師にとって，科学的に一般化された理論や技術を拠り所に実践を行うことは困難であると指摘している。また佐藤(1997)は，教科内容，教室文脈，子どもの認知，教師の特性を超えた一般的な授業の理論が存在するという考え方は神話であるとまで述べている。

　現実の実践の場に目を向けると，教師は学校および教室において，日々さまざまな個性をもった児童，生徒たちと向き合い，種々の事例に直面しながら行動をとっている。しかも，直面する事例のなかには，学級経営や学習指導の綿密な計画の範囲を超えた事態の多いことがわかる。仮に教師が一般化された理論的枠組みや綿密な計画を内面化していたとしても，教育実践をそれだけで効果的に果たすことに無理があるのは明白である。それでは，教師たちは，一般的な科学的理論の適用が困難な事態や，綿密な指導計画が成り立たないような事態に，現実にはどのように対処しているのであろうか。

　教師が実践の際に拠り所としている知識は，実践的知識と呼ばれる。佐藤(1994, 1997)は，この実践的知識について，いくつかの特徴をあげている。その特徴として，個々の教師の個人的な経験に基礎を置く知識であること，特定のコンテクストに即した具体的な知識であることを述べている。これと同様な指摘は，Clandinin(1985)や梶田(1986)にもみられ，教師が具体的な実践状況での多様な指導経験を通じて，自ら活用するパーソナルな指導理論という知識を形成していることを述べている。またこうした知識は，単なる知識の寄せ集

めではなく，経験智といった，個人の知識の体系であると考えられている（梶田，1986）。

もし実践的知識が，具体的な個人の経験をもとにした知識の体系であるとすれば，教育実践の経験のみならず，その他さまざまな個人の経験についても，その知識体系に組み込まれうると考えられる。そこで，教師集団の行動およびそのあり方について，実践的知識にできるだけ即したかたちで分析され，整理された資料が存在するならば，個々の教師は，それを学ぶという経験により，実践の拠り所となる知見として，自らの実践的知識の体系に取り込むことも可能であると考えられる。本書では，教師が実践的知識として取り込むことができる研究知見の提出を目指しながら，教師行動の研究を展開していくことにしたい。

1.2 教師行動を理解する研究アプローチ

教師行動のあり方やその影響についての研究知見は，これまで主に次の五つのアプローチを通じて得られてきた。ここでは，教師行動に関するこれら五つのアプローチについて整理したうえで，本書における教師行動を理解する研究アプローチの位置づけを明確にしておくことにしたい。

まず従来のアプローチの一つ目としてあげられるのは，教師という職業人特有の行動傾向を明らかにするというものである。このアプローチからは，「教師とは，Aという行動をとる傾向にある」といった知見が示される。例えば，河村・國分（1996）による，教師特有の指導行動を生むとされるイラショナル・ビリーフについての検討が，これに該当する。イラショナル・ビリーフとは，論理療法から提出された概念で，非論理的で，絶対的で教義的な「ねばならない型」の思考を指し，強迫的な行動や感情に結びつくと考えられている。河村・國分（1996）は，教師が，教育関係者や小学校の子どもをもつ社会人に比べると，児童に対して管理主義的なビリーフをもっていることを示した。こうしたアプローチでは，教師集団全体に普遍性を認める立場をとっている。そこで，教師行動の普遍的アプローチといえるだろう。

二つ目として,「教師行動には, Ba, Bb, Bc…という相互に独立したタイプがある」といったアプローチをあげることができる。これは, 教師行動の類型論的アプローチといえる。代表的なのは, 三隅 (1984) の PM 理論のように, 教師行動を P 機能 (目標達成機能) と M 機能 (集団維持機能) の 2 次元でとらえ, 各機能の高低から 4 類型に分類し, 各類型の教師行動がもたらす影響を検討するといったものである。また, プログラム学習, 有意味受容学習, あるいは仮説実験授業などといった, 多くのさまざまな教授学習理論は, 授業の計画から実践まで, 教師行動のあり方に有益な指針を与えてきた。こうした知見も, Bx という独自の実践方法を提案したものと読みかえると, 類型論的に教師行動のあり方を理解するアプローチから導かれたものといえるだろう。

　三つ目には,「一人ひとりの教師の行動を説明するための特性には, a, b, c…がみられる」「先生 T 1 の行動は, a が強く, b が中程度で, c が弱い…」などといった知見が示されるアプローチをあげることができる。梶田 (1986) は, 個々の教師が内面にもつ指導についての信念を, パーソナル・ティーチング・セオリー (Personal Teaching Theory) と概念化している。そして個々の教師のパーソナル・ティーチング・セオリーを取り上げるにあたり, 指導の特徴を測定する複数の尺度を用いて, 個々の教師の指導についての信念を測定する手法を提案している。こうした手法により, 石田・伊藤・梶田 (1986) は, 小, 中学校の教師を対象にして, 算数, 数学の授業の仕方についてのパーソナル・ティーチング・セオリーを明らかにしている。この研究では, 2 タイプの対照的な指導のどちらを行うかを教師たちにたずねる 6 尺度を作成し, 理論的には $64 (= 2^6)$ 通りの指導方法のバリエーションの理解が可能な枠組みのもとで, 小学校教員 563 名, 中学校教員 275 名の指導プロフィールを整理している。こうして得られた知見は, 先の類型論的アプローチに対して, 教師行動の特性論的アプローチといえるだろう。

　四つ目には, 教師が実践を行う際の背景となる状況や文脈をふまえ, そこでの教師行動のあり方について理解するといったアプローチをあげることができる。「X という場面では, C といった教師行動がみられる」といった知見が示

される。これを状況論的アプローチと呼んでおきたい。Brophy & Rohrkemper (1981) は，24種類の学級場面を3タイプの場面に分類している。そして各タイプにおける教師行動の一般的傾向について検討を行っている。また，瀧野 (1992) は，中学校における9場面を設定した投影的図版を用いて，各場面に対する教師の支配的／拒否的態度と，受容的／援助的態度の2種類に対する生徒の反応を検討している。これは，Xという場面でみられる教師行動を，Ba（支配的／拒否的態度），Bb（受容的／援助的態度）の2タイプに分けた研究の枠組みである。そのため，状況論的アプローチのもとで，類型論的に教師行動を提示して，生徒の反応へ及ぼす影響を検討している研究であると位置づけられる。

　五つ目には，教師の指導の変容プロセスを縦断的に扱った検討もある。特に個々の教師の変容過程を追跡して検討することで，教職経験に伴う職能発達をみるといったアプローチが用いられている。これを発達的アプローチということができるだろう。

　さて，本書においては，教師が日々の実践の拠り所とすることができる研究知見を提供できるように，実践的知識に即したかたちで教師行動を整理していきたい。そのためには，ここで紹介した研究アプローチをどのように活用できるかについて考えてみたい。

　まず，最も重要なこととして，実践的知識に即したかたちで教師行動をとらえるのであれば，実践的知識が特定のコンテクストに即した知識であることから，具体的な実践場面を変数として組み込んだ状況論的アプローチをとる必要があるだろう。しかも，変数として取り上げる具体的な場面には，教育実践が有効に機能するにあたって重要とされる場面を取り上げる必要があるといえる。なお，場面の選定に関することについては，次節1.3にて論述することにしたい。

　さらに，教師たちの実践的知識に即して，実践場面の教師行動のあり方や影響力について理解するためには，個々の教師の知識が多様であることをふまえ，石田ら (1986) の教師のパーソナル・ティーチング・セオリーの検討のように，できる限りバリエーションに富んだ教師行動の姿を描くことの可能な方法を用

いることが有意義であると考えられる。そこで特性論的アプローチもふまえながら，教師行動を理解することが重要であるといえる。

すなわち，少なくとも状況論的アプローチと特性論的アプローチを併用する形式は，実践的知識にできるだけ即したかたちで教師行動のあり方や影響力について理解するのに適しているといえるだろう。この場合，教師行動の記述方法は，「Xという場面では，さまざまな教師行動がみられるが，これらの教師行動を規定する特性には，a，b，c…がみられる」といった形式となる。本書では，教師行動を理解するにあたり，こうしたアプローチを採用することにしたい。

1.3 問題場面の定義

教師と児童，生徒との関係の質は，教育の成否を左右することが指摘されている（Gordon, 1974）。こうした指摘からもわかるように，児童，生徒との良好な関係は，円滑な教育を行ううえでの要であるといってよい。特に小学校のような学級担任制においては，一人の教師が日中の間，同じ児童たちと関わり続ける状態が最低でも一年間は続くことから，その傾向が強いと考えられる。

もし児童，生徒との関係のあり方が，学校教育の成否を規定するのであれば，彼らとの関係を左右するような実践場面に焦点を合わせた教師行動の分析をすることの重要性は高いといえる。そこで本書では，教師の実践が，後の教師と児童，生徒との関係に大きく左右しうる場面に焦点を合わせた教師行動の研究をすすめていくことにしたい。

教師と児童，生徒との関係に大きく影響しうる学校の場面を指摘するうえで，Gordon (1974) の「問題所有 (problem ownership)」という概念は参考になる。Gordon (1974) は，学級内のコンフリクトを理解するうえで，誰が問題—不満，怒り，苛立ちなど—を抱えているかを明確にすることの重要性を指摘した。そして，教師が抱える問題を「教師所有問題」，生徒が抱える問題を「生徒所有問題」，教師も生徒も抱える問題を「教師—生徒共有問題」と分類した。Brophy & Rohrkemper (1981) は，Gordon (1974) のこうした概念を重視しながら，

教師所有問題に関する場面、生徒所有問題に関する場面、教師―生徒共有問題に関する場面の描写を用いて、教師の対処行動に関する研究を行っている。これは、教師行動に関する状況論的アプローチの先駆的研究と位置づけられる。

ところで、ここで注目すべきことは、こうした場面での教師の実践が、その後の教師と児童、生徒との関係に大きな影響を及ぼしうることを、さまざまな指摘をふまえながら推察できるという点である。このことについて、教師所有問題、生徒所有問題の2タイプの場面をもとにまとめてみたい。

教師所有問題に関する場面としては、児童、生徒が困った行動をしているとき、例えば授業中におしゃべりをしていたり、教師に対して反抗的な態度を示したりする場面などがあげられる。こうしたとき、教師は、脅威や罰などといった行動を通じて、児童、生徒に対して何らかの行動変容をせまることになる（Brophy & Rohrkemper, 1981; Brophy & McCaslin, 1992）。そしてこうした行動は、児童、生徒に嫌いな先生という印象を与えやすく、たとえそうした印象が限られた側面のものであっても、教育的人間関係に影響することが指摘されているのである（柳井・浜名，1979）。

生徒所有問題に関する場面としては、他の子どもから何らかの拒否をされた児童や生徒のいる場面、低学力の子どもと関わる場面などが考えられる。こうした場面では、児童、生徒は既に緊張、葛藤などを抱えて心理的に不安定な状況にある。とりわけ児童、生徒自身が悩みごとを抱えている場面においては、彼らと関係をはかり、受容することができれば、児童、生徒の不安の軽減にも寄与するといわれている（國分・河村，1996）。こうしたなかでの教師の介入のあり方は、その児童、生徒にとっては印象的な出来事になると考えられ、結果として教師との関係を左右すると考えられる。さらに、小、中学校という組織においては、児童、生徒の緊張、葛藤に配慮し、親密な関係をはかることを通じたリーダーシップが、教師の重要な指導力であると指摘されている（三隅・矢守，1989）。

以上より、教師と児童、生徒が問題を抱える場面に焦点を合わせて教師の指導のあり方について理解を深めることは、それらが両者の良好な関係を規定す

る場面であるがゆえに、きわめて重要であることがわかる。そこで本書では、Gordon（1974）の問題所有の概念を参考に、教師所有問題、生徒所有問題、教師―生徒共有問題が生起しているような場面を「問題場面」と総称し、問題場面を「教師あるいは児童、生徒がフラストレーションを抱えている場面」と定義することにしたい。そして、問題場面における教師行動について検討していくことにしたい。

1．4　問題場面における教師行動を理解する意義

本書では、前節までの議論をふまえ、教師の実践的知識に即したかたちで、問題場面の教師行動に関する研究知見の提供をしていくことにしたい。しかしながら、現実の実践場面では、ある教師のある教室で有効だったプログラムが別の教師の他の授業で有効である保障はないし、ある文脈で有効だった理論が別の文脈で通用する保障もない（佐藤，1994）。教職のこうした特徴を、Lortie（1975）は、「不確実性」と指摘している。そのため、実践的知識に即したかたちで教師行動について研究したとしても、実践上最適な教師行動を提示することは難しいのが現実である。では、教師の実践的知識に即したかたちで問題場面での教師行動を明らかにすることは、教育実践においていかなる意義があるのだろうか。

問題場面の教師行動について分析することの教育実践上の意義は、心理療法の一領域であるブリーフセラピー（Brief Therapy）の考え方のなかに見いだすことができる。そこで、まずはブリーフセラピーの考え方について説明をしておきたい。

ブリーフセラピーとは、クライエントとセラピストが協力して、できるだけ短期間に問題の解決を行う一方法である（宮田，1994）。ブリーフセラピーの主要モデルには、ストラテジック・モデル、MRI（Mental Research Institute）モデル、解決志向モデルがある（宮田，1994）。以下では、三つのモデルの特徴を記す。

ストラテジック・モデルでは、クライエントの症状の背景にある、クライエ

ントを取り巻く人間関係上の階層が混乱している状態に焦点を合わせている。ここでいう階層とは，対人関係における上下関係を指している。例えば教師が児童，生徒に対して責任をもって教育を行うという点では，本来教師は階層的に上位である。しかし，教師が児童，生徒の示す何らかの症状に無力である場合，教師は階層的に下位であることになり，これは階層が混乱している状態であるとみなされる。こうした階層の混乱に焦点を合わせながら，クライエントや彼を取り巻く人間にみられる繰り返しの行動の連鎖を戦略的に変えることで修正を行い，結果としてクライエントの症状の変化につなげていくのである（宮田，1994）。

MRIモデルでは，ストラテジック・モデルのように対人関係の階層というものには着目しない。クライエントが困難を抱えて問題となっている場合，その問題は，そのクライエントおよび彼と相互作用している人たちが継続中の行動によって維持されていると考える。そこで，もし問題を継続させている相互作用のパターンが適切に変えられれば，その問題は消滅すると考えるのである（遊佐，1984）。

解決志向モデルでは，階層の混乱や問題を維持している行動といった，クライエントが抱えている問題に関する現状について詳細に分析することを必要としない。クライエントが行う他者との相互作用行動やその状況に対する解釈を変えるために，これまでとは何か違ったことを関係者にさせることで，現状をより良くするという方針をとるのである（Sclare, 1997）。

ところで，各モデルともに共通する考え方がある。それは，カウンセラーは，問題に関わる人物の行動や信念を「変化」させ，相互作用のシステムを変化させていくことで解決を求めようとすることである。

この考え方でカウンセラーが児童，生徒の問題へ介入する場合，問題があるとされる児童，生徒，あるいは教師や親も視野に入れ，現状の行動やものの考え方が変化するのを援助することになる。近年，日本の児童，生徒への問題にも，カウンセラーによるブリーフセラピーでの介入が報告されている（宮田，1998）。もし，この考えを教師が取り入れるならば，指導上何らかの困難を抱

える教師自身が，これまでの児童，生徒との関わり方とは違ったこと，すなわち積極的に行動の変化を行い，児童，生徒との相互作用パターンを変えるという実践が考えられる。つまり，教師にとって，問題場面のような状態を乗り越えるうえで，行動の変化が有効に機能すると考えられるのである。

またブリーフセラピーには，小さな変化が大きな変化を導くという基本的仮説がある（宮田，1998）。もし，ある場面における教師集団の行動にはバリエーションが期待できないが，別な場面では，個々の教師によってさまざまな行動をとりうるという知見を得たとしよう。これは，いかなる場面で多様な行動をとりうるか，即ち行動変容のための選択肢が豊富かの理解を助けることになるのである。よって，問題場面で教師がいかなる行動をとりうるかという知見は，教師にとって，効率的かつ効果的に自らの行動の変容を計画し，結果として学級全体のより良い改善に向けた大きな変化を導くことも期待できるのである。

つまり，教師の実践的知識に即したかたちで問題場面での教師行動について明らかにすることは，教師が直面する困難に対処するうえで，従来の自らの指導からどういった変化が現実に可能かを知るための手がかりを提供するという点で，その意義を見いだすことができる。

また，問題場面での教師行動を理解することの意義を，社会的な文脈からも補足しておきたい。近年においては，地域的な教育力の低下などがいわれている。こうした背景にみられる児童，生徒の問題として，人との関わりがもてない，さまざまな場面に適応できないといった現象が指摘されている（渡辺，1997）。こうした問題への対処するために，とりわけ教師においては，カウンセリング・マインドをもち，児童，生徒との円滑なコミュニケーション・スキルを身につけることが重要視されてきているのである（e.g. 松本，1996；渡辺，1997）。

そこで本書では，教師が何らかの困難に直面した場合に，自らの行動を変化させ，円滑なコミュニケーションをとるための参考となる知見を提供することを目指して，問題場面における教師行動と，それをとりまく変数との関連について明らかにしていく。

1.5 問題場面における教師行動およびとりまく変数

　教師が，問題場面における自らの行動について変化させようと試みる場合，変化の手がかりとなる情報が重要になる。本書では，個々の教師が自らの行動を変化させる際の有益な情報源になるものと考えられる，以下の四つのことを明らかにするための実証的研究をすすめていくことにしたい。

1.5.1 問題場面における教師集団の行動

　ブリーフセラピーの考えに基づくならば，指導上何らかの困難を抱える教師が，そうした困難を乗り越える場合，自らに内面化された指導行動についての実践的知識を活用しながら積極的に行動変容を行い，児童との相互作用パターンを変えるという実践による解決が考えられる。しかし，ある教師にとって，実践的知識として内面化されていない指導方法については，当然ながら行動変容のための選択肢にはなり得ない。もし，ある教師にとって，指導行動に関する自らの実践的知識とは異なる，別の有用な実践的知識の体系があれば，行動変容のための貴重な情報源となるであろう。

　ここで注目したいのは，個々の教師は，それぞれが指導行動についての実践的知識を内面化しているということである。そして重要なのは，同じ教育の場で活躍する一教師に内面化されている知識は，実践的知識であるがゆえ，他の教師にとっても行動変容のための知識の一部として役立つと考えられることである。そこで，もし教師集団が現実に実践している種々の行動を，一つの知識体系として整理した資料があれば，個々の教師たちは，自らの行動変容のために参考にすることができるだろう。本書では，教師集団が問題場面で現実に繰り広げている種々の行動は，個々の教師が行動変容を行う必要に迫られた際の情報源になるとみなし，それらを整理していくことにしたい。

　ところで，具体的な場面での教師行動に関する先行研究からは，教師集団として共通した行動が，場面のコンテクストごとにみられることが知られている。1.3でもふれたが，Brophy & Rohrkemper (1981) は，Gordon (1974) の問題所

有の概念に基づき，24種類の学級場面を，教師が問題を抱える場面，教師―生徒が問題を共有する場面，生徒が問題を抱える場面に分類している。そして各場面での教師行動について検討している。その結果，教師が問題を抱える場面では脅威，罰が目立ち，生徒が問題を抱えている場面では励まし，援助を試みることを示している。また，梶田・杉村・桐山・後藤・吉田 (1988) は，三つの事例に対する保育所，幼稚園の保育士，教師の指導の信念をたずねている。そこでは，いずれの事例にも，大半の保育士，教師に共通した指導方法のあることを示している。つまり，問題場面での対処行動についての教師集団の実践的知識を整理していくことにより，場面のコンテクストに応じて，よく実践されている行動，あるいはあまり実践されていない行動といったものが浮き彫りになると考えられる。

　教師集団の行動についての実践的知識を，こうした観点からとらえることにより，個々の教師にとってどういったものが行動変容のために利用可能かについて明確にすることができる。例えば，実践されやすい行動は，ほとんどの教師によって実践的知識として内面化しているといえる。このことから，外的な情報源として提供されたところで，ほとんどの教師にとって，自らの実践的知識を補う知識とはなり得ないであろう。逆にあまり実践されていない行動は，多数の教師にとって，行動変容のための情報源となる可能性はある。しかし現実の場面でほとんどの教師によって実践されていないことから，実践向きではない何らかの理由があるのかもしれない。半数程度の教師に実践されているような行動になると，現実的に教育の現場で実践されうるといえるだろう。そのため，それを実践に用いていない教師にとっては，行動変容の貴重な情報源になると考えられる。

　ここで，任意の場面での教師行動の実践のされやすさについて，「実現性（事実となって現れる見込み）」という用語で説明してみることにしたい。実践されやすい，逆に実践されにくい教師行動とは，それぞれ「実現性の高い教師行動―高実現性教師行動」「実現性の低い教師行動―低実現性教師行動」と表記できるだろう。さらには，実現する見込みが高いとも低いともいえない行動も仮

定できる。そういった行動は,「中実現性教師行動」と表記できるだろう。教師行動を実現性という観点で整理することにより,それぞれの行動が,個々の教師にとって,困難に直面した際の行動変容に貴重な情報源として資するかを判断できるといえる。

　本書では,問題場面における行動の変化に資する情報を提供するために,各場面での高／中／低実現性教師行動を明らかにしていくことにする。検討の詳細については,本書の第2章にて扱うことにする。

1.5.2　各教師の内的要因と教師行動の関連

　問題場面でいかなる教師行動が実践されやすいかは,場面のコンテクストによって概ね規定されるといえる。しかしながら, Brophy & Rohrkemper (1981) や梶田ら (1988) により,問題場面の教師行動は,幾分のバリエーションがみられることも知られている。そしてこうしたバリエーションは,個々の教師の指導観,効力感などの内的要因の違いによってもたらされていると考えられる。すなわち,場面のコンテクスト,別ないい方をすれば教師による場面に対する認知と,教師の種々の内的要因とが交互作用する結果として,問題場面での種々の教師行動が現れると考えることができるのである。

　例えば,児童,生徒に対して統制的に振る舞うべきでないという一般的信念の強い教師がいるとしよう。こうした教師においては,多くの場面では,叱ったり,命令口調をとったりすることが,他の教師に比べて少ないかもしれない。しかしながら,児童が校舎の高い窓から身を乗り出しふざけているような場面に遭遇したとすれば,児童の身体の危険性という特殊な状況を認知することにより,信念とは無関係に,直ちに窓から身を乗り出すことをやめるようにという命令を余儀なくされることであろう。これは,場面のコンテクストが教師行動に強い影響力をもたらすような例といえる。また,問題場面の内容によっては,教師たちにとって,場面のコンテクストの影響を受けにくく,個々の教師に内在する指導の信念に基づいて,統制的な行動をとる教師もいれば,そうでない教師もいるといった場面も想定することができる。

なお，問題場面での教師行動を，教師たちの内的要因との関連から整理した資料は，個々の教師たちにとって，自分の行動にみられる独特の「くせ」を理解する契機になるものと考えられる。以上についての検討の詳細は，第3章にて扱うことにしたい。

1.5.3 教師行動に対する児童および生徒の見方

 問題場面での教師行動の効果を知るうえで，その場面にいる児童，生徒たちが行動をどのようにとらえるかについて検討することは重要である。児童，生徒がどのように受け止めるかによって，その後の教師と児童，生徒の人間関係，教育の成否を直接的に左右するからである。

 さて，教師行動に対する児童，生徒の見方について検討するにあたっては，いくつかの重要な観点がある。まずは，教師行動の見方の個人差を規定する，児童，生徒の内的要因が存在するという観点である。例えば授業中にノートにこっそり落書きをしている場面で教師が叱責している事例を考えてみたい。児童，生徒自身が，そうした振る舞いが望ましくないという規範意識を内面化しているならば，その叱責に対して納得するものと考えられる。いっぽう，反抗的な児童であれば，不満を表明することが推察できるだろう。なお，叱責をどのようにとらえているかといった視点は，学年といった発達的要因によっても異なってくることだろう。

 また，見た目には同様な教師行動でも，場面のコンテクストによって，児童，生徒集団によるとらえ方が異なってくるという観点も重要である。言いかえれば，場面のコンテクストと教師行動とが交互作用しながら，教師行動に対する児童，生徒たちの認知のあり方に影響するという観点である。例えば，児童，生徒が校舎の高い窓から身を乗り出してふざけている場面での教師の叱責と，授業中に自分のノートにこっそりと落書きをしている場面での叱責は，ともに「叱責」という共通した行動とみなせるかもしれない。しかし，前者の場面は，児童，生徒の身体の危険をはらんでいるという特殊な事情があり，後者の場面ではそうした事情は存在しない。そのため，前者の場面での教師の叱責は，後

者に比べると，児童，生徒たちには納得されやすいことが推測できる。したがって両者の叱責の意味は，児童，生徒たちには異なってとらえられることになるのである。

さらに本書の趣旨にそって，教師行動をできるだけ実践的知識に即して検討するのであれば，児童，生徒たちが種々の教師行動に対して受ける微妙な印象の違いなどについての詳細な理解をするという観点も重要である。例えば，ある場面での教師の言葉かけに対する児童，生徒のとらえ方について検討する場合，同じ統制的なメッセージの言葉かけでも，「〜しなさい」と「〜してほしいのだけど」といった表現の違いなどによって，受け手の印象は大きく異なることが考えられる。

以上のような問題場面の教師行動に対する児童，生徒の反応について得られた知見は，教師にとって，種々の行動が教育的にどのような影響をもたらしうるかについての情報源として，大きな役割を担うといえるだろう。こうした検討の詳細については，第4章にて扱うことにする。

1.5.4 教師が内面化する指導方法についてのレパートリー

教師が実践の拠り所とする知識が，過去の実践経験を下地にしたものであるのならば，教師自身が，普段の実践活動を通じて，自らの問題解決行動に資する実践的知識を洗練させていくことは，きわめて重要なことである。

ここで，問題場面で教師が対処を行ううえで求められる，洗練された実践的知識とはどのようなものかについて考えてみたい。先述のとおり，教育実践は，不確実性という用語で特徴づけられる。よって，教師が定型的な指導にとらわれることは，いずれ指導に困難を招く危険性があるといえる。

そのため，指導方法のレパートリーを豊富にしていくことは，実践的知識を洗練させるための一条件ともいえるだろう。これまでにも，指導方法のレパートリーを豊富にすることが教師にとって重要であることは，指摘されてきたとおりである（梶田，1986；竹下，1990）。

ブリーフセラピーの考え方をここであらためてふまえても，実践的知識とし

て指導方法のレパートリーを豊富にすることの意義を見いだすことができる。ブリーフセラピーの考えを参考にすれば，普段の実践活動でうまくいかない事態に置かれた教師が，その状況を打開するために取りうる策として，積極的に自らがこれまでの行動パターンを変化させ，学級における児童，生徒との相互作用を変化させるという試みが考えられる。その際，指導方法の選択肢を多くもっている教師は，実践上で自らが何か困難に陥ったときも，さまざまな変化の手がかりをもっているために，解決への糸口を見いだしやすくなると考えられるのである。こうした理由より，あらかじめ自らの行動変化の拠り所となる指導方法のレパートリーが豊富であるということは，教師として洗練した実践的知識をもっていることの必要条件といって過言ではないだろう。しかしながら，これまで実証的研究として，教師の指導方法のレパートリーを扱った研究はみられないのが現状である。そこで本書では，いかなる教師が，指導方法のレパートリーを実践のなかで豊富に習得していくかについて検討していくことにしたい。

　また，こうした指導方法のレパートリーは，教師が自らの実践経験を通じて得られるのはもちろんのこと，教員養成教育や，教員研修などの機会のもとで，実践的知識を学ぶための効果的な教育プログラムを介して習得されることも期待できる。仮に，指導方法の実践的知識の支援をあらかじめ想定した研修プログラムであれば，個々の教員志望者や教師にとっては，そこでの研修経験を通じて，自らの実践的知識の体系に組み込まれやすい知識を得られるものと考えられるからである。そこで，教員養成教育などの場において，レパートリーを豊富にするための介入方法についても検討を行うことにしたい。検討の詳細については，第5章にて扱うことにする。

1.6　本書における研究の目的

　以上をふまえ，本書では，問題場面において，教師が実践活動で困難に直面し，その克服のために自らの行動を変化させる必要に迫られるような状況に備えて，教師が拠り所とできる知見を整理することを主たる目的とする。この目

的を果たすために，本書では，以下の四つの課題を設定し，それらについて実証的研究を通じて明らかにしていく。

一つ目の課題は，問題場面での教師集団の行動傾向について検討することである。この検討にあたり，本書では，任意の場面での教師行動の実践のされやすさを示す「実現性」という概念を用いて，各問題場面での高実現性教師行動，中実現性教師行動，低実現性教師行動について明らかにしていく。ここで得られた資料は，ある問題場面での実践活動に困難を感じた教師が，自らの指導方法を変化してこの困難を克服しようとする際に，どのような行動を，変化のために用いることができるかを知る手がかりになるものと期待できる。

二つ目の課題は，問題場面において生起する教師の内的要因と，教師行動との関連について検討することである。この検討により，問題場面での教師の内的要因と，そこで生じる教師行動のあり方との関連が，場面のコンテクストによって異なることについて明らかにしていく。またこの検討を通じて得られた資料は，教師にとって，各問題場面での自らの内的状態を省察しながら，自らの実践にみられる「くせ」を理解することにつながるものと期待される。

三つ目の課題は，問題場面での教師行動と，それに対する児童，生徒の見方について明らかにすることである。このことについては，主に次の観点から検討をしていく。まず，児童，生徒による教師行動の見方については個人差があり，こうした個人差は，彼らの内的要因によってどのように影響しているかについて検討していく。また見た目には同様な教師行動でも，それが繰り広げられる場面が異なると，児童，生徒たちのとらえ方も異なっていることを明らかにしていく。さらに，問題場面で実施される教師行動として，具体性の高い言葉かけを扱うことにより，教師から受ける種々の統制的な行動であっても，表現の微妙な違いによって，児童，生徒たちの受け止め方にも違いが生じる可能性について実証的に検討していく。これらのことを明らかにしていくことは，問題場面での種々の教師行動が，児童，生徒に対して教育的にいかなる影響をもっているかについて，教師が詳細に理解することに貢献すると考えられる。

四つ目の課題は，問題場面での指導方法のレパートリーに影響する教師の内

的要因および外的な教育的介入方法について検討することである。実践上の困難を抱えたときに，個々の教師たち自身が，ブリーフセラピーの考え方に基づいて円滑に自らの指導方法の変化をはかるためには，自らの指導方法のレパートリーを豊富にしていることが重要である。この課題の遂行を通じて，教師たちが自らの指導方法のレパートリーを豊富にするのに求められる心構えがどういったものかについて明らかになることが期待できる。

　また本書では，小学校における教師行動に焦点を合わせて検討をすすめていくことにする。その理由は，小学校にみられる学級担任制では，一人の教師が最低一年間は同じ児童と関わることになるため，問題場面での教師の一つ一つの振る舞いが，その後の学級経営に大きな影響力をもっていると考えられるからである。

第2章　問題場面における教師集団の行動

2.1 [研究①] 問題場面での小学校教師の行動分析

問題と目的

　問題場面での教師集団の行動の傾向は，その場面のコンテクストによって特徴づけられることが明らかとなっている (e.g. Brophy & Rohrkemper, 1981；梶田ら，1988)。つまり言いかえれば，問題場面のコンテクストごとに，実践されやすい行動，実践されにくい行動が規定されうるといえる。

　ところで，第1章では，任意の場面での種々の教師行動の実践のされやすさを明記するために，「実現性」の概念を提出した。この概念を用いるならば，学校における種々の問題場面での教師集団による行動は，高実現性教師行動（実践されやすい行動），中実現性教師行動（実践される見込みが中程度の行動），低実現性教師行動（実践されにくい行動）と表すことができる。

　ブリーフセラピーの考え方をふまえれば，教師が児童との関わりにおいて困難に直面したときに，自らの行動の変化が，困難を克服するためには有効に機能すると考えられる。もし種々の問題場面において，種々の行動を教師集団がどの程度現実的に実践しうるかについて整理した外的な資料があれば，個々の教師たちは，自らの行動変容のために参考にすることができるだろう。つまり教師行動を実現性という観点で整理することは，個々の教師に対して，行動変容のための情報源を提供することにつながるといえる。

　そこで本研究では，問題場面における高実現性教師行動，中実現性教師行動，低実現性教師行動について，教師を対象とした調査を通じて明らかにしていくことを目的とする。

方　法

▶被調査者　愛知県，三重県内の公立小学校教諭27名。

▶問題場面を描写した質問紙の作成　問題場面での教師行動の傾向を，質問紙調査によって明らかにすることができるように，まずは問題場面に関する刺激材料を作成した。そこで最初に，現在の日本の小学校で現実に起こりうる問題場面を描写した刺激材料の作成から着手した。

まず，Brophy & Rohrkemper（1981）が用いた24事例の場面の記述を参考にしながら，刺激材料として用いる複数の場面のストーリーを作成した。それらの内容を，小学校教諭3名に検討してもらった。結果的に，12場面のストーリーを用いることにした。

　これらの場面の描写方法として，文章でストーリーを記述したものに加え，その場面を象徴する線画による図版を併用することにした。図版を併用した理由は，刺激材料として投影的図版を用いることにより，被調査者は現実的な反応を行い，過去の自分の体験や印象をもとに提示される場面を自由に解釈できるという指摘（瀧野，1992）をふまえたためであった。なお12の場面は，以下のような児童が事態を引き起こしていること，もしくは特定の状況を想定したものであった。【内気・引っ込み思案（女）(Shy/Withdrawn)】【アンダーアチーバー（男）(Under Achiever)】【低学力児（女）(Low Achiever)】【授業中の落書き（男）(Scribbling during School Hours)】【おしゃべり（女）(Private Talk during School Hours)】【教師への直接的反抗（男）(Defiant Child)】【怠慢な清掃活動（女）(Neglectful Cleaning Activity)】【けんか（男）(Fighting)】【依存児（女）(Dependence Child)】【孤立児（女）(Solitary Child)】【危険を伴うふざけあい（男）(Playing in the Dangerous Place)】【授業を妨げる落ちつきない行為（男）(Restless Behavior during School Hours)】(Table 1, Figure 1参照，括弧で示した性別は，主人公の児童の性別を表したものである)。本書では，以下，省略の際は，【内気】【アンダー】【低学力】【落書き】【おしゃべり】【反抗】【怠慢清掃】【けんか】【依存】【孤立】【危険】【落ちつきなし】などと記す。質問紙の形式は，1枚の用紙につき，1場面のストーリーと，その場面に対する質問項目を提示するものとした。そして，場面の提示順が結果に影響しないように，用紙をランダムに綴った質問紙を作成して，被調査者には無作為に配布されるようにした。この質問紙の作成方法は，以下の研究においても同様に行われた。

　各場面に対して，教師が実践しうると考えられる行動を表現した項目を作成した。作成にあたっては，Brophy & McCaslin（1992）が教師を対象に行ったインタビュー結果の分類で用いた，教師行動に関するカテゴリーを参考とした。

Table 1　研究で用いられた問題場面（教師用・記述）

【内気・引っ込み思案】
　ゆきえは聡明であるが，内気で引っ込み思案である。彼女はクラスのなかに自発的に参加していかないし，あなたが呼びかけても反応しないことが多い。今日あなたが授業中に彼女に質問を投げかけたが，彼女は目を下に向けたままで何も答えない。

【アンダーアチーバー】
　よしあきは能力はあると思われるが，勉強嫌いで，しかもだれからのどんな評価も気にならないようである。そのため彼に頑張るように言うと，その時は真顔でうなずくのであるが，その後の変化は見られないのである。今日の授業中も，落書きをしていたり，空想にふけったりしているようである。

【低学力児】
　まさこは頑張っているにもかかわらず，成績はあまり良くない。今週あなたは授業で重要なことを教え，特にまさこには十分に理解ができたと思われるまで，余分の時間をその指導に使った。今日その事項の確認のため問題をさせたところ，ほとんどの子どもは理解しているようであったが，まさこは理解していないようである。

【授業中の落書き】
　たかおは一つのことに集中することができないのか，自分の与えられた課題をなかなか仕上げない。あなたは授業で算数の練習問題のプリントを配布し，それを子どもたちにさせている。数分後に彼らの様子を見に回ってみると，たかおの作業量は少ない。プリントに落書きをしていたようである。

【おしゃべり】
　きみえは仲間関係が多く社交的であるが，ただ授業でのけじめがなく，よくおしゃべりをしている。今日の授業でも，自分の周りをきょろきょろして，仲間のまさこと話をしているのが目立つ。

【教師への直接的反抗】
　ここ数日，かつひろは授業中によくふざけていて，宿題もしばしば忘れてきていた。今日も宿題を忘れたので，あなたは彼に，「休み時間のうちに宿題をすませるように」と言ったところ，「休み時間は休むためにあるんでしょ」と反抗するように言ってふてくされていた。

【怠慢な清掃活動】
　せいこたち三人が，掃除の時間にほうきを持ってつっ立ったまま立ち話をしている。あなたはそれを見かけ，きちんとするようにと言ったところ，ためいきをつきながらも手を動かし始めたが，あまり身を入れた様子ではない。

【けんか】
　教室はけんかで混乱している。たかしが自分の席を離れ，ひでおの机に向かっていき，そこでひでおに殴りかかり，罵声をあげている。どうして事が起こったのかはよく分かっていない。

【依存児】
　ともこはよく自分のものをなくし，慌てふためき，いつもあなたに助けを求める。今も彼女は自分の帽子をなくしたと言ってあなたに助けを求めている。

【孤立児】
　じゅんこは教室にいつも一人でいる子で，他の子どもが遊んでいるのを傍観している。だれも自分から彼女に話しかけたり遊びに誘ったりしない様子である。今日の昼休みも窓の外を一人でぼうっと眺めているようである。

【危険を伴うふざけあい】
　あなたが校舎の三階の廊下を歩いていて廊下の角を曲がると，グラウンド側に面した開いている窓枠にまもるが腰かけている。その周りではまもるの仲間たちが，わいわい言いながらふざけあっている。
【授業を妨げる落ちつきない行為】
　テストを行う前で，教室は静まっている。あなたがそこで話を始めようとしたときに，しげゆきが椅子から転げ落ちた。他の子どもの視線は彼に向き，彼は苦笑いを浮かべている。ある者が笑いだし，それにつられて他の者も騒がしくなった。

　また，問題場面に対して，即時に繰り広げられる行動の様子をたずねることに主眼を置いた。そのため，長期的な視野を入れたストラテジー（例：親や他教師を含めた対処；席替えなど物理的な環境変化；問題解決後に与える賞賛や報酬）については検討対象から除外した。こうした観点をもとに，問題場面での行動をたずねる10項目を作成した（Table 2）。これを12場面に対して，被調査者である教師に4件法（する，たぶんする，たぶんしない，しない，順に4～1点）で回答を求めた。

　また，今回作成した12場面のストーリーが，少なくとも教師の観点から「問題」を抱えうる場面であるかについて確認をとった。各場面を対象に，「フラストレーションを感じるか」を，10段階（1－全く感じない，4－少し感じる，7－かなり感じる，10－ひじょうに感じる）でたずねた。

結　果

▶使用する場面が「問題場面」であることの検討　まず，各場面に対して，「フラストレーションを感じるか」をたずねた結果，各場面の平均値は，3.73～6.44の範囲であった（3.73は【落ちつきなし】，6.44は【反抗】に該当した）。【落ちつきなし】【低学力】で「フラストレーションを，『少し感じる』」に該当する平均値4点を下回ったものの，大きく4点を外れるものではなかった。そこで，今回作成したいずれの場面も，教師はフラストレーションを感じるものとみなした。つまり今回作成をした12場面を，「問題場面」と位置づけても差し支えないと判断した。

▶教師行動項目の因子分析　教師行動に関する10項目のデータは，被調査者（27名）と場面数（12場面）の積で合計324セットを得た。この324セットを用

Figure 1　問題場面の描写

Table 2　問題場面での教師行動をたずねる項目（教師用）
1. 積極的に語りかける
2. 叱責を与える
3. ほほえみかける
4. その場は関わりをひかえる
5. 穏やかな調子でふるまう
6. 強い関わりを持って接する
7. 注意を与える
8. あなたの考えをはっきりと言い聞かせる
9. やさしく接する
10. 子どもの話を聞こうと働きかける

いて，行動項目の因子分析（主成分法，バリマックス回転）を行った。その結果，解釈可能なかたちで2因子を抽出した（Table 3）。第1因子は，「9. やさしく接する」，「3. ほほえみかける」，「5. 穏やかな調子でふるまう」，「7. 注意を与える」，「2. 叱責を与える」において負荷量が高かった。これらは，表出された行動が受容的かあるいは統制的かを反映したものであった。そこで「統制―受容」因子と命名した。負の負荷量が高い項目（「3」「5」「9」）は，受容的な振る舞いを反映しており，正の負荷量が高い項目（「2」「7」）は統制的な振る舞いを反映していた。そこで，前者を「受容」項目，後者を「統制」項目と呼称することにした。

第2因子は，「6. 強い関わりを持って接する」，「1. 積極的に語りかける」，「4. その場は関わりをひかえる」において負荷量が高かった。これらは児童に対する関わりの程度を反映しているとみなすことができたため，「関与度」因子と命名した。正の負荷量が高い項目（「1」「6」）は，強く関与することを反映しており，負の負荷量が高い項目（「4」）は，関与しないことを反映していた。そこで，前者を「関与」項目，後者を「非関与」項目と呼称することにした。

また因子負荷量をもとにした判断より，「8. あなたの考えをはっきりと言い聞かせる」は，第1因子，第2因子ともに正の負荷量が高いことから「関与・統制」項目，「10. 子どもの話を聞こうと働きかける」は，第1因子には負，第2因子には正の負荷量が高いことから「関与・受容」項目と位置づけた。

Table 3　教師行動項目の因子分析結果

	第1因子	第2因子	共通性
9.やさしく接する	-.87	.07	.75
3.ほほえみかける	-.78	.01	.60
5.穏やかな調子でふるまう	-.77	-.10	.61
7.注意を与える	.73	.22	.58
2.叱責を与える	.69	.20	.52
6.強い関わりを持って接する	.05	.78	.62
1.積極的に語りかける	.01	.73	.53
4.その場は関わりをひかえる	-.24	-.41	.23
8.あなたの考えをはっきりと言い聞かせる	.37	.52	.41
10.子どもの話を聞こうと働きかける	-.42	.44	.37
2乗和	3.32	1.88	5.20
寄与率（％）	33.25	18.80	52.05

▶問題場面での教師行動　本研究で作成した12種類の問題場面に対する，教師行動10項目の回答を確認した。教師行動の10項目には，4件法（する，たぶんする，たぶんしない，しない）で回答を求めたが，項目に記されている行動が現れるか否かの把握に重点をおくことにして，被調査者を各場面の行動項目ごとに，「する群（する，たぶんする）」，「しない群（しない，たぶんしない）」の2群に分けてその人数を調べ，χ^2検定を行った（Table 4参照。以下，この検討結果については，5％の有意水準を基準にした記述を行う）。

　まず「統制─受容」因子に含まれる5項目については次のとおりだった。「統制」項目の二つについては，「2. 叱責を与える」では，【おしゃべり】，【反抗】，【危険】の3場面で「する群」が多く，【内気】，【低学力】，【孤立】で「しない群」が多かった。「7. 注意を与える」では，【アンダー】，【落書き】，【おしゃべり】，【反抗】，【怠慢清掃】，【けんか】，【依存】，【危険】，【落ちつきなし】で「する群」が多く，【内気】，【低学力】，【孤立】で「しない群」が多かった。次に「受容」項目の三つであるが，「3. ほほえみかける」では，「統制」項目の「2. 叱責を与える」とほぼ反対の結果が得られ，【内気】，【低学力】，【孤立】で「する群」が多く，【おしゃべり】，【反抗】，【けんか】で「しない群」が多

かった。「5. 穏やかな調子でふるまう」では、【内気】、【アンダー】、【低学力】、【落書き】、【依存】、【孤立】で「する群」が多かった。「9. やさしく接する」では、【内気】、【アンダー】、【低学力】、【孤立】で「する」群が多く、【反抗】で「しない群」が多かった。

「関与度」因子の項目においては次のとおりだった。「非関与」項目の「4. その場は関わりをひかえる」では、すべての場面で「しない群」の回答者が多数を占めた。いっぽう、「関与」項目の「1. 積極的に語りかける」では、【落ちつきなし】を除くすべての場面で、「する群」が多かった。同じく「関与」項目の「6. 強い関わりを持って接する」では、【内気】【依存】【落ちつきなし】を除く場面で、「する群」が多いことを示した。

「関与・統制」項目の「8. あなたの考えをはっきりと言い聞かせる」では、【アンダー】、【おしゃべり】、【反抗】、【怠慢清掃】、【けんか】、【依存】、【危険】、【落ちつきなし】で「する群」が多かった。「関与・受容」項目の「10. 子どもの話を聞こうと働きかける」においては、【内気】、【アンダー】、【低学力】、【落書き】、【反抗】、【けんか】、【依存】、【孤立】で「する群」が多くみられた。

▶「統制―受容」因子からみた各場面の教師集団の行動傾向　Table 4 に関する結果より、特に「統制―受容」因子に負荷量が高い5項目（「2. 叱責を与える」「3. ほほえみかける」「5. 穏やかな調子でふるまう」「7. 注意を与える」「9. やさしく接する」）については、場面によって「する」「しない」の回答の傾向が大きく異なっていた。さらにこの5項目については、Table 4 の χ^2 検定の結果から判断すると、「2. 叱責を与える」「7. 注意を与える」「5. 穏やかな調子でふるまう」「9. やさしく接する」「3. ほほえみかける」の順で、統制的意図の強い行動から受容的意図の強い行動になっていると考えられた。そしてこの両極にある「2. 叱責を与える」と「3. ほほえみかける」の「する」「しない」の回答結果をふまえると、今回用いた12場面が、【おしゃべり】、【反抗】、【危険】のような統制的行動が使われる傾向のきわめて強い場面から、【内気】、【低学力】、【孤立】のような受容的行動が使われる傾向のきわめて強い場面までに

Table 4　問題場面における教師行動

				【内気・引っ込み思案】	【アンダーアチーバー】	【低学力児】	【授業中の落書き】
統制・受容因子	統制	2. 叱責を与える	する群	0	15	0	14
			しない群	27**	12	27**	13
		7. 注意を与える	する群	3	24**	0	21**
			しない群	24**	3	27**	6
	受容	3. ほほえみかける	する群	26**	15	21**	11
			しない群	1	12	6	16
		5. 穏やかな調子でふるまう	する群	26**	19*	24**	19*
			しない群	1	8	3	3
		9. やさしく接する	する群	26**	19*	25**	18
			しない群	1	8	2	9
関与度因子	非関与	4. その場は関わりをひかえる	する群	8	2	6	1
			しない群	19*	25**	21**	26**
	関与	1. 積極的に語りかける	する群	22**	24**	22**	26**
			しない群	5	3	5	1
		6. 強い関わりを持って接する	する群	18	21**	22**	23**
			しない群	9	6	5	4
関与・統制		8. あなたの考えをはっきりと言い聞かせる	する群	16	22**	15	16
			しない群	11	5	12	11
関与・受容		10. 子どもの話を聞こうと働きかける	する群	27**	24**	21**	24**
			しない群	0	3	6	3

** p<.01　* p<.05

区分できることがうかがえた。

　このことを体系的に理解するために，ここで Table 4 のデータをもとにして，場面ごとに「統制」項目，「受容」項目で，全被調査者に占める「する」へ回答した人数の割合を算出した。さらに，この割合をもとに，各場面における，統制的行動の実践されやすさの指標を算出し，これを「統制指数」と呼ぶことにして Table 5 に記した（統制指数の算出方法は，Table 5 の注に示す）。Table 5 では，場面については，上列の左側ほど統制指数の高い場面，下列の右側ほど低い場面を記して，各場面の行動の傾向がわかるようにした。また，行動の 5 項目については，上の行から下の行へいくに従い，教師の統制的な関わりから受容的な関わりを反映した項目へとなるように記した。

考　察

　本研究では，小学校教諭を対象とした質問紙を通じて，12 種類の問題場面での教師集団の行動の傾向について，「する」か「しない」かをたずねることにより検討した。まず「関与度」因子に負荷量が高い 3 項目（「6. 強い関わり

【おしゃべり】	【教師への直接的反抗】	【怠慢な清掃活動】	【けんか】	【依存児】	【孤立児】	【危険を伴うふざけあい】	【授業を妨げる落ちつきない行為】
21**	20*	17	15	10	0	19*	12
6	7	10	12	17	27**	7	15
26**	24**	23**	22**	20*	2	25**	21**
1	3	4	5	7	25**	1	6
6	7	11	8	10	25**	9	15
21**	20*	16	19*	17	2	17	12
9	10	17	16	22**	25**	10	18
18	17	10	11	5	2	16	9
11	8	10	16	14	26**	9	14
16	19*	17	11	13	1	17	13
2	1	4	3	6	5	4	4
24**	26**	23**	24**	21**	22**	22**	23**
24**	25**	24**	26**	19*	24**	22**	16
3	2	3	1	8	3	4	11
21**	22**	19*	27**	17	19*	22**	15
6	5	8	0	10	8	4	12
22**	25**	21**	24**	21**	13	24**	19*
5	2	6	3	6	14	2	8
16	23**	18	27**	24**	27**	14	12
11	4	9	0	3	0	12	15

を持って接する」「1. 積極的に語りかける」「4. その場は関わりをひかえる」）ならびに「関与・統制」項目（「8. あなたの考えをはっきりと言い聞かせる」），「関与・受容」項目（「10. 子どもの話を聞こうと働きかける」）の結果を確認したい。「非関与」項目の「4. その場は関わりをひかえる」では，いずれの場面においても，ほとんどの教師が「しない」を回答した。つまり大多数の教師は，場面に記された児童とは，何らかの関わりを行うことを示した。それを裏づけるように，「関与」項目の「1. 積極的に語りかける」，「6. 強い関わりを持って接する」，「関与・統制」項目の「8. あなたの考えをはっきりと言い聞かせる」，「関与・受容」項目の「10. 子どもの話を聞こうと働きかける」においてもその傾向を示す結果がみられた。本研究で用いた12場面は，問題場面という，教師あるいは児童がフラストレーションを抱える状況であった。教師が児童にフラストレーションを抱えている場面において，児童に対する指導を教師にとって動機づけられることは充分に理解できるだろう。加えて，児童がフラストレーションを抱えている場面というのは，教育者という立場からは見過ごすことは

Table 5 「統制」「受容」項目の回答から見た各場面の教師行動の傾向

		【おしゃべり】	【教師への直接的反抗】	【危険を伴うふざけあい】	【怠慢な清掃活動】	【けんか】
「統制」	2.叱責を与える	77.8%○	74.1%○	73.1%○	63.0%	55.6%
	7.注意を与える	96.3%○	88.9%○	96.2%○	85.2%○	81.5%○
	5.穏やかな調子でふるまう	33.3%	37.0%	38.5%	63.0%	59.3%
「受容」	9.やさしく接する	40.7%	29.6%×	34.6%	37.0%	59.3%
	3.ほほえみかける	22.2%×	25.9%×	34.6%	40.7%	29.6%×
	統制指数	75.6	74.1	72.3	61.5	57.8

注：場面ごとに算出された統制指数は，パーセンテージの値を用いて，下のように算出された。
|「2.叱責を与える」+「7.注意を与える」
+ (100 −「5.穏やかな調子でふるまう」) + (100 −「9.やさしく接する」) + (100 −「3.ほほえみかける」)|/ 5
○は，5％水準で有意に「する」，×は有意に「しない」の回答者が多かった行動を表す。

できないといえよう。いずれにせよほとんどの教師は，問題場面の児童に対して，何らかのかたちで関わることになり，今回研究で扱った問題場面のような状況でも関与の実現性は高くなるものと考えられる。

いっぽう，「統制―受容」因子に負荷量が高い5項目の結果については，場面によって，「する」と「しない」の割合が大きく異なっていた。つまり，「統制―受容」因子に含まれる種々の行動においては，場面によって，実践のされやすさ，つまり実現性が異なるといえる。

ここで Table 5 をふまえながら，実現性の概念を用いて結果を整理することにしたい。Table 5 で，○，×のいずれも示されていない行動を中実現性教師行動と読み，○が示されている行動を高実現性教師行動，×が示されている行動を低実現性教師行動と読みかえることにしたい。統制指数の高い【おしゃべり】，【反抗】，【危険】の場面は，統制的行動が高実現性教師行動であり，受容的行動が低実現性教師行動であると位置づけられる。反対に，統制指数の低い【低学力】，【孤立】，【内気】においては，受容的行動が高実現性教師行動であり，統制的行動が低実現性教師行動だと位置づけることができるだろう。【怠慢清掃】，【けんか】，【落ちつきなし】，【アンダー】，【依存】，【落書き】は，統制指数の値が，【おしゃべり】，【反抗】，【危険】と【低学力】，【孤立】，【内気】の中間になっている。そのうち，【怠慢清掃】【けんか】【落ちつきなし】では，

【授業を妨げる 落ちつきない行為】	【アンダーアチーバー】	【依存児】	【授業中の落書き】	【低学力児】	【孤立児】	【内気・引っ込み思案】
44.4%	55.6%	37.0%	51.9%○	0.0%×	0.0%×	0.0%×
77.8%○	88.9%○	74.1%○	77.8%○	0.0%×	7.4%×	11.1%×
66.7%	70.4%	81.5%○	86.4%○	88.9%○	92.6%○	96.3%○
51.9%	70.4%○	51.9%	66.7%○	92.6%○	96.3%○	96.3%○
55.6%	55.6%	37.0%	40.7%○	77.8%○	92.6%○	96.3%○
49.6	49.6	48.1	47.2	8.1	5.2	4.4

「注意を与える」といった,いわば「弱い統制」は高実現性教師行動であるが,「叱責を与える」といった「強い統制」や受容的行動は,中実現性教師行動と位置づけられる。【アンダー】,【依存】,【落書き】では,【怠慢清掃】,【けんか】,【落ちつきなし】同様に,「注意を与える」は高実現性教師行動であるが,それとともに,「穏やかな調子でふるまう」,あるいは一部の「やさしく接する」といった行動も,高実現性教師行動と位置づけられる点に特徴のあることがわかる。

　以上より,各問題場面での教師集団の行動傾向は,「統制的意図の強い行動—受容的意図の強い行動」といった二極からなる軸上に布置された行動のうち,いかなる行動の実現性が高いか,あるいは低いかという観点により特徴づけられることが明らかとなったといえる。さらに具体的には,統制的意図の強い行動の実現性が高い場面では,対極に位置する受容的意図の強い行動になるに従い実現性は低くなる。いっぽう,受容的意図の強い行動の実現性が高い場面では,対極にある統制的意図の強い行動になるに従い実現性は低くなる。さらに「統制—受容」といった二極の中間に位置するような,統制的意図と受容的意図がともに弱めの行動の実現性が高い場面においては,統制的あるいは受容的意図が強い両極の行動ほど実現性が低くなるといえる。

　これにより,問題場面の教師行動を実現性という観点で整理することとなっ

た。こうした知見は，個々の教師が，ブリーフセラピーの考え方をふまえて行動変容の必要がある際に，各場面でいかなる行動を自らの指導の変容のために用いることができるかについての情報源として役立つといえる。特に中実現性教師行動に位置づけられた行動については，仮にそれを普段実施していない教師にとっては，行動変容の選択肢として活用しやすい行動であると考えることができるだろう。

2.2 ［研究②］問題場面での小学校教師の言葉かけ

問題と目的

　第1章で述べたとおり，問題場面における指導で，教師が何らかの困難を抱えたとき，従来とは違った行動をとることを通じて困難の克服につながるということが，ブリーフセラピーの考え方から示唆されている。そのため，種々の問題場面において，教師集団でいかなる行動の実現性が高いあるいは低いかという観点から資料を整理，作成することの意義は大きい。なぜならば，こうした資料は，いかなる行動を，自らの行動変容のために現実に用いることが可能かの情報源となるからである。こうした考えのもと，［研究①］では，問題場面の教師集団の行動の傾向について検討した。その結果，各問題場面での教師集団の行動の傾向は，「統制的意図の強い行動−受容的意図の強い行動」といった二極からなる軸上に布置された行動のうち，いかなる行動の実現性が高いか，あるいは低いかという観点から特徴づけられることが明らかとなったといえる。

　ただ，［研究①］で教師行動をたずねるために質問紙に用いた「注意を与える」，「やさしくする」といった項目には，いくぶんの抽象性を帯びているという問題が残されている。例えば，個々の教師に具体的な行動として「注意を与える」が表出されると，教師たちの「注意」についての考えの違いによって，質的に異なるさまざまな「注意」が現れるものと考えられる。そのため，仮にある場面において，「注意を与える」という行動が，教育的効果があるという知見を得たとしても，ある教師がその知見を参照して実施する「注意」は，教

育的効果の期待できる「注意」とは質的に異なる行動になりうることが推察される。教師が拠り所とできる外的な情報は，さらに具体性の高いものであることが求められるのである。

ところで，教師が児童へ関わる際に用いる具体的な行動としては，「言葉かけ」をあげることができる。例えば，仮に「静かにしなさい」といった言葉かけが，ある場面での教師行動として効果的であることが示された場合，そうした知見を参照した教師は，類似性の高い行動を再現することが概ね可能である。つまり，問題場面の教師集団の行動として言葉かけを整理した資料であれば，「注意を与える」といった記述による整理された資料よりも，参照する教師にとって限定的なイメージをもたらし，具体性の高い実践的知識として活用しやすいといえる。

本研究では，個々の教師にとって，何らかの行動の変容の必要なときに，いかなる言葉かけを自らの指導の変容のために用いることができるかの知見をまとめることを行う。それにあたり，種々の問題場面において，教師集団がいかなる言葉かけを行う傾向にあるかを，実現性の観点より明らかにしていくことを目的とする。

方　法

▶被調査者　小学校教諭58名，その他教員（中学校教諭，高校教諭，養護教諭）20名の計78名。教職研修に参加していた教員であった。経験年数は，1〜5年目：6名，6〜10年目：3名，11〜15年目：18名，16〜20年目：18名，21〜25年目：11名，26年以上：2名であった。

▶質問紙　［研究①］で作成された12種類の問題場面から，【アンダー】，【低学力】を除き，【内気】，【落書き】，【おしゃべり】，【反抗】，【怠慢清掃】，【けんか】，【依存】，【孤立】，【危険】，【落ちつきなし】の10種類の場面を用いた。2場面を取り除いた理由は，回答を質問紙で求めるにあたって負担を軽減するためであった。また，【アンダー】，【低学力】を削除対象にした理由は，この2場面が学力情報を把握している教師の立場からでないと回答が困難であり，

後述の児童を対象とした調査には用いることができないことから，教師行動に関する種々の検討が難しいと判断したためであった。

各場面に対して，「あなたがこの場面の先生だとします。子どもにどういった言葉をかけますか。」という質問を設けた。そして，自由記述により回答を求めた。

結　果

▶問題場面における言葉かけの分類　西口（1998）は，本研究で用いた10場面を使用して，大学生105名を対象に各場面で生起しうる教師の言葉かけをたずね，その回答をもとに，KJ法により18種類から成る言葉かけのカテゴリーを構成していた。しかし，18カテゴリーのなかには，明確な違いを見いだせないものがあった。そこで，西口（1998）が作成したカテゴリーをあらためて検討して，14の項目から成る「言葉かけカテゴリー」を再構成した（Table 6）。これらのカテゴリーの名称は，それぞれ，〈指示〉，〈忠告・意見〉，〈怒鳴り・罵り〉，〈罰の示唆〉，〈婉曲的な指示〉，〈協力の示唆〉，〈譲歩〉，〈簡単な語りかけ・応答〉，〈問題点を探る問いかけ〉，〈肯定〉，〈冷やかし・呆れ〉，〈励まし〉，〈判断の委ね〉，〈不介入・静観〉であった。それぞれの説明については，Table 6に記した。

ここで新たに作成した「言葉かけカテゴリー」をもとに，教育心理学系大学院生1名と筆者との協同で，全回答の分類を行った。回答されている言葉かけのなかには，1カテゴリーにおさめるのが困難なものもあった。それは次の2例であった。例1：1回答でありながら，言葉の前半部分は〈指示〉，後半部分は〈譲歩〉などと異なる例。例2：言葉かけの背景にある教師の意図が多義的に解釈可能で，回答から判断する限りでは〈指示〉とも〈譲歩〉ともとれる例。これらの回答は，それぞれ〈指示〉and〈譲歩〉（〈指示〉と〈譲歩〉の2カテゴリーにわたる回答と扱う），〈指示 or 譲歩〉（〈指示〉，〈譲歩〉とは異なる単一のカテゴリーの回答と扱う）とした。また，回答された言葉かけには，クラス全体を対象としたものや，主人公以外を相手にしたものもみられた。その場合も，独自のカテゴリーの言葉かけとして扱った（例：クラス全体への指示…〈指示（全体）〉；

Table 6 「言葉かけカテゴリー」とその説明

〈1. 指示〉 児童への要求に即した指示をする。
〈2. 忠告・意見〉 児童の特定の行動や様子に対して，忠告あるいは意見を示す。
〈3. 怒鳴り・罵り〉 児童の特定の行動や様子に対して，怒鳴ったり罵ったりする。
〈4. 罰の示唆〉 要求する行動をとらない児童に対して，罰を示唆したり宣言したりする。
〈5. 婉曲的な指示〉 児童への要求に直接焦点を当てずに，要求する行動を遠回しに意図した語りかけをする。
〈6. 協力の示唆〉 児童が直面している問題および課題の解決に向けて協力を示唆する。
〈7. 譲歩〉 児童に対する要求を一部あるいは全てを引っ込めて，児童の要求との調整をはかる。
〈8. 簡単な語りかけ・応答〉 児童に対する要求やそれに従わせようとすることとは無関係の語りかけをする，あるいは児童の言葉へ応答する。
〈9. 問題点を探る問いかけ〉 児童の特定の行動や様子を引き起こしている理由について問いかける。
〈10. 肯定〉 児童の行動および様子について肯定的な見解および評価を示す。
〈11. 冷やかし・呆れ〉 特定の行動をとっている児童に対して冷やかしたり呆れていることを表明する。
〈12. 励まし〉 児童が直面している問題および課題の解決に向けて励ましを与える。
〈13. 判断の委ね〉 児童による特定の行動や様子が望ましいのかどうかについて，児童自身に判断を委ねる。
〈14. 不介入・静観〉 現前の児童の行動や様子について全く関わらないか，あるいはしばらく見守る。

主人公以外への指示…〈指示（主人公以外）〉）。なお，第3章以下の研究においても，教師の言葉かけを質的に分類する際は，この手続きのとおり行った。この分類手続きを通じて，各場面での言葉かけの回答を分類したものがTable 7である。

▶各問題場面で報告された言葉かけが属するカテゴリー　さらに各場面で，各カテゴリーに属する言葉かけが，どの程度の割合で小学校の教師集団に実践されているかについて算出した（Table 8）。この算出は，小学校教諭のデータのみを対象とした。Table 7にある分類を通じて出現したカテゴリーの総数は31個に及んだが，各場面でみられた言葉かけは，8個から16個のカテゴリーに集約された。特に全回答の10％以上の言葉かけが集中するカテゴリーは，各場面とも2個から6個であった。

▶考　察

本研究では，学校でみられる10場面での児童への言葉かけについて教師にたずね，各場面でみられる言葉かけの傾向について明らかにした。手続きとし

Table 7-1 分類された言葉かけの内容（【内気・引っ込み思案】）

1．指示「思ったことを何でもいいから言ってごらん！」「さあ，自分の考えをまとめてみようか。」
1b．指示（主人公以外の児童）「他の人で，言ってくれる人。」「…ゆきえと一緒になって考えてあげて下さい。」
7．譲歩「答えられなかったら，ノートに書いてごらん。」「すわっていいよ。」「ゆきえさん。あとで，あなたの考えを先生に教えてね。」「すわってもう少し考えてみて下さいね。」「言いたくなったら，また教えてね。」「思いついたら後で発表でいいよ。すわりなさい。」「きっとゆきえさん，わかっていると思うけど，また思い出したら話してね。」「じゃあ，先生にだけ言ってみて。（と，そばまで行く。）」「先生の言うことをそう思うのなら，うなずくだけでもいいよ。」「今，ゆきえちゃんは考えているみたいだから後から聞こうか。」「考えたところまででいいから，話してごらん。」「他の人にあてていいかなぁ，ゆきえさん。今度他の質問で答えて下さいね。答えられそうだったら教えてね。」「いつでもいいよ。」「後で先生に考えたことを教えてね。」「座ったままでいいから答えてごらん。」「先生なら〜と思うけど。ゆきえちゃんはどうかな？」「わかったらあとでおしえてね。」「みんなの前で言えないなら，ノートに書いて先生に見せて。」「考えがまとまったら教えてね。」「無理に答えなくてもいいよ。誰かに助けてもらおうかな。」「○○○について答えるのですよ。意味はわかるよね…。答えられない？じゃ，次の人に答えてもらってもいいかな…？」「すわっていいよ。答えられたら教えてね。」「考えをじっくり考えなさい。」「意見がなければ，すわってかまわないよ。」「じゃあ，これだったらどうかな？（子どもの普段の様子から，答えられそうな問いに直して言葉かけます。）」
9．問題点を探る問いかけ「ゆきえさんは，まだ考えがまとまらないかな。」「どこかむずかしいとこあるかな。」「どうしたんだ。」「困っちゃったかな。」「答えがわからないのかな。それとも，どう答えたらいいのかわからないのかな。」「俺の質問の意味は分かるかな？」「どうした，体の調子でも悪いのか？」「どうしたのかなぁ。答えられないかなぁ？」
10．肯定「今，考え中のようですね。」「（近くへ行きゆきえのノート等を見てから，内容を見て言葉をかける。そしてできるだけほめられる内容を見つけ，クラス全体に紹介する。その後）『〜』はいいね。（と言葉をかける。）」「急には答えられないよね。心の中には，きっとあるよね。」「今考えているんだね。」
12．励まし「今は発言できなくても，だんだんできるようになろうね。きっとできるよ。」
1 and 2．指示 and 忠告・意見「（近くまで行き）わからないときはわからないと言いなさい。わからないことははずかしいことではないよ。」「友だちの言ったことを思い出してごらん。同じ考えでもいいんだよ。自分のことばで言ってごらん。」「先生はゆきえさんの目がほしい。顔を上げてごらん。」「あなたが頭に考えていることをそのまま言えばいいんだよ。ゆっくり考えてごらん。」「まちがいを経験することが勉強です，失敗を恐れず自分の考えを発表して下さい。」「教室は間違うところだよ。思ったことを何でもいいから言ってみよう！」
1 and 1 and 5．指示 and 忠告・意見 and 婉曲的な指示「名前を呼ばれたら，まず返事をしましょう。あなたなら分かるはずです。考えたことを言ってごらん。（まだ無言だったら）だまっているのはよくないことです。『わかりません』とか『今考えています』ぐらいは言えるようにね。」
1 and 2 and 12．指示 and 忠告・意見 and 励まし「自分の意見を持つことは大切なこと。そして自分の考えがいいか確かめることも…。勇気を持って発表しよう。」
1 and 5 and 12．指示 and 婉曲的な指示 and 励まし「先生は，あなたが分かっていることは，分かっているよだ。ちょっと勇気を出して思っていることを言ってみようよ。」
1 and 7．指示 and 譲歩「まちがっていてもいいから思ったことを言ってみてね。また，あとで発表したくなったら言ってみてね。」
1 and 9．指示 and 問題点を探る問いかけ「すこし難しかったかな。自分の思ったことでもいいので言ってみて。」「質問は分かりますか？あなたの今思うことをお話ししてみて。」「どうしたのかな。自分の考えをすなおに言ってごらん。」
1 and 12．指示 and 励まし「だいじょうぶだよ。思い切って言ってごらん。」「心配しないで，思っていることを言ってごらん。」「大丈夫だよ，どう思うか言ってごらん。」「思い切って，言ってみてごらん。」「はずかしがらないで，自信を持って言ってごらん。」
2 and 5．忠告・意見 and 婉曲的な指示「ゆきえちゃんは，どんなふうに思う？先生や友達にゆきえちゃんの考えを教えてほしいんだけど…。」
2 and 7．忠告・意見 and 譲歩「答えてほしんだけどな〜。次，がんばってみようね。」
2 and 8b．忠告・意見 and 簡単な語りかけ・応答（主人公以外の児童）「（全員に向かって）ゆきえちゃんは，いつもすごくいいこと考えてるんだよ。（ゆきえさんへ）ゆきえちゃんのいい考えをみんなに教えてあげてほしいな。」
7 and 8．譲歩 and 簡単な語りかけ・応答「今日は調子が悪そうだね。この次はがんばりましょう。」「答えはわかっているけど表現しにくいかもしれませんね。もう少し，ゆっくり考えてもいいですよ。」「どうした，元気ないな。少し考える時間あげるからね。座っていいよ（2〜3人当てた後，この子に再度指名する）。」「残念だなあ，発表できるようになったら教えてね。はい，座りなさい。」「考え中で，言いにくいようだね。座っていいよ。」「先生の質問の仕方が悪かったかも知れないね。ごめんね，すわっていいよ。」
7 and 9．譲歩 and 問題点を探る問いかけ「今は答えがうかばない？またうかんだら答えてね（と言って座らせる）。」
7 and 10．譲歩 and 肯定「今考えているところなんだね。後でまた教えてね。」
9 and 10．問題点を探る問いかけ and 肯定「ゆきえさんも一生懸命考えて，きっといい考えをもっていると思うね。でも，少しだけ自信がないのかな？」

Table 7-2　分類された言葉かけの内容（【授業中の落書き】）

1. 指示「たかお君，できるところをみつけてやってごらん。プリントの問題の方をみてごらん。」「（たかおのできそうな問題を指して）ここからやろう。」「できる問題からやればいいよ。」「早くやらなきゃいかんぞ。」「分かるところからやってごらん！次の問題は…。」「問題の続きをしよう か。」「さいごまでやろうね。」「わかるところからやろうか？」「遊んでないで，早くやれよ。」
5. 婉曲的な指示「（問題を指さし）これはどうなるかな？」「この問題はどうやって解いたらいいんだろう？（隣に座ってしばらく作業を始めるまで見ている）。」「さあ，どこまで進んだかな。」「もう出来たのかな。」「この問題は，まずどうすればいいかな。」「問題を読んで，自分のできる問題はないかな？」
6. 協力の示唆「先生が見てあげるから，プリントをやってごらん。」「先生と一緒にやってみるよ。」「これとこれを足してごらん（答えをすこし教えてしまう）。」「先生も一緒にやってみよう。」「先生も一緒にやってみようか。」「ちょっと一緒にやってみようか。」「一緒にやろうか。」「この問題，いっしょにやってみようか。」
7. 譲歩「できる問題だけでいいから，やってみましょう。」
8. 問題点を探る問いかけ「もう，飽きてしまったの？それとも，問題がわからないのかな？」「どうした，たかお君。何か友だちとあったの。それともお家でかな。それとも問題のやり方が分からないのかなっ（と，肩に手をやる）。」「たかお君どうしたの。問題がわからないのかな？」「どこでわかんなくなっちゃった？」「どこが分からないの？」「どこかわからない所があるの？」「これ，おもしろくない？」
9 and 11. 問題点を探る問いかけ and 冷やかし・呆れ「どれどれ，あまりできてないな。何か分からないところがあるのかな。」
10. 肯定「たかおくんは，絵も上手だね。」「今はプリントの問題をやりたくないのね。その絵，上手ね。今度はちゃんと別の紙に書いたのを先生にちょうだい。」
12. 励まし「がんばるぞ。」
13. 判断の委ね「今何をする時間なのか考えてごらん。」
14. 不介入・静観「（言葉はかけないと思う）。」「（言葉はかけない。問題についてのヒントを与える）。」
1 and 2. 指示 and 忠告・意見「今は課題をやる時間だから，みんなと同じ様に問題をわかるところでいいからやってね。」
1 and 2 and 10 and 12. 指示 and 忠告・意見 and 肯定 and 励まし「今はプリントをする時間だよ。絵は放課に書こうね。ずいぶんやれてるね。終わりまでがんばろう。」
1 and 5. 指示 and 婉曲的な指示「この問題はわかるかな（練習問題に意識を向け，できるまで見ていて，できたら認め）。次のもやってみようね（と言う）。」
1 and 5 and 9 and 12. 指示 and 婉曲的な指示 and 問題点を探る問いかけ and 励まし「簡単すぎたかな？でも，がんばってやらなきゃ。全問正解を目指すんだ。う～む，どこがわからないの？」
1 and 5 and 10. 指示 and 婉曲的な指示 and 肯定「ホ～，何書いてんの。そういう絵好き，うまいじゃない。練習問題も少しはやってみようか。これなんかどう？」
1 and[2 or 6]. 指示 and[忠告・意見 or 協力の示唆]「あらあま。落書きを消そうね。わからないところはいつでも質問してね。」
1 and 6. 指示 and 協力の示唆「落書きをけしなさい。一つずつ，今からやってみよう（個別指導）。」
1 and 6 and 9. 指示 and 協力の示唆 and 問題点を探る問いかけ「たかお君，どこでわからなくなったのかな？（とプリントを見て少し一緒に練習問題をやった後）すっごくできたね。さあ次もやろうか。次の問題ができたら，落書きを消してね。手をあげてくれれば先生見に来るよ。」
1 and 6 and 13. 指示 and 協力の示唆 and 判断の委ね「落書きは消しなさい。今は何をしなければいけないときか考えましょう（この場合，「わからないこと」が原因と考えられるため，個別指導をして，一緒に問題を解く）。」
1 and 7. 指示 and 譲歩「プリントの問題を読み直して，やりなさい。全部できたらうらに好きなものを書いてもいいよ。」
1 and 9. 指示 and 問題点を探る問いかけ「わからないところがあるの？がんばれるところまで集中してやってみよう。」「どうしたかな。どこがわからないのかな。簡単なものからやってみようよ。」「今は算数の問題をやろうね。どこが分からないのかな。」「授業中に落書きはやめよう。このプリント，難しい？」「やりかた，わかるかな。一問目ができたら，同じように次のもやるんだよ。」「どうしたの。どこかわからないところがあるかな。ここからやってみよう。」「どうした，難しいのか。出来るのからやりなさい。」「どこが分からないな？もう少しやってみようか。」
1 and 9 and 12. 指示 and 問題点を探る問いかけ and 励まし「この問題はむずかしかったかな？がんばってやってごらん。」
1 and 10. 指示 and 肯定「たかお君は算数の力があると思うよ。一問，一問あわてることはないから，確実にやっていきな。」「上手ですね。でもプリントの方もやろうね。」「面白いもの書いているね。でも，この計算もやってみようね。」
1 and 12. 指示 and 励まし「（終わっている数問を指さしながら）やれているんだから遊んでいないで最後まで頑張ろうよ。」「がんばって最後までやりなさい。」「まちがってもいいから先ず問題に取りかかること。落書きする根気よさでがんばろう！」「さあ，がんばってやろうね。ここの問題をまずよんでごらん。」「さあ，がんばって次の問題をやろう。」
2 and 4. 忠告・意見 and 罰の示唆「もうすぐ時間だから，集めるよ。できなかったところは，帰りに残ってやっていくんだよ。」
5 and 9. 婉曲的な指示 and 問題点を探る問いかけ「プリント見せてみよう。どの辺から分からなくなったんだ？」
6 and 9. 協力の示唆 and 問題点を探る問いかけ「どうしたの，どこがわからないのかな。見てやるから少しずつ解いてごらん。」「わからないのかな。順番に先生とやってみようか？」「たかおくん，何か分からない所があるかな？先生と一緒にやってみようか。」
6 and 10 and 12. 協力の示唆 and 肯定 and 励まし「ここまでは確実にできたね。落書きもするゆうがあるね。さあエンジンがかかってきたかな。一緒に頑張ろう。」

7 and 8．譲歩 and 簡単な語りかけ・応答「何の絵が描けたの？それがかけたらプリントやるんだよ。」
9 and 12．問題点を探る問いかけ and 励まし「どうしたの。分からないの？もう一度頑張って。」
9and［2 or 6］．問題点を探る問いかけ and［忠告・意見 or 協力の示唆］「やり方が分からないの？わからないのだったら早く質問してね。」
10 and 12．肯定 and 励まし「だいぶできてるね。じっくりがんばれよ。」
11and［2 or 6］．冷やかし・呆れ and［忠告・意見 or 協力の示唆］「あ～また書いてる。何回注意したら分かるの？分からなかったら『分からない』と言いなさい。」

Table 7-3　分類された言葉かけの内容（【おしゃべり】）

1．指示「（近くに行って）しゃべるのをやめなさい。（というが，どの程度のけじめのなさなのか，低学年，高学年なのかで違う。）」「きみえさん，先生の話をきいてね。（本人のところまで行って，肩を軽くたたきながら言う）」「おしゃべりは放課にしようね。」「おしゃべりしている人，やめて前を向きなさい。」「きみえさん，まさこさん。余分なおしゃべりはやめて，話は目で聞きましょう。」「おしゃべりをやめて先生の方を見てね。」「おしゃべりはやめて，こちらを向いて話を聞きましょう。」「授業と放課の区別をつけようね。」「授業に集中しなさい。」「きみえさん，おしゃべりは，ダメですよ。」「きみえさん，おしゃべりをやめて，こちらを向きなさい。」「おしゃべりは，放課までがまんしなさい。」「おしゃべりはやめなさい。放課になったらおしゃべりをしてもいいよ。それまではしっかり学習をしよう。」「きみえ，おしゃべりはやめなさい。」
2．忠告・意見「きみえちゃん。今はおしゃべりしていい時ではないよ。」「おとなりの子に迷惑です。先生の話を聞いてないと困ることになります。おとなりの子までお勉強が分からなくなったら責任のとりようがないよ。」「今は授業中です。きみえさん，まさこさん。質問や意見があったら後で発表しましょうね。」「きみえさん。きみえさんが話しかけると，まさこさんが授業のことがわからなくなっちゃうよ。」「自分だけでなく，お友達にとっても，先生に対してもよくないよ。」「これ，おしゃべりの時間じゃないぞ～。あなたも，まさこさんも勉強できないよ。」「きみえさん，先生はみんなに話を聞いてもらいたいな。」「きみえちゃん，まさこちゃん，授業中だよ。みんなの迷惑になるよ。」「他の子のめいわくになるよ。」「ちょっと，聞いてみないとわからなちゃうよ。」
2．忠告・意見（クラス全体）「このクラスで，二人うるさい人がいます。」
3．怒鳴り・罵り「おい，聞いとらないかんがや。」「きみえ，まさこ，うるさい。だまっとれ！」
5．婉曲的な指示「きみえさんはどう思いますか？（指名する）」「今先生が言ったことを言ってみなさい。」「話の内容は授業のことかな？」「きみえちゃん，教科書の○ページを読んで下さい。」「（今話している内容に，きみえの名を入れたり，「ねえ，きみえちゃん」とふってみたり。）」「～（授業内容）についてどう思うかな？考えてみて。」「きみえさん，このことどう思う？（と質問をふる。）」「これは何かな？（消しゴムなどを2～3秒見せる。そして，注意を私の方に引かせる）」「きみえちゃん，もうおしゃべりすんだ？先生待っているけど。」「何を話しているのかな。そんなにいいことならみんなにも教えてほしいな。」
9．問題点を探る問いかけ「授業おもしろくないかね。」
11．冷やかし・呆れ「後ろに目がついているんだね。」
13．判断の委ね「今やるべきことは分かってますか。」「今，やることは何かを考えてごらん。」「話を聞くときは，目をどこに向けるのかなぁ？お話はいつするのかなぁ？」「どうしても今話さなきゃいけないこと？」「もっと，しっかり周りを見ないといかんのじゃないの？人の迷惑とか考えてる？」
14．不介入・静観「（静かになるまで話をしないで待つ。）」「（言葉かけはしません。授業の内容にもよるが，授業の話の中で，きみえをこちらに向かわせるような話をする。）」
1 and 2．指示 and 忠告・意見「みんなに迷惑がかかるので静かにしなさい。」「今は放課ではないから，授業に集中しなさい。」「他の子のめいわくです。静かにして。」「お～い，きみえちゃん。今は授業中だよ，先生の話も聞いてくれや。（一回目は軽く。）」「きみえさん，あなたにとってもまさこさんにとっても大切な時間だよ。けじめだけはしっかりつけよう。」「まさこさん，みんながうるさくて，人の話が聞けないって。静かにしてください。」「授業中だから，自分の話は後にしような。」「友だちのめいわくになるから，前を向いて授業をするよ。」「今は授業中です。おしゃべりは放課の時にしなさい。他の迷惑です。」「きみえさん，他の友だちに迷惑だよ。静かにしてね。」「周りの子が迷惑するからやめなさい。けじめをつけなさい。」「きみえちゃん，今おしゃべりする時間ではありません。先生のお話を聞いていてね。」
1 and 2 and 5 and 8．指示 and 忠告・意見 and 婉曲的な指示 and 応答「（近くに行き）きみえさん，何の話がおもしろいかな。（するときっとだまると思うので，全体に）先生もおもしろい話を知っているよ。（と興味ある話をし，後に）でも，今は○○の勉強だから，その話，先生と放課にしようね。」
1 and 2 and 13．指示 and 忠告・意見 and 判断の委ね「今は何の時間かな。おしゃべりをする時間じゃないよ。まさこさんの勉強のじゃまにもなるよ。相手のことも考えような。」
1 and 3．指示 and 怒鳴り・罵り「こら！先生の方を向きなさい。」
1 and 5．指示 and 婉曲的な指示「何の話をしているの？（少し聞いて）楽しそうだけど，ゆっくり話せる放課に話しましょう。」「先生が言ったこと聞いてたかな？もう一度だけ言うからよく聞いてなさいよ。」「（指名して）今の先生の質問を言ってみて。大事なことは何回も言わないからちゃんと聞いていてね。」

1 and 8. 指示 and 簡単な語りかけ・応答「今どうしても話をしたいのですね。でも先生の話を今は聞きましょう。」「チェ、チェ、きみえさん。おしゃべりはそこまで…。先生がもっとおもしろいお話をするよ。とっても大事なんだから。きみえさんのお話の方がおもしろいと思ったら、後で先生に教えて。」「きみえさん。きみの名前はいいね。きみがええなんてね。けじめをつけて話を聞けるよね。」
1 and 10. 指示 and 肯定「仲良しが多いのはステキですね。でも、今は先生の話を聞きましょう。」
1 and 12. 指示 and 励まし「そこの二人。さあがんばって授業を集中してやるよ。もう一度言うから、よく聞こうね。」
1 and 13. 指示 and 判断の委ね「どうしても今しなければならない話なの？そうなら、今から時間をあげるから話してしまいなさい。放課でもいい話なら放課まで待ちなさい。」
1a and 2 and 5. 指示（クラス全体）and 忠告・意見 and 婉曲的な指示「先生の今の話がわかったかな？まさこちゃんも話が聞けないし、まわりの人も注意しないとだめだよ。」
2 and ［5 or 9］. 忠告・意見 and ［婉曲的な指示 or 問題点を探る問いかけ］「何か質問ある？あったら先生にしてね。」
13 and 14. 判断の委ね and 不介入・静観「（何も言わず静かになるまで見ている。静かになってから）授業の約束はどうだったか？（と聞く）」

Table 7-4 分類された言葉かけの内容（【教師への直接的反抗】）

1. 指示「自分のやるべきことは、まずやらなければね。」「あきらめなさい。」
2. 忠告・意見「でも、自分が忘れてきちゃったんだもんね。これからは、休み時間に休めるように忘れないで宿題してこないとね。」「終わったら休んでいいよ。休み時間は次の授業の準備でもあるんだよ。いやだったら、これからはちゃんとやろうね。」「宿題をやってきたら、そう言いなさい。」「みんなが勉強している時間、休んだのだから仕方がないよ。」「その通り。だから宿題は家でやってこよう。」「やるべきことができていないんだから、休み時間が減っても仕方がないんだぞ。」「家で休んでいて、宿題ができなかったのだから、休み時間にやるのですよ。」「やらなければならないことをやらない人は、しょうがないんじゃなあ？自分のためだよ。」「その通り、時間はその時に応じて目的がある。授業をする時間、宿題をやる時間、休む時間の時間が休み時間になったから、今は宿題の時間ですよ（私は宿題はあまり出したくないですが）」「その、休み時間にちゃんと休めるように、これからは家で宿題をやってこようね。」「休み時間に休みたいなら、授業に集中して、宿題も家でやってこないと。」「休み時間にするのが嫌だったら、きちんと宿題をやってきましょう。」「自分のやるべきことをやった人だけが、休み時間を自由に使うのであって、自分がやり残したことをしっかり行うのも休み時間の使い方である。」「やるべきことをやらないで、休み時間にやるのか（一対一で、絶対にやらせる。」「そう、休みためにあるんだよ。でも、それは授業でがんばったから休めるんだよ。」「まあ、それはそうだけど、宿題を忘れた責任があるんじゃないのか？その責任を全うする義務が君にはある！と先生は思うぞ。」「でもねぇ、今のうちにやっておいた方が後で楽になって休めるよ。」「賢くならないよ。病気の時は宿題はやらないけど、元気の時はやるんだよ。」
3. 怒鳴り・罵り「自分が忘れたくせに何を言っている！」
4. 罰の示唆「やるべきことをやってない子は、放課はありません。仕方ないよね。」「では放課後、おのこりですね！」
5. 協力の示唆「授業後一緒にやろうね。」
7. 譲歩「それだったら家でやっておいで。」「そうか忘れたか、なら次の宿題の時からは必ずやってくるんだよ。」「休み時間にやるのが嫌なら、家できちんとやってらっしゃい。」「できるところまで家で必ずやってくるように。外へ出て放課にしてよし。」
9. 問題点を探る問いかけ「お家でどうしてるの？（と生活の様子をたずねる）」
13. 判断の委ね「いつ宿題をやるの？（勉強する時間はいつあるの？）」
1 and 2. 指示 and 忠告・意見「きのう、みんなが家でやっていた時間、あなたは遊んでいたんだからその分をみんなが休んでいるその時間にやりなさい。」「皆がしている時、休んでいたのだからやりましょう。」「そうならんように、次からやってこいよ。今日はやるしかない。」「宿題は家でやってくるべきなのに、それをやってこない君がいけないんだから、他のちゃんとやってきた人は休めても君はやらなければいけないんだよ。家でやってきて、家でやっていらっしゃい。」「家で宿題をやらなかったのだから、休み時間がなくなっても仕方がないわね。宿題を早くすませて遊びなさい。」「たしかに休み時間は、休むためにあるけど、家でしっかり休んだんだから。家でやった人はそれでいいけど、かつひろ君はやるべきことをやってから休む。」「やれるんだから、やることはしっかりやろうよ。」「宿題を家でやってこなかったのは、かつひろ君でしょ。放課は休むためにあるのだけど、家でやらなかった分を補うんだよ。」「休み時間にたければ、やるべきことをきちんとやってこい。やることやらんで、権利だけ主張するな。それが筋だ。」「宿題を家ですることが大切です。やらなかったので、休み時間にしなさい。」「やって来ないのは、自分が悪いんでしょ。やらない人は、休みな〜し。」「宿題等はその日のうちにがんばってやろう、少しずつでいいのでやりなさい。」「だったら家で忘れずにやってくればいいじゃないの？そうすれば、休み時間は休み時間になるんじゃないの？今からやりなさいよ。」「することもしないで、休むなんて、自分が悪いんだから、きちんとやりなさい。」
1 and 2 and 10. 指示 and 忠告・意見 and 肯定「そう、休み時間は休むため、でも宿題は学習の約束。授業時間ではできないので約束を守ってからやろう。さあゴ〜！」「なるほど。君のいうこともももっともだね。宿題を早くすませて遊べる。善は急げ。さあやろう。」「そうだね、休みためにあるんだよね。でも宿題を忘れたことはよくない事です。きちんとやってくれば、休めるんだよ。今日はがまんしてやりなさい。」
1 and 2 and 11. 指示 and 忠告・意見 and 冷やかし・呆れ「いろんなことをきちんとした子には、休み時間があるけどね。君の場合はず〜っと休み時間みたいだよね。今まで休んでたから、みんなは休み時間だけど、君は宿題をやりましょう！」

1 and 6．指示 and 協力の示唆「やるべきことは，ちゃんとやりなさい。先生もいっしょにやるよ。」
1 and 9．指示 and 問題点を探る問いかけ「みんなが宿題をしていたときに，かつひろは何してたの？そのときの分を今やりなさい。」「かつひろ君，じゃ，なぜ宿題をしてこなかったの？自分のことなのだから，きちんとやろうね。」
2 and 3．忠告・意見 and 怒鳴り・罵り「小学生の本分は勉強だ。勉強せい！」
2 and 4．忠告・意見 and 罰の示唆「文句を言うならやるべきことをやって言いなさい。わがままは許しません。」
2 and 6．忠告・意見 and 協力の示唆「でも，家でやってくることをしなかったんだから，しょうがないよ。一緒にやろう。」
2 and 10．忠告・意見 and 肯定「そうだね。でも，宿題は必ず家でやってきてほしいものだよ。」「その通りだね。よくわかっているね。じゃあ授業時間は勉強する時間じゃないのかな。宿題も大切だよ。」「そうだね，確かに言う通り。でも，みんなで話し合って決めたことだよ。守って欲しいなぁ。」
2 and 12．忠告・意見 and 判断の委ね「そうだね。でも，みんなは宿題の時間を作ったんだからあなたにもその時間を作らなきゃ。休み時間がいやだったら，いつやる？」
2 and 13．忠告・意見 and 判断の委ね「休み時間にやりたくなかったら，みんなと同じように家でやっていらっしゃい！勉強は誰のためにやるの？」「でも，みんなは，家でがんばってやってきたよ。かつひろ君は，やってこれなかったぶん，どこかでばんかいしないといけないよ。いつやるの？」「休み時間に休むためには，家でやるべきことをやってこなくてはね。では，これは，いつやるのかな。やらなくていいのかな。」
4 and 7．罰の示唆 and 譲歩「時間を見つけて，今日中にやって下さいね。できなかったら居残りです。」
5 and [6 or 7]．婉曲的な指示 and [協力の示唆 or 譲歩]「困ったな。やるべきことができないのは，心配だからあとで相談しよう。」
5 and 10．婉曲的な指示 and 冷やかし・呆れ「最近のかつひろ君，ちょっとおかしいね。家で宿題をする時間がないのかな。かつひろ君がやれないような宿題じゃないよね。」
6 and 10．協力の示唆 and 肯定「ハハハ…全くその通り。帰り残って先生と一緒にやろうか。楽しみだな。」「それもそうだね。友だちと遊びたいものね。でもね。今日は特別サービスだよ。先生付きってのはどう。分からなければ即ヒント。休み時間にできそうでなければ脳みそマッサージ付きなんだけど」(と子どもの手をにぎる)。」
6 and [4 or 7]．協力の示唆 and [罰の示唆 or 譲歩]「じゃ，授業後，残ってやりましょうか。先生も，応援するから。」
7 and 10 and 12．譲歩 and 肯定 and 励まし「そうだね。宿題は家庭でやってくるんだね。明日楽しみにしてるよ。がんばれ。」
8 and 11．簡単な語りかけ・応答 and 冷やかし・呆れ「宿題をやらなかったか？　みんなより休んでるだろ。」
10 and 13．肯定 and 判断の委ね「その通りだよ。じゃあ，自分でいつやれるか，考えて。後で先生に知らせて下さい (と，その場は切りぬけて，後で個別に，家庭での様子など聞き，相談にのる)。」「確かに休むための休み時間だけど，宿題をすませておかないと，次の時間，あなた自身がこまることになりますのでね。」
[4 or 6 or 7]．[罰の示唆 or 協力の示唆 or 譲歩]「後から，先生と話をしよう。」

Table 7-5　分類された言葉かけの内容（【怠慢な清掃活動】）

1．指示「ちょっと○○さん，こっちへ来て，このゴミを取って (など，それぞれに役割を与える)。」「ちゃんときれいにしてね。」「そこのゴミをはいて。ちりとりでとって。(具体的な指示を出して，いっしょにやる)。」「しろよ。」「口より，手を動かしたら。」「お掃除，お掃除，きれいにしようね。」「○○さんはここ，○○さんはここ (分担を決めてしまう)。」「はやく掃除を終わらせて，後でゆっくりしゃべりしたら？」
「そうじはみんなで協力してしなさい。自分で使った所は自分できれいにね。」「手分けして，そうじしなさい。よくゴミを見てきなさいよ。」「さあ，しゃべってばかりじゃなくて，手も動かそうよ。」「こことここをきれいに掃いてふきなさい。」

2．忠告・意見「早く済ませた方があとで遊べるよ。」「あなたたちが働いていない分，他のお友達ががんばっているんだよ。みんな同じようには働かないと不公平でしょ。」「早くすませた方がすっきりするでしょ。」「そのあとゆっくり話をしたら。」「掃除した方がきれいになって気持ちがいいよ。」「学校がきれいになると，みんなの心も落ち着いてくるんだよ。」「先生は，そうじをまじめにやらない子はきらいです。」「気を入れてやらないといつまでたってもおわらないよ。さっさとやって，気分よくおしゃべりした方が楽しいんじゃないのかい？」「みんなが使った部屋は，みんなで掃除するんでは。」

4．罰の示唆「そうじをしなくていいから，横で見ていなさい (掃除をさせない)。」

5．婉曲的な指示「それだけ (＝掃除の範囲) やったら，遊んでいいですよ。」「きれいになるまで，何時になっても終わらないよ。」「教室きれいになったかなあ (あとはことばをかけ，掃除がやれるまで (きれいになるまで) やらせる。たとえ時間がかかっても)。」「君たちのおかげできれいになるね。美しくなるっていうのは気持ちがいいね。」「ほうきは，こうやって使うの (やり方をみせる) (いっしょにそうじをする)。」「そこのところがきれいになると気持ちがいいんだけどねえ。」「さあ，誰が，きれいにすみの方を掃いてくれるかな？」

6．協力の示唆「先生と同じように掃除をするよ。」「さあ，一緒にやるよ (と掃除に参加する)。」

9．問題点を探る問いかけ「何かあったらしいね。その様子は。掃除のことかなっ。それとも…今解決しなければならないことかなっ (と，いっしょに掃除をしながら話をしていく)。」「どうしたの？何かなやみでもあるの？」

10．肯定「いいな。楽しそうに話できて。私も話しに入れてもらおうかな (子どもの動きを見る)。」「よくがんばっているね。その調子で。」「一生懸命やり始めたね。えらいね。」

11．冷やかし・呆れ「いやであれば，掃除をしなくてもいいよ。その代わり，みんなどんな気持ちでしているか，見てみましょう。」「お前ら掃除やりたくなきゃやらんでもいいぞ。その代わり，やらんと決めたら卒業まで一切やるな。」

13. 判断の委ね「どうして掃除をしなきゃいけないんだろうね？（と問いかけ，そうじする意味を考えさせる）」
14. 不介入・静観「（何も言わない。）」
1 and 2. 指示 and 忠告・意見「教室をきれいにしようね。気持ちがいいよ。」「今は授業と同じなんだよ。掃除も授業です。それに使用している学校をきれいにするのはあたりまえだよ。さあ掃除の時間内にやろうね。」「みんなの学校だよ。気持ちよくすごすためにも，きれいにしようね（道具の扱いを示しながら）。」「自分たちの生活の場だよ。きれいにしてよ。」「きれいになると，きっと気持ちがいいよ！自分たちが使って汚すところは，自分たちできれいに掃除するのが当然。話をしたければ，早く掃除をしてしまってから，話をしなさい。」「自分たちの使っている教室なのだから，みんなできれいにしなくてはいけませんね。」「掃除も勉強の一つなんだからやろうね。」「みんなの使う場所だから，しっかり掃除するように！」「自分たちの生活（学習）の場だからきれいにしようね！」「せいこちゃん，○○ちゃん，○○ちゃん，今はお掃除をする時間です。きれいにしてからおしゃべりしなさいね。」
1 and 2 and 4 and 6. 指示 and 忠告・意見 and 罰の示唆 and 協力の示唆「さあ，先生もいっしょにやるよ。みんなの教室だからきれいにしよう！ちゃんとやっていない人は，最後にゴミすてだ！」
1 and 2 and 6. 指示 and 忠告・意見 and 協力の示唆「早くしないとそうじの時間が終わっちゃうよ。私も手伝うからいっしょにやろう。その後で話の続きをしよう。」「みんなですれば早く済むから。サッサとやってしまおう。特別サービスで先生も手伝おうかな。」
1 and 2 and 12. 指示 and 忠告・意見 and 励まし「みんなの使ったところだから，みんなできれいにしよう。がんばって。」
1 and 3. 指示 and 怒鳴り・罵り「口よりも手を動かせ。そうじのできない人間はダメな人間だ。」
1 and 4. 指示 and 罰の示唆「短い時間なのだから，気持ちよく掃除をしなさい。きれいにならなければ放課もやるよ。」
1 and 5 and 12. 指示 and 婉曲的な指示 and 励まし「この場所が汚れている。きみがんばってやろうよ。」
1 and 5 and 12 and 13. 指示 and 婉曲的な指示 and 励まし and 判断の委ね「〜君見てごらん。あんなに一人でがんばっているよ。三人とも，どう思う？みんなでがんばってきれいにしなきゃあ。さあ，がんばろう!!」
1 and 6. 指示 and 協力の示唆「みんなで協力してきれいにしようよ。先生も手伝うから。」「先生と一緒にやろう。口を動かしてもいいから手も動かしてね。」「せいこちゃん，ちょっとほうきを貸して。（と少し掃き）○○さんは，こちらから，○○さんはこちらから，先生はここをやってね。さあ，ここにゴミを集めてね。たくさん一番気持ちの良いのかな。せいこちゃん，ちり取り持ってきて。（その後）さあ次は○○をやろうね。」「先生もいっしょにそうじするね。あなたはそちらを手伝ってね。」「一緒にそうじしよう。こうやってるときれいになるでしょ。○○ちゃんは，掃くのが上手だね。△△ちゃんは，ここをふいてね。」「先生といっしょに早くそうじをすませてしまおう。おしゃべりはその後でゆっくりどうぞ。」
1 and 9 and [6 or 8]. 指示 and 問題点を探る問いかけ and [協力の示唆 or 簡単な語りかけ・応答]「何か困っていることでもあるのかな。先生でよかったら相談にのるよ。掃除をがんばってやってから話そうね。」
1 and 12. 指示 and 励まし「がんばってそうじをして，放課に話をしなさい。」
2 and 5. 忠告・意見 and 婉曲的な指示「何をしているのか？今は掃除の時間だよ。」
2 and 6. 忠告・意見 and 協力の示唆「いっしょうけんめいやらないと，時間内に掃除が終わらないですよ。先生も手伝うからしっかりやりましょう。」
2 and 9. 忠告・意見 and 問題点を探る問いかけ「（おそらく高学年と思われる）どうした？三人で悩み事の相談かな。そうじが終わってからでもできるでしょ（と言って，一緒にそうじをする）。」
6 and 10. 協力の示唆 and 肯定「○○ちゃん，だんだんきれいになってきたね。ここも，ゴミが多いから一緒に掃こう。」
9 and 11. 問題点を探る問いかけ and 冷やかし・呆れ「どうも身が入らないようだな。何かあったのか。」
 [1 or 5 or 11]. ［指示 or 婉曲的な指示 or 冷やかし・呆れ］「外へ行って，話をしていらっしゃい。」

Table 7-6　分類された言葉かけの内容【けんか】

1. 指示「離れなさい。一人ずつ先生の前で相手に言いたいことを言ってごらん。」「やめなさい。」「やめなさい。」「ちょっとまって，落ち着きましょう。落ち着きましょう。」「とにかく殴り合いはやめて。二人ともおこってるのはわかったから。ちょっと落ち着いて考えてみようよ。」「ぜったい手を出しちゃだめ!!」「まあまあ，落ち着いて。けんかはやめなさい。」「やめろ。」「ケンカはやめなさい！（第一声）」「やめなさい。」
9. 問題点を探る問いかけ「どうしたんだ。先生に教えてよ。」「（両者の手首をつかまえて）どうしてけんかになったんだ。」「何があったの？」「どうしたんだ。」「どうしたの？（本人と周囲の子に事情を聞く）」「何があったの？二人の言い分を聞かせて！」「どうしたの？（と言って二人を止める）」「たかし，ひでお，何が理由でけんかしているのか話してごらん。」「どうしたの。一人ずつ話を聞かせてね。」「たかし君，ひでお君どうしたの？全部先生に話してごらん。」「どうしてこうなったか教えて。」「二人ともどうしたの？先生に話してみて。」「たかしくんどうしたの。」「どうしたの。はじめから話してごらん。」「なんだ，なんだ，いったいどうしたのかな。原因は何なの？先生にわかるように話をしてちょうだい。」「どうしたの？」
14. 不介入・静観「（しばらく見ている）。」
1 and 1b and 9. 指示 and 指示（主人公以外の児童）and 問題点を探る問いかけ「やめなさい。みんなも席について。どうしてけんかになったのか教えて。」
1 and 2. 指示 and 忠告・意見「暴力はいけない！止めなさい！心落ち着けて話し合え！」
1 and 2 and 9. 指示 and 忠告・意見 and 問題点を探る問いかけ「やめなさい！なぐるのはよくないよ！たかしくん，どうしたの？」
1 and [6 or 9]. 指示 and ［協力の示唆 or 問題点を探る問いかけ］「ちょっとやめなさい。先生が話を聞こう。」

1 and 9. 指示 and 問題点を探る問いかけ「落ちついて，落ちついて。先生にどうしてけんかになったのか教えて。」「やめろ，わけを一人ずつ話しなさい。」「二人とも落ちついて，自分の席に座りなさい。後で話を聞くからまず席に座りなさい。それまで先生にどうしてこうなったのか話をまとめておきなさい。」「たかし君ひでお君どうしたの。ちょっと落ち着いて深呼吸してごらんよ。(落ち着いたのを確認してから) お話を聞こうか。」「こちらにいらっしゃい！どうしてこうなったか先生に話しなさい！(厳しい態度で二人の言い分をしっかり聞いていく)」「二人ともちょっと待って！いったいどうしたの？」「ちょっと待って何があったのか教えて。」「(二人の間に入って)落ち着きなさい。たかし君，どうしてひでお君に，なぐりかかっていったの？ひでお君は，どうしてたかし君になぐられそうなったの？」「(間に割って入り)二人ともやめろ！(他の生徒のいないところに二人を連れ出し話を聞く)」「ストップ。何が原因なのか，話してごらん。」「(近くに行き)ちょっと待って。さあ１，２，３と数えるから，３になったらお互い離れてね。１，２，３！！(その後どうしてけんかになったか二人に聞く)」「離れて深呼吸しとれ。(冷静になってから)何があった？」「まあ座れ。(落ち着いたら，二人とも呼んでイスに座らせ)どうしたんだ？(と両方から平等に聞く)」「(とりあえずなぐり合いをやめさせて)，どうしてこんなことになったの？(と双方に原因を聞く)」「やめなさい。どうしたの(と，二人に話を聞く)。」「たかし君，ひでお君，こちらへ来て，先生に話を聞かせて。」「はい，ストップ！たかしくんどうしたの？口で言ってごらん(と，冷静に声をかける。ことばかけを少なくして，話を聞く)。」「どうしたの？とにかく落ち着いて。はじめから話してごらん。」「たかし君，ひでお君席に着きなさい。先生に話を聞かせてちょうだい！」「とにかく席について。落ち着きなさい。それから，どうしてけんかになったのか，説明して。」「けんかをやめなさい。どうして，けんかになったの。」「ストップ，まず，どうしてこうなったのか，話をきかせて。」「けんかをやめなさい。どうしてこういう事になったか話してごらん。」「やめなさい。二人の言い分を話しなさい。」「ちょっと一度すわってみようか(ととりなして，話を聞く)。」「やめなさい。たかし！二人とも先生の所に来なさい！二人で話を聞きたいです。」「ストップ，一体何があったよ。落ち着いて話してごらんよ。」「どうしたの，二人ともやめなさい。」「二人とも落ち着いて先生にわけを話してごらん。」

1 and 11 and [6 or 9]. 指示 and 冷やかし・呆れ and [協力の示唆 or 問題点を探る問いかけ]「たかし君何をしているの。けんかはやめなさい!! まず落ち着いて。先生が話を聞くから。」

1 and 14. 指示 and 不介入・静観「(直ちに言葉をかけず，しばらく様子を見てから「やめろ」と言う。)」

1b and 9. 指示(主人公以外の児童) and 問題点を探る問いかけ「(何も言わず，他の子どもに，二人を引き離させる。その後，理由を聞く)どうしてけんかになっちゃったの？」

2 and 9. 忠告・意見 and 問題点を探る問いかけ「危ないよ。どうしてけんかになったのか話を聞かせて。」

3 and 9. 怒鳴り・罵り and 問題点を探る問いかけ「ばかやろう。てめえらいいかげんにしろ！(と，けんかをやめさせ，その後一人ずつ事情を聞き，指導する)」

5 and 9. 婉曲的な指示 and 問題点を探る問いかけ「どっちががまんできるかな。がまんできた方のがえらいよ!!(その後話をきく)」

9 and 14. 問題点を探る問いかけ and 不介入・静観「(ある程度やらせてから)どうしてけんかになったの？」

[1 or 5 or 11]. [指示 or 婉曲的な指示 or 冷やかし・呆れ]「ここだとけがをするといかないから，外へ行こう。」「けんかは，外でやりなさい(ときつく言い，手をひっぱって出す)」「(危ないので周りの机を他の子どもとどけ，場所を広くする)やりたければ思いっきりやりなっ。そのかわり足げりなし，顔面なし，かみつきなし。理由は落ち着いたら聞くよ(たいていやめる)。」「ろうかに出てやりなさい。」

[5 or 11]. [婉曲的な指示 or 冷やかし・呆れ]「やれやれ(もちろん本心じゃない)。刃物でも持ってきてあげようか(もちろん本心じゃない)。お互いに傷つけるまでするつもりなら。」

Table 7-7 分類された言葉かけの内容（【依存児】）

1．指示「もう一度，自分の周りを確認してごらん。」「自分がおいた所にあるから，それを思い出して捜しなさい。」「思いあたる場所をもう一度さがして下さい。」「自分でさがしてみなよ。」「どこに置いたのか思い出してごらん。」「もう一度自分のロッカーをもう一度調べてごらん。」「もう一度よくさがして，なければみんなに聞きなさい。」「もう一度よくさがしてごらん。」「もう一度よくさがしてごらん。よく思い出して，どこでなくしたか考えてごらん。」「はい，もう一度自分でよく探してごらん。落ち着いてね。」「さっきまで何してたのか，思い出してごらん。自分でさがさなきゃね。」「どこに置いたのか思い出してみて。」「どこに帽子を置いてきたのか，行ったところをもう一度さがしてきてみようか。」「もう一度さがしてみなさい。」「どこに置いたかよく思い出してごらん。」「まず，よく探してごらん(その後一緒に探し，どうしてなくなったかふりかえり，これからどうあるとよいか考えさせる)。」「自分で探しなさい。」「もう一回よくさがしてごらん。」「まず，ロッカーの中を見てごらん。」

5．婉曲的な指示「自分でさがしてみましたか。」「まず自分でよくさがしてみたの？」「自分のロッカー，机の中を見た？」

6．協力の示唆「先生もいっしょになってさがしてあげるから。」「そうか，学級のみんなにも知らせてみんなで探そう。」

8．簡単な語りかけ・応答「そう，帽子がないの，困ったねえ，どうしたらいいかな。」「う〜ん，小鳥さんが持っていったかな(非現実的なことを言えばたいてい慌てはおさまる。自分が慌てているのだと気づけば，たいていの場合は自分でさがしはじめる。よほど人にとられたなどと考えていないかぎりは)。」

9．問題点を探る問いかけ「帽子がどうしたの？(と聞き直す)」

1 and 5．指示 and 婉曲的な指示「もう一度，自分で確かめてごらん。カバンの中とか，机の中とか，ロッカーの中とか…。」「もう一度，どこに置いたか考えてみましょう。落とし物入れなどを確認したかなぁ？」「よく自分でさがしたの？もう一回見てらっしゃい。」
1 and 5 and 6．指示 and 婉曲的な指示 and 協力の示唆「よくさがしたかな。もう一度さがしてなかったら言ってきなさい。」「心あたりのあるところは全部さがしたの？先生も一緒にさがすからもう一度考えてみてごらん。」
1 and 5 and 6 and ［6 or 8］．指示 and 婉曲的な指示 and 協力の示唆 and［協力の示唆・簡単な語りかけ・応答］「よくさがしたのかな。さいごに自分の帽子を見たのはどこですか。いっしょにさがしてあげるから，よく思い出してごらん！」
1 and 5 and 11．指示 and 婉曲的な指示 and 冷やかし・呆れ「また…？！ よく捜してごらん。机の中は？ロッカーの中は？手さげの中は？」「またなくしたの？よくさがした？自分のものは自分できちんとしなきゃだめよ。」
1 and 6．指示 and 協力の示唆「もう一度落ち着いてさがしてごらん。それでもみつからなかったらまたおいで。いっしょにさがしてあげるから。」「もう一度ロッカーとかかばんの中とかよく調べてみて。それでもなかったら，先生と一緒に探そう。」「もう一度，ロッカーや机の中などを捜してごらん。先生もいっしょに捜してあげるから。」「どこに置いたか よ～く思い出してごらん。〜のところとか××のところとか，もう一度よく見ておいて。それでもなかったら，先生も一緒に探してみるね。」
1 and 1b and 6．指示 and 指示（主人公以外の児童）and 協力の示唆「もう一度さがしてごらん。なかったら，言いに来てね。他の子もいっしょにさがしてあげてね。」
1 and 6 and 8．指示 and 協力の示唆 and 簡単な語りかけ・応答「そうか，なくなったの。もう一度さがしてみて，なかったらいっしょにさがそう。」
1 and 6 and [6 or 8]．指示 and 協力の示唆 and［協力の示唆 or 簡単な語りかけ・応答］「名前は書いてあるか？もう一回心あたりの場所をさがしてみろ。それでなかったらもう一度俺に言え。クラス全員や学年全員に聞いてやる。」「最後に使ったのはいつ？思い出してごらん。忘れそうなところを一度見て，それからおいで。」「どの辺でなくしたのかおぼえてないの？一緒にさがしてみようか。いいか，落ち着いてよく考えるんだ。」
1 and 8．指示 and 簡単な語りかけ・応答「たいへんだね，まずさがしてきてごらん。」「どこに行ったのかねぇ〜。もう一度自分の机の中やロッカー，身のまわりをさがしてごらん。」「もう一度よく考えてごらん。どこかへ置いてきたかも知れないよ。」
1 and 8 and 9．指示 and 簡単な語りかけ・応答 and 問題点を探る問いかけ「どうしたの。大変だね。もう一度さがしてみよう。まずはロッカーから。」
1 and 8 and 12．指示 and 簡単な語りかけ・応答 and 励まし「えっ，そうか。自分が前どこで何をしていたのか，順によく思い出してごらん。きっとそこに落ちているよ。それからどうしてこうなるのかよく考えてごらん。」「自分の帽子なんだから，自分でさがしてごらん。名前が書いてあったら，絶対自分の所にもどってくるよ。」「まず，ロッカーの中やランドセルの中をさがしてごらん。きっとあるはずだよ。」「もう一度よく探してごらん！どこかにかくれているよ！」
1 and 8 and 11 and [6 or 8]．指示 and 簡単な語りかけ・応答 and 冷やかし・呆れ and［協力の示唆 or 簡単な語りかけ・応答］「ともこさんの帽子？ともこさんが知らないのに先生が知っていると思った？名前書いてあるの？よくさがしてごらん。」
1 and 8 and [6 or 8]．指示 and 簡単な語りかけ・応答 and［協力の示唆 or 簡単な語りかけ・応答］「困ったね，どこまで帽子があったのかよく思い出してごらん。教室を出る時は？その後どこかに寄ったかな？（と行動を思い出させる）」「そりゃあ，困ったね。いつ，どこでなくしちゃったの。ようく思い出してごらん。」
1 and 10．指示 and 肯定「今日は帽子はなくてもよい。心あたりをまずよく探しなさい。」
1 and [6 or 8]．指示 and［協力の示唆 or 簡単な語りかけ・応答］「いつからないの？ ○○を探してごらん。」「いつまでぼうしを持っていたかおぼえてる？もう一度さがしてみよう。」「ぼうしをどこに置いたの？思い出して。」
2 and 6．忠告・意見 and 協力の示唆「身のまわりの整理整頓が大切ってこと分かるかな。一緒に捜してあげるよ，次がないようにね。」
2 and 6 and 8．忠告・意見 and 協力の示唆 and 簡単な語りかけ・応答「大事なものだから，自分でしっかり管理しようね。でも，ぼうしはどこへいったのかな。ともこの心あたりのところを一緒に捜してあげるよ。」「困ったね，ちゃんとしまっておけばよかったね。一緒に探しにいこう。」
2 and [6 or 8]．忠告・意見 and［協力の示唆 or 簡単な語りかけ・応答］「物は大切にしようね。名前は書いてありますか？」
2 and 8 and [8 or 12]．忠告・意見 and 簡単な語りかけ・応答 and［簡単な語りかけ・応答 or 励まし］「困ったね。自分のものは大切にしようね。今日は先生の帽子も貸してあげる。」
2 and 11．忠告・意見 and 冷やかし・呆れ「今日もまた何かをなくしたの？ともこちゃん，自分のものはきちんと自分で管理しないとね。」
5 and 6．婉曲的な指示 and 協力の示唆「何回さがした。みんなにもお願いしようか。カバンの中は，机の中，ロッカーは（と，捜した場所を聞きながら，いっしょに捜す）。」
6 and 8．協力の示唆 and 簡単な語りかけ・応答「あれ〜たいへんだね。いっしょにさがそうか。」
6 and [6 or 8]．協力の示唆 and 簡単な語りかけ・応答 and［協力の示唆 or 簡単な語りかけ・応答］「帽子をなくしたの？こまったねぇ〜。どこらへんでなくしたの？探そうねぇ〜。」「どこにいっちゃったのかな。きちんとしまっておいたかな？先生と一緒にさがしてみようか。」
6 and [6 or 8]．協力の示唆 and［協力の示唆 or 簡単な語りかけ・応答］「いつなくなったのに気づいたの？（いっしょにその辺りをさがす。ない場合は，あとでみんなに聞いてあげるからね，と言う）」「ともちゃん，名前書いてある？みんなに聞いてみるね。きっとすぐに見つかるから（と，クラスのみんなにも助けを求める）。ともちゃん，今日学校に来て帽子どこに置いた？（と，登校時から話をきく）」

6 and 9．協力の示唆and問題点を探る問いかけ「どうしたの？よし一緒にさがしてみよう。」
[6 or 8]．[協力の示唆or簡単な語りかけ・応答]「帽子をいつ使ったの？（と自分で思い出していけるように聞く）」「最後に見たところは？」「いつかぶっていたの。その後，どこへ置いたかな。ようく思い出してごらん。「どこに置いたか，覚えてる？」「どこでなくなったの？（帽子がなくなった経緯を確かめる）」

Table 7-8　分類された言葉かけの内容（【孤立児】）

1．指示「お友達に自分から『遊ぼ』と声をかけてごらん（他の子にもじゅんこを誘うように声をかけておく）。」「じゅんこも外で思いっきり遊んでおいで！」
1b．指示（主人公以外の児童）「（他の子どもに）じゅんこを遊びに誘ってやって。」「（じゅんこには話しかけずに，クラスの子どもに）じゅんこちゃんも誘って一緒に遊んで（と言う）。」
2．忠告・意見「じゅんこさんも，外へ出てみんなと遊ぶと楽しいよ（その後も出ていく様子がなければ，二人で話をする）。」「外に遊びに行ったら？」「天気がいい日は，外へ行って遊んだ方がいいよ。」「一人でいるのもいいけど，みんなと遊ぶこともももっと楽しいよ！」
5．婉曲的な指示「外に遊びに行かないのか？（と尋ね，その後，行かない理由，級友と遊べない理由を聞く）」「外で遊ばないの？」
8．簡単な語りかけ・応答「ああ，今日もいい天気だね～。あっ入道雲だよ。」「仕事手伝ってくれる？」「何してるんだ。」「先生のお手伝いをしてちょうだい！（いろいろ手伝いをさせる。一人でいる理由を聞く）」「みんなと遊ばないのね。」「何か面白いこと見えるかな。」「じゅんちゃん。先生のお手伝いしてくれる。」「何を見ているの？（興味を示すものを聞き出す）」「じゅんちゃん，あれあの子何やってんのかな～。」「じゅんこさん，きのうは何か家のお手伝いしたかな？（外で遊ばないの？）」とか「一緒に遊べばいいのに」などは言わず，その子どもに何か関連のある事柄を話す）」「朝ごはんなんだった？ちょっとそれ，手伝って。」「じゅんちゃん，今日の授業で何が楽しかった？（と話をさせ）」「じゅんちゃんは外で遊んでいるのを見てたよね。どんな遊びが好き？…誰と遊びたいのかな（と話し，外へ連れ出すか，後に，名前が出た子に一緒に遊べるように話をする）。」「いい天気だね。文学少女なんだ。」「じゅんこちゃんは今からどんなことして遊ぶのかな。」「じゅんこさん，今日はお天気がいいね。何を見てるの。」「何が見えるの？先生も見せて。」「じゅんちゃん，何を見ているの？」
「何をみているの？きのうの夜何かテレビを見た？」「元気？きのうどんなテレビ見た？」「じゅんちゃん，何見てるの？（さりげなく話をして，一緒に過ごしていく）」「（外の子たちは）何をして遊んでいるの？」「じゅんこ，ちょっとここをふいてくれんか。」「○○ちゃんは～してるんだねぇ～。」「じゅんちゃん，何見てるかな。おもしろいものでも見える？」
9．問題点を探る問いかけ「じゅんこちゃんはみんなと外で遊ぶの。きらいなのかな。」「一人の方が，気楽かな。」「友だちとお話するのきらいかな。」「どうした？（子どもの話を聞く）」「どうしたの，外で遊ばないの？」
1 and 1b and 8．指示and指示（主人公以外の児童）and簡単な語りかけ・応答「いま何やってるよ？　今日は天気がいいから外に出て遊びに行ったら？オ～イ○○さん，じゅん子さんと一緒に遊んであげて。」
1 and 2．指示and忠告・意見「外に行って遊んでごらん。とても楽しいよ。」「みんないっしょに遊ぼうね。運動場へ出て，遊んでらっしゃい。みんないっしょの方がとっても楽しいよ。」
1 and 2 and 5．指示and忠告・意見and婉曲的な指示「遊びに行かないの？○○さんたちのところへ行っていっしょに遊んでいらっしゃい。楽しいわよ。」
1 and 5．指示and婉曲的な指示「外へ行かないの？自分から入れてって友だちに言ってごらんよ。」
1 and 9．指示and問題点を探る問いかけ「どうしたの。外で元気よく遊んでおいでよ。」
2 and 5．忠告・意見and婉曲的な指示「遊びに行かないの？友達に話しかけるといいよ。」「遊びに行かないの？！遊びに行ってきたら？」「外へ遊びにいかないの。みんな楽しそうだよ。」
2 and 5 and 8 and 9．忠告・意見and婉曲的な指示and簡単な語りかけ・応答and問題点を探る問いかけ「じゅんこちゃん，どうした？これ手伝ってくれる？…みんなと一緒に遊びに行かないの？楽しそうだよ。」
2 and 8．忠告・意見and簡単な語りかけ・応答「じゅんこちゃん，どう。みんなと遊んでみない？みんなの遊んでいるところを見て，何かおもしろいところあるかな？」
2 and [6 or 8]．忠告・意見and[協力の示唆or簡単な語りかけ・応答]「たまには外で遊でみない。○○さんの中に入れてもらおうか。先生も一緒に行こうか？」「一緒に，みんなの所へ遊びに行こう。また，ちがったものが得られるよ！」
2 and 9 and [6 or 8]．忠告・意見and問題点を探る問いかけand[協力の示唆or簡単な語りかけ・応答]「じゅんちゃん，先生も外へ行くけど，いっしょに行く？いっしょに遊ぼうか。どうして内の方が好きかな。たまには太陽に当たらないと。いっしょに行こう。」
5 and 9．婉曲的な指示and問題点を探る問いかけ「一緒に遊ばないの？どこか調子でも悪いの？」
5 and 10．婉曲的な指示and肯定「じゅんこさん，遊びに行かないの？みんなと遊んでも，つまらないんでしょう。」
5 and [6 or 8]．婉曲的な指示and[協力の示唆or簡単な語りかけ・応答]「じゅんこちゃんは外へ行かないの？先生といっしょに外へ行こうか。」「外へあそびに行かないの？いっしょに外へ行ってクラスの子にあそびにいれてもらおう。」
8 and 9．簡単な語りかけ・応答and問題点を探る問いかけ「どうしてみんなと遊ばないの。外で遊ばないのなら先生の仕事を手伝ってくれる？」「何しているの？遊ぶ人がいないの？じゃあ先生の仕事を手伝ってくれる？（作業をしながらいろいろ話を聞く。）」
8 and [6 or 8]．簡単な語りかけ・応答and[協力の示唆or簡単な語りかけ・応答]「先生，まどからみんなの遊ぶ姿を見るの好きなの。いっしょに見ようね。」「みんなと遊びたいの？先生と一緒に外に出てみよう。」

[6 or 8]．[協力の示唆 or 簡単な語りかけ・応答]「先生といっしょに外に遊びに行こうか。」「一緒にみんなと遊びに行かない？（と聞く）（外で遊ぶのが嫌いな場合もあるので，そうであるなら無理にさそわない）」「みんな楽しそうだね。一緒に外へ行ってみようか。」「○○ちゃん，おもしろそうなことをして遊んでいるね。先生と一緒に入れてもらおうか。」「ひまそうだね。図書室で本でも一緒に読もうか。」「じゅんこ，先生と一緒に遊ぼう」「話そう」）。」「今日はお天気がいいから，先生と外に遊びに行こうか？」「（今一年生担任ですので，その場合）先生といっしょにあそびに行こうか？」「先生と一緒に外へ行こうか。」「先生と一緒にあそぼうか。」「いっしょに外へ出てみようか。」

Table 7-9　分類された言葉かけの内容（【危険を伴うふざけあい】）

1．指示「まもるくん降りなさい（今後，絶対にやめるようにする）。」「オイオイオイ，まもる，そこからおりよ！（まず降ろしておいて話しかけを始める）」「まもる君，降りなさい。」「声を出す（とにかく窓枠からおろす）。」「すぐに窓からおりなさい！」「ふざけるのはいいけれど，窓枠からは降りなさいね。」「（安全のため，まずおろさせる）おりなさい。」

2．忠告・意見「あぶないよ。気をつけなければいけない。」「まもる君，あぶないよ。ここは3階だよ。落ちたら大変だ。」「あぶないぞ。」「危ない！まもる君，下に落ちたら大変！」「気をつけないと落ちるぞ。」「危ないよ。窓から落ちてケガをした子もいるんだよ。」「危ない。」「危ないよ。落ちたら死んじゃうよ!!」「まもる君，窓に腰かけてふざけていると危なくないかな？」「あぶないぞ!!落ちる前に，自分のことを考えるよ!!」「あぶない！」「あぶないよ（立ち止まって，話しながら，窓から離れるようにさせる）。」「窓から落ちるかも知れないよ。」「手がすべって落ちた後のこととか，ちゃんと考えてる!?」

1 and 2．指示 and 忠告・意見「落ちると大変なことになるから絶対にしないでね。」「じっとしていて（そばへ行って抱いておろす）。あぶないよ。（みんなを見回して，）絶対これからもやってはいかんよ。」「あぶないぞ。やめてくれ。」「危ないから降りなさい。外に落ちたらどうするの？」「まもる君。落ちたら危ないから降りなさい!!」「下に落ちると危ないから降りようね。」「落ちたら大変なことになるから，今すぐおりなさい。」「おい，窓からすぐおりなさい。窓から落ちたらどうなるか分かる？体がぺちゃんこになるんだよ。」「危ないよ，落ちたらたいへん！降りなさい！」「みんな，ここでは遊ばないように。窓から落ちると危ないから腰かけないように。」「危険でしょ。すぐ降りなさい。」「落ちると危ないので，座るのをやめましょう。」「危ないから，降りなさい。」「危ないぞ。窓から降りなさい。」「あぶないから，遊ぶなら外で遊んでいらっしゃい。」「危ないから降りなさい。」「危ないよ!!もしものことがあったらどうするの？危ないから絶対するな!!」「危ない！すぐ降りなさい（その後で，厳重注意）。」「危ないから降りなさい。（と，しかった後で，）落ちたら死んじゃうよ（と，だめな理由を話す）。」「あぶないよ，まもる君。落ちたらどうするの。窓から降りなさい。」「危ないから降りなさい。運動場で思いきり遊んでおいで。」「わんぱくぼうずくん，あぶないからやめようね。けがした後では遅くないの。」「まもる君，先生は君の命が大事だよ。おりて。」「危ないから窓枠には座らないで。」「落ちるといけないから降りてね。反対側で話をするといいよ。」「そんなところにすわって，下に落ちたらどうすんの。窓のまわりでふざけるのも絶対にだめだよ！」「あぶないからやめなさい。」「あぶないからやめなさい。落ちたらどうなると思う。」「あぶないよ，すぐおりて！ここは三階だから，もし落ちたらたいへんなことになるから気をつけてね。」「危ないよ。まもる君。すぐに降りなさい。」「あぶない，早く降りなさい。」「やめなさい。おちたら死ぬよ!!ぜったい，いけないことだよ!!」「おりなさい，あぶないよ。」「危ないからすぐ降りなさい。」「あぶない。外であそびなさい。」「あぶないからおりなさい。」「あぶないぞ！ここは3階だから窓に腰かけてはいかんよ。放課は元気よく運動場で遊んでらっしゃい。」「危険だから，降りなさい。窓はすわるためにあるのではない！（と声をかける）」「あぶないぞ，そんなことをしてはいかん。」「危ないよ。落ちたら死んでしまうよ。降りなさい。」「そんなところに腰かけると落ちるよ。すぐに降りなさい。」「あら，危ない。落ちちゃうから降りた方がいいよ。」「危ない。すぐに降りて。」

1 and 2 and 8．指示 and 忠告・意見 and 簡単な語りかけ・応答「ちょっと待って，まもる君！危ないよ。先生，まもる君がけがをしたら泣いちゃうよ，悲しいよ（と，言いながら，まもる君を抱き，とりあえず窓枠から降ろさせ，その後，危険性等を話す）。（事が分かっている年齢の子であれば，）今度チューしちゃうよ（と）。」

1 and 2 and 10．指示 and 忠告・意見 and 肯定「元気がいいなあ。でも窓は危ないから，広いところで遊べ。」

1 and 2 and 12．指示 and 忠告・意見 and 冷やかし・呆れ「あぶない!!降りなさい。何やってるの？」

1 and 2 and 13．指示 and 忠告・意見 and 判断の委ね「落ちたら大変だから，やめなさい。気をつけて。どうなるか考えてごらん。」

1 and 2 and [9 or 11]．指示 and 忠告・意見 and [問題点を探る問いかけ or 冷やかし・呆れ]「危ないから，降りなさい。どうして，こんなことしてるの？」

1 and 3．指示 and 怒鳴り・罵り「降りろ。ばかやろう。お前，命がいらんのか（と厳しく指導した後，その行為の危険性を話してやる）。」「こら，すぐ窓から降りろ。」

1 and 11．指示 and 冷やかし・呆れ「まもる君，どこに座ってるの！今すぐ降りなさい！」

2 and 2b．忠告・意見 and 忠告・意見（主人公以外の児童）「まもるくん，危ない。窓から落ちたら死ぬよ。（周りにいる子に）どうしてまもる君に，注意をしないの。」

2 and 3 and 11．忠告・意見 and 怒鳴り・罵り and 冷やかし・呆れ「こらっ！まもる。どこにすわってるの？ここは3階でしょ。何かのはずみで落ちたら死んでしまうわよっ！」

2 and 11．忠告・意見 and 冷やかし・呆れ「「まず，まもるの身体の一部をつかむ」危ないなぁ，何やってんの？」「（大声でしかると反対に危ない）まもるくん，自分の命は自分でまもる。しゃれ言っちゃって。（と，そっと抱き，安全な方に向きを変えてから，）君たち頭ついてる？危ないって分からなかった？（と，注意する）」

2 and 11 and 13．忠告・意見 and 冷やかし・呆れ and 判断の委ね「これ，どこに腰かけてるの。命より大切なものはないんだよ。よく考えなさい。」

Table 7-10　分類された言葉かけの内容（【授業を妨げる落ちつきない行為】）

1a．指示（クラス全体）「気持ちを落ち着けてね。集中してやろう。」「いすに深くこしかけて，前を見なさい。」「静かにして，姿勢をよくしましょう。」

2．忠告・意見「椅子にちゃんと腰掛けないからだよ。姿勢をよくすることは頭の回転も速くなるんだよ。」

2b．忠告・意見（主人公以外の児童）「失敗はだれにもある。人の失敗を笑うということは，絶対に自分が失敗しない自信がある人!!あなたたちは失敗をしないかなぁ？」

5．婉曲的な指示（クラス全体）「テストを始めてもいいかな？」「テストをはじめるよ～（つとめて明るく言うと思う）。」

8．簡単な語りかけ・応答「しげゆき君大丈夫？痛くなかった？」「（その子に）大丈夫？どこか打たなかった？（と聞く）」「しげゆきくん，けがはないですか？」「（しげゆきに）おしりいたくなかった？大丈夫？（と言う）「大丈夫か。」「だいじょうぶ!?　何もなくてよかったね。」「しげゆきくん大丈夫だった？」「しげゆき君，大丈夫？」「だいじょうぶ？ケガはない？」「大丈夫？ケガはなかった？あわてちゃったのかな？」「ちょっと，あわてちゃったね，しげゆきくん，大丈夫？」

10．肯定「それで，頭がさえたね。」

14．不介入・静観「（声をかけません。見つめていますが。なぜなら，すぐおさまるだろうから。）」「（何も言わず，席に座るのを見ている。）」

1 and 1a and 2．指示 and 指示（クラス全体）and 忠告・意見「笑うのはやめましょう。しげゆき君，気をつけて。座り方をなおしましょう。首を打つと大変なケガになるんだよ。きちんとすわってごらん。もう転ばないからね。」

1 and 1b．指示 and 指示（主人公以外の児童）「しげゆき君，座りましょう。（他の人に）人の失敗をいつまでも笑わないの。」

1 and 1b and 8．指示 and 指示（主人公以外の児童）and 簡単な語りかけ・応答「しげゆき君，大丈夫ですか。きちんと席につして，みんな，おしゃべりをやめて先生に注目しなさい。」

1 and 5a and 8．指示 and 婉曲的な指示（クラス全体）and 簡単な語りかけ・応答「あらまぁ，早くすわらなきゃ。いたかったね。さあ，テストするよ。」

1 and 8．指示 and 簡単な語りかけ・応答「大丈夫？きちんと座ろうね。」「しげゆきくん，だいじょうぶ？いたかった？はい，きちんと座って，先生の話を聞いて下さいね。」

1 and 11．指示 and 冷やかし・呆れ「何をやっているの！ちゃんと落ち着いてすわりなさい。」

1 and 1b and 8．指示 and 指示（主人公以外の児童）and 簡単な語りかけ・応答「しげゆき君，だいじょうぶ？ちゃんとこしかけてね。みんなももう笑わないよ。」

1a and 1b and 2．指示（クラス全体）and 指示（主人公以外の児童）and 忠告・意見「静かに！しっかりイスに座ってないから落ちるんだから，気をつけて。他の子ももう一度自分の姿勢を正しましょう。」

1a and 2．指示（クラス全体）and 忠告・意見「危ない。気をつけて。笑ってはいけません。」「緊張しているから落ちるんだよ。みんなも緊張しているから，一度大きな声を出してみようか。」

1a and 2．指示（クラス全体）and 忠告・意見 and 忠告・意見（クラス全体）「はい，静かにして。今日はテストです。しげゆきくん落ちついてテストをしないとせっかく勉強してきたことが生かされませんよ。それでは目を全員でつむりましょう。1分間（60回数えましょう）つむったらテストを配ります。」

1a and 2 and 2b and 5a and 8．指示（クラス全体）and 忠告・意見 and 忠告・意見（主人公以外の児童）and 婉曲的な指示（クラス全体）and 簡単な語りかけ・応答「シー。しげゆき君頭打たないかな。だいじょうぶ？椅子にきちんとすわってた。ねえ，みんな。人の失敗を笑っていいのかな。先生はちょっと悲しいな。しげゆき君に声をかけてほしかったな。みんながしげゆき君だったらどうだろう。いやじゃない？先生だったらちょっといやだなっ。さあ，テストやろうか（しげゆきが弱い立場の子なら少しかわると思う）。」

1a and 2a．指示（クラス全体）and 忠告・意見（クラス全体）「おかしくない。静かに。」「とてもあぶないことです。そんな時に，笑ってはいけません。」

1a and 2b and 8．指示（クラス全体）and 忠告・意見（主人公以外の児童）and 簡単な語りかけ・応答「大丈夫だった？いたくないかな？もう大丈夫だったらみんなも静かにしよう。友達が困ったときに笑うのはどうかな??」

1a and 5a．指示（クラス全体）and 婉曲的な指示（クラス全体）「はい，そこまで。今からテストをやる。気持ちを切り換えろ。」「笑うのを止めて。テストをします。」

1a and 5a and 8 and 12a．指示（クラス全体）and 婉曲的な指示（クラス全体）and 簡単な語りかけ・応答 and 励まし（クラス全体）「けがはしなかったかい。さあテストだ。がんばってやろう。」

1a and 8．指示（クラス全体）and 簡単な語りかけ・応答「やってしまいましたな！（雑談）では静かにしましょう。」

1a and 14．指示（クラス全体）and 不介入・静観「（しばらく待ってから）はい，じゃあ始めるから話をやめなさい。けじめつけるよ。はい，お話やめ!!」

1b and 2. 指示（主人公以外の児童）and 忠告・意見「しげゆき！姿勢をよくして，椅子にしっかりすわらないとあぶないぞ！他の者も静かにしようね。」

1b and 2 and 2b and 8. 指示（主人公以外の児童）and 忠告・意見 and 忠告・意見（主人公以外の児童）and 簡単な語りかけ・応答「しげゆき，落ちたね。先生も危ないなあと思ってたんだ。ホラ，こうやって座ってると，みんなもしげゆきみたいに落ちちゃうよ。みんなも落ちないように，座ってみよう。できるかな。」

1b and 8. 指示（主人公以外の児童）and 簡単な語りかけ・応答「だいじょうぶ，けがしてない？そばの子，手伝ってあげて。」「しげゆき君，大丈夫？みんな静かに。」

2 and 2a. 忠告・意見 and 忠告・意見（クラス全体）「けがするぞ～。笑うことじゃない。」

2 and 2b. 忠告・意見 and 忠告・意見（主人公以外の児童）「しげゆき君，姿勢が悪い証拠だよ。（笑っている子に）笑うなんていやな感じだね。こういう時は，まず『大丈夫？』と声をかけてあげるのが優しい子だよ。」「姿勢よくすわってないとあぶないでしょ。みんなも笑わないで心配してあげないの？」

2 and 5a and 8. 忠告・意見 and 婉曲的な指示（クラス全体）and 簡単な語りかけ・応答「しげゆき君大丈夫ですか。危ないね。椅子の座り方はよかったかな。さあ，授業を始めましょう。」「しげゆき君，大丈夫かな。椅子にはきちんとすわろうね。それでは話を始めるからね。」

2 and 8. 忠告・意見 and 簡単な語りかけ・応答「姿勢が悪いから落ちたのかな。けがはなかった。」「しげくん。大丈夫。後頭部打ったら大変だよ。」「大丈夫か？（大ケガ，or 後ろの席の子のいたずらでなければ）姿勢が悪いんだな（としかる）。」「しげゆき君，大丈夫？打ちどころが悪いとけがするよ。」「けがはなかった。気をつけようね。」

2a and 8. 忠告・意見（クラス全体）and 簡単な語りかけ・応答「しげゆき！大丈夫か。ケガないか…（走りよっておこす）。笑いごとじゃないぞ，けがでもしたらたいへんだ。」

2a and 10. 忠告・意見（クラス全体）and 肯定「テスト前だというのに，緊張感が足りんな。ま，そのぐらいいいか。」

2b and 8. 忠告・意見（主人公以外の児童）and 簡単な語りかけ・応答「しげゆき痛かったなあ。みんなも，もし自分が落ちたら痛くて，笑われるとはずかしいよ。」「だいじょうぶか。みんなはどうして笑ってるんだ。」「だいじょうぶ？先生も子どもの頃イスをななめにしてひっくり返って転んだことがあるよ。痛かったなあ。こんなに痛いのにみんな笑うなんてひどいねぇ（と，しげゆき君に向かって，みんなに聞こえるように言う）。」

3a and 8. 怒鳴り・罵り（クラス全体）and 簡単な語りかけ・応答「うるさい，しげゆき，大丈夫か。」

5a and 8. 婉曲的な指示（クラス全体）and 簡単な語りかけ・応答「しげゆき君，けがはなかったかな。さあ，話してもいいですか。」「しげゆき君，痛くなかった？大丈夫？座れるかな？さあはじめよう。」「しげゆき君，大丈夫？さあ，はじめるよ。」「しげゆきくん大丈夫？しげゆき君が座ったらテストを始めましょうか。」「大丈夫かなあ。ではテストをはじめるからね。用意はいいですか。」

5a and 8 and 10. 婉曲的な指示（クラス全体）and 簡単な語りかけ・応答 and 肯定「テスト前のみんなの緊張をほぐしてくれたね！けがはないかな，さあ始めよう！」

5a and 8 and 12a. 婉曲的な指示（クラス全体）and 簡単な語りかけ・応答 and 励まし（クラス全体）「危なかったね，しげゆき君。どこも何ともなかった。さあみんなテストだよ。がんばろう。」

5a and 8 and 14. 婉曲的な指示（クラス全体）and 簡単な語りかけ・応答 and 不介入・静観「（少し間をおき）しげゆきくん大丈夫？（と聞いたあとで，）さ，テストを始めるよ！」

5a and 10. 婉曲的な指示（クラス全体）and 肯定「サルも木からおちる。しげゆき君も椅子からおちる。そういうこと誰にもあるよ。さあ始めるよ。」

5a and 11. 婉曲的な指示（クラス全体）and 冷やかし・呆れ「おっちょこちょいだね。さあ，今からテストだよ（と区別する）。」

5a and 10a. 婉曲的な指示（クラス全体）and 肯定（クラス全体）「しげゆき君のおかげで，みんなリラックスできたね。さあ。テストを始めるよ。」

5a and 14. 婉曲的な指示（クラス全体）and 不介入・静観「（少し間をおいて，）さあテストを始めるよ。」

8 and 9. 簡単な語りかけ・応答 and 問題点を探る問いかけ「しげゆき君，だいじょうぶ？どうして転んじゃったの？（様子を聞いて，授業の内容にうまく戻す）」

8 and 10 and 10a. 簡単な語りかけ・応答 and 肯定 and 肯定（クラス全体）「ハッハッハッ。いいぞ。よほど緊張しとるらしい。でも，しげゆきのおかげでみんなの緊張もほぐれたみたいだな。」

て，「言葉かけカテゴリー」を利用して言葉かけの内容を分類し，各場面でいかなるカテゴリーに該当する言葉かけがみられるかを調べた。

　結果をふまえると，問題場面における教師集団の言葉かけの傾向について，次の二点を指摘することができる。一点目は，個々の問題場面での教師集団の言葉かけは，それぞれの場面のコンテクストに影響を受けて，ある特定の少数

Table 8 各場面で実践されている言葉かけの割合（「言葉かけカテゴリー」別に算出）

	【内気・引っ込み思案】	【授業中の落書き】	【おしゃべり】
〈対主人公〉			
1. 指示	25.9	51.7	44.8
2. 忠告・意見	17.2	5.2	25.9
3. 怒鳴り・罵り			5.2
4. 罰の示唆		1.7	
5. 婉曲的な指示	3.4	10.3	20.7
6. 協力の示唆		20.7	
7. 譲歩	41.4	1.7	
8. 簡単な語りかけ・応答	5.2		5.2
9. 問題点を探る問いかけ	12.1	31.0	1.7
10. 肯定	6.9	6.9	1.7
11. 冷やかし・呆れ		3.4	1.7
12. 励まし	12.1	19.0	1.7
13. 判断の委ね		1.7	10.3
14. 不介入・静観			3.4
1 or 5 or 11. 指示 or 婉曲的な指示 or 冷やかし・呆れ			
2 or 6. 忠告・意見 or 協力の示唆		5.2	
3 or 6 or 7. 罰の示唆 or 協力の示唆 or 譲歩			
3 or 7. 罰の示唆 or 譲歩			
5 or 9. 婉曲的な指示 or 問題点を探る問いかけ			1.7
5 or 11. 婉曲的な指示 or 冷やかし・呆れ			
6 or 7. 協力の示唆 or 譲歩			
6 or 8. 協力の示唆 or 簡単な語りかけ・応答			
6 or 9. 協力 or 問題点を探る問いかけ			
9 or 11. 問題点を探る問いかけ or 冷やかし・呆れ			
〈対クラス全体〉			
1a. 指示			
2a. 忠告・意見			1.7
3a. 怒鳴り・罵り			
5a. 婉曲的な指示			
12a. 励まし			
〈対主人公以外〉			
1b. 指示	3.4		
2b. 忠告・意見			
カテゴリー数（総数）	9	12	13
カテゴリー数（10％以上の回答者が見られたもの）	5	5	4

単位はパーセント（％）（「カテゴリー数」が記された行の数字は除く）

【教師への直接的反抗】	【怠慢な清掃活動】	【けんか】	【依存児】	【孤立児】	【危険を伴うふざけあい】	【授業を妨げる落ちつきない行為】
27.6	46.6	58.6	72.4	13.8	74.1	10.3
56.9	29.3	5.2	3.4	24.1	87.9	31.0
3.4	1.7	1.7			3.4	
6.9	3.4					
3.4	13.8		19.0	17.2		
8.6	12.1		24.1			
10.3						
1.7			22.4	31.0	1.7	53.4
	8.6	63.8	3.4	13.8		
15.5	5.2		1.7	1.7		6.9
3.4	5.2		3.4		8.6	
1.7	6.9		6.9			
10.3	3.4				3.4	
5.2		1.7	5.2			6.9
	1.7	6.9				
1.7						
5.2						
		1.7				
1.7						
	1.7		22.4	25.9		
		1.7			1.7	
						24.1
						8.6
						1.7
						29.3
						3.4
		3.4	1.7	5.2		13.8
					1.7	8.6
16	13	9	12	8	8	12
6	4	2	5	6	2	6

カテゴリーの言葉かけの実現性のみが高い。しかし，実現性が低いものの，その他いくつかのカテゴリーの言葉かけも実践されている様子がみられ，いくぶんのバリエーションが確認できるということである。

　本研究で用いた言葉かけカテゴリーをもとに10場面の言葉かけの内容を分類したところ，合計31カテゴリーに及ぶ言葉かけが出現した。しかし各場面別に，全被調査者の10％以上の言葉かけが集中するカテゴリーの数に注目すると，10場面のうち8場面では，4個から6個のカテゴリーに限定され，さらに残りの2場面（【けんか】【危険】）では，わずか2個のカテゴリーのみに限定されている。しかし10％未満の少数回答を含めると，各場面で8個から16個までのカテゴリーにまで言葉かけの多様性がみられており，この点は注目しておくべきである。異なるカテゴリーにある言葉かけは，それぞれ質的に異なることから，児童への影響のあり方も異なるものと推測される。問題場面に着目しながら教師行動が児童へ及ぼす影響について理解するにあたり，言葉かけを教師行動の一指標として取り上げることが，教師行動の影響力に関する詳細な理解につながるといえるだろう。

　二点目は，問題場面でどういった内容の言葉かけの実現性が高いかは，場面のコンテクストに大きく左右されるということである。顕著な例で，【内気】においては，〈譲歩〉が他の場面ではみられないほどの高い割合（41.4％）を示している。【内気】という場面は，授業で当てられて答えられない児童と対面しているといった膠着した状況である。教師にとって，授業の円滑な進行を考慮するとなると，他の場面とは違って，児童への要求を退けて〈譲歩〉をせざるを得ない特徴的なコンテクストにあるといえる。【落ちつきなし】においては，〈簡単な語りかけ〉がきわめて高い割合（53.4％）を示している。【落ちつきなし】の〈簡単な語りかけ〉に該当する言葉かけは，「しげゆき君大丈夫？痛くなかった？」といった安全を気づかう内容が多い。怪我をした可能性のある児童を前にした場面という，他の場面にはみられない独自のコンテクストが，言葉かけに反映していることは充分に理解できる。【けんか】においては，〈問題点を探る問いかけ〉がきわめて高い割合（63.8％）を示している。教師がけんかの経

緯を把握していない状況にある場合，その後の介入の仕方を決めるためにも，その原因を知ることが重要であるという独自のコンテクストによるものだといえる。

　[研究①] では，問題場面での教師集団の行動は，「統制的意図の強い行動－受容的意図の強い行動」といった，二極からなる軸上に布置された行動のうち，いかなる行動の実現性が高い，あるいは低いかという観点から特徴づけられることが示された。しかし，本研究で取り上げた言葉かけのように，具体性の高い教師の振る舞いの傾向については，場面固有のコンテクストの意味内容をふまえることによってはじめて明確に特徴づけることができるといえる。

2.3　まとめ

　第2章では，教師を被調査者として，問題場面における教師集団の行動の傾向について，実現性という観点をふまえながら整理した。[研究①] では，「注意を与える」，「おだやかに接する」などの10項目の行動記述を用いて，12場面に対して，自らが実践すると考えられる行動についてたずねた。分析を通じて，「統制―受容」，「関与度」といった，教師行動を理解するための因子を抽出した。そして，各問題場面で教師集団にみられる行動の傾向は，「統制的意図の強い行動－受容的意図の強い行動」といった二極からなる軸上に布置された行動のうち，いかなる行動の実現性が高い，あるいは低いかという観点から特徴づけられることを明らかにした。例えば，統制的意図の強い行動の実現性が高い場面では，対極に位置する受容的意図の強い行動になるに従い実現性は低くなり，受容的意図の強い行動の実現性が高い場面では，対極にある統制的意図の強い行動になるに従い実現性は低くなることを示した。さらには，「統制―受容」といった二極の中間に位置する，統制的意図と受容的意図がともに弱めの行動の実現性が高い場面では，統制的ないし受容的意図が強い両極の行動であるほど実現性が低くなることを示した。

　また [研究②] では，[研究①] よりも具体性の高い教師行動の指標として，問題場面で児童に用いる言葉かけを取り上げた。そして，14種類からなる「言

葉かけカテゴリー」をもとにして，場面ごとに，教師集団によって用いられる言葉かけの傾向について明らかにした。その結果，いかなる言葉かけの実現性が高いあるいは低いかについては，個々の場面独自のコンテクストによって全く異なることを示した。

　以上の研究を通じて，それぞれの問題場面のコンテクストごとに，独自の実現性の高い教師行動あるいは低い教師行動がみられることを明らかにした。

第3章　教師行動に影響する教師の内的要因

3.1 ［研究③］小学校教師の内的要因と行動との関連

問題と目的

　［研究①］および［研究②］を通じて，問題場面別に，実現性の高いあるいは低い行動について確認し，各々の場面で教師集団として共通性の高い行動のみられることが明らかになった。つまり，多くの教師たちは，各場面に直面したときに，その状況について共通性の高い解釈や判断を行い，その結果として，共通性の高い行動を取っているといえる。

　しかしながら，［研究①］および［研究②］では，各場面の教師集団の行動のなかには，中実現性教師行動や低実現性教師行動がみられたように，幾分の行動のバリエーションがあることも明らかになった。この理由として，直面した場面で一人ひとりの教師に喚起される内的な要因が，行動のあり方に個人差をもたらしているためであると考えられる。本研究では，問題場面での教師行動に個人差をもたらしている内的要因に着目したい。

　問題場面での教師行動に影響する内的要因としては，以下に示す二つの変数をあげることができる。一つは，「問題所有」である。この概念について，説明を行いたい。

　Gordon (1974) は，学級での問題をさぐることにおいて，だれが問題を抱えているかを明確にすることの重要性を指摘している。そして，教師―生徒相互間に生じる問題は，教師所有問題，教師－生徒共有問題，生徒所有問題の三つに分けられることを示している。教師所有問題とは，教師が生徒の行動によって，自らの要求充足を阻まれたり，不満，苛立ち，怒りを感じたりするような問題を指す。生徒所有問題とは，生徒の要求充足が，他者やなんらかの出来事によって阻まれているといった問題を指す。教師―生徒共有問題とは，教師と生徒が互いの要求充足を阻みあっている問題を指す。

　Brophy & Rohrkemper (1981) は，24の具体的な問題場面を示す描写を，Gordon (1974) の定義を参考に教師所有問題に関する場面，教師－生徒共有問題に関する場面，生徒所有問題に関する場面に分類し，各場面における教師の

認知や対処行動を検討している。その結果，直面している問題が教師所有問題に関する場面であると，教師はその状況について，生徒自身が問題のコントロールは可能であり，問題に対して意図性をもっていると認知し，また対処行動として，高い頻度の脅威や罰を特徴とした行動をとることを見いだしている。いっぽう，直面している問題が生徒所有問題に関する場面であると，教師はその状況について，生徒がどうすることもできない状況であり，意図性のない状況だと認知し，また対処行動としては，とりわけ励ましや援助を示すとしている。

　ただし，たとえ教師所有問題に関する場面であっても，場面に対する解釈は，教師間で幾分の違いがあるものと考えられる。そのため，不満，苛立ち，怒りを感じる程度には，教師によって差異がみられると考えられる。そのため，教師所有問題に関する場面での脅威，罰といった統制的行動のみられやすさには，個人差の生じることが予想される。そこで，本研究では，教師所有問題に関する場面に生起しやすいとされる，教師の不満，苛立ち，怒りを総称した心理的構成概念として，先述の「問題所有」を提出する。そして，各場面において個々の教師に生起する「問題所有」の違いによって，教師行動にどのような違いがみられるかについて検討を行う。

　各問題場面の教師行動に個人差をもたらしている内的要因の二つ目として，問題場面に対する教師の「効力期待強度」をあげることができる。Bandura (1977) は，動機づけの基盤を成す要因として，個人に生じる期待に注目したうえで，人間の期待を結果期待と効力期待とに区別している。そして結果期待を，ある一定の行動がある結果を生ずるであろうという信念，効力期待を，自分が一定の結果を生ずるのに必要な行動をうまく果たすことができるであろうという信念と定義している。Bandura によると，人間がある行動をとれば，ある結果を生じるであろう（結果期待）と信じているとしても，そうした結果を生むのに必要とされる行動をうまく遂行できるかどうか（効力期待）についての疑いを抱いているなら，結果期待についての情報は実際の行動に結びつかないということになる。つまり，効力期待が個人の行動の動機づけに大きく関わっ

てくることを指摘している。

またBandura(1977)は，効力期待を三つの次元（大きさ：magnitude，一般性：generality，強度：strength）で考えている。「大きさ」は，どの程度の困難な水準の課題まで行えるかという次元，「一般性」は，ある課題の効力期待が他の課題の効力期待にどの程度広がるかという次元，「強度」は，ある課題の達成をどの程度の強さで期待しているかの次元であるというように定義される。

さて，特定の問題場面という状況を，教師にとっての一つの課題とみなした場合，その場面における教師たちの効力期待には個人差のあることが考えられる。もしもそうであるならば，問題場面において生起する個々の教師の効力期待の違いが，その場面における教師行動に個人差をもたらしているといえる。

上記をふまえて，本研究では，「特定の問題場面において働きかけを通じて児童に影響を与え，理想的な結果を導く」という作業を一課題とみなし，各場面に対する効力期待の「強度」を取り上げることにする。そして，問題場面における各教師の「効力期待強度」と，その場面での行動との関係について検討を行う。

ところで，こうした心理的な変数が教師行動に及ぼす影響力は，場面のコンテクストによっては，強い場合もあればそうでなかったりする場合も考えられる。例えば，「問題所有」が，概して教師の統制的行動を喚起しやすいと仮定しよう。この場合，「問題所有」の高い教師においては，問題場面での児童の振る舞いに対して，統制的な行動を概ね示しやすいことが考えられる。しかし，［研究①］で示された結果を確認する限り，休み時間に一人で窓の外を眺めている児童がいる場面において，ほとんどの教師は，受容的行動をとっていることがわかる。つまりこうした場面では，仮に問題所有が他の教師に比べて高い教師でも，場面特有のコンテクストの影響を受けて，統制的な行動はとりにくくなるといえる。つまり，問題場面の教師行動に影響する内的要因を取り上げることは，場面のコンテクストと，教師の指導を規定する内的要因との交互作用について明らかにすることにつながるといえる。

以上より，本研究では，問題場面での「問題所有」および「効力期待強度」

【孤立児】	【怠慢な清掃活動】
項目	項目
「外でげんきにあそんできなさい。」	「しっかりそうじをしなさい。」
「みんなとあそんできなさい。」	「みんな,わかれてやりなさい。」
「外でげんきにあそんでもらえるかな。」	「しっかりそうじをしてもらえるかな。」
「みんなとあそんできてもらえるかな。」	「みんな,わかれてやってもらえるかな。」
「外でげんきにあそんでほしいのだけど。」	「しっかりそうじをしてほしいのだけど。」
「みんなとあそんできてほしいのだけど。」	「みんなわかれてやってほしいのだけど。」
「みんなとげんきにあそぶのもたいせつだよ。」	「そうじをすることは,たいせつなことだよ。」
「みんなとあそぶと楽しいよ。」	「そうじをきちんとすると,きもちいいよ。」
「そうしていると,いつまでもひとりぼっちだよ」	「しっかりやらないといつまでたっても終わらないよ」
「こら！」	「こら！」
「みんなとげんきにあそばないと,帰りにのこって勉強だよ。」	「そうじをしないのなら,ろうかに立ってなさい。」
「みんな,げんきにあそんでいるよ。」	「みんな,がんばっているよ。」
「外にあそびにいかないのかな？」	「きれいになったかな？」
「先生といっしょにげんきにあそびにいこう。」	「先生といっしょにそうじしよう。」
「外であそんでほしいのだけど,まあいいか。」	「そうじをやってほしいのだけどまあいいか。」
「今日はいいけど,こんどは外にげんきにあそびにいきなさい。」	「今,はいているところだけでも,きれいにしなさい。」
「今日はいいけど,こんどは外にげんきにあそびにいってもらえるかな。」	「今,はいているところだけでも,きれいにしてもらえるかな。」
「きょうしつはしずかだね。」	「そうじはたいへんだよね。」
「どうしたの？」	「どうしたの？」
「からだのちょうしがわるいのかな？」	「からだのちょうしがわるいのかな？」
「おとなしくてえらいね。」	「みんな,なかよしだから,いいことだね。」
「ひとりで,外をながめているのも,いいものだよね。」	「ここはきれいになったね。」
「いったい,いつまでひとりでいるの？」	「いったい,今までなにをしてたの？」
「みんなとげんきにあそべるようがんばって。」	「そうじ,がんばって。」
「今はなにをしなければいけないかな？」	「今はなにをしなければいけないのかな？」

第4章 教師行動に対する児童の見方

面が統制的行動の実現性が高く，後ろの2場面が受容的行動の実現性が高い場面であることが示されていた。

　問題場面を描写した用紙には，次の2種類の質問内容を記した。

1. 教師に求める言葉かけ

　各場面で用いられる教師の言葉かけを提示し，それらの言葉かけについて，教師にどの程度「言ってほしい」かを児童たちにたずねる形式とした。まず，1名の協力者とともに，「言葉かけカテゴリー」（Table 6）をふまえながら，質問紙上に提示する言葉かけの選定を行った。「言葉かけカテゴリー」には，〈不介入・静観〉を除くと，13種類の質的に異なるカテゴリーが示されていた。そこで，13種類のカテゴリーを代表する具体的な言葉かけを記した質問項目（以下，言葉かけ項目）を設定した。

　また，岡本（1994）は，要求表現には多様なバリエーションが存在し，文末の表現によって，「直接的表現（～しなさい）」「肯定疑問形（～してもらえるかな）」，「否定疑問形（～してもらえないかな）」，「希望を叙述する形（～してほしいのだけど）」の順で，直接性の要求から間接性の要求になると指摘していた。この指摘をふまえ，「言葉かけカテゴリー」において要求表現といえる〈指示〉については，文頭からのメッセージの内容は全く同じだが，文末の表現を「直接的表現（～しなさい）」，「肯定疑問形（～してもらえるかな）」，「希望を叙述する形（～してほしいのだけど）」に変えた3種類の言葉かけ項目を用いた。

　〈指示〉の他に，〈婉曲的指示〉，〈譲歩〉，〈問題点を探る問いかけ〉，〈肯定〉においても，「言葉かけカテゴリー」上は，同じカテゴリーに該当する言葉かけでありながら，表現や内容に異なりがみられる複数の言葉かけの存在が確認できた。そのうち，実際の場面でよく用いられると考えられたものについては，言葉かけ項目として，併用することにした。もっとも，質問紙を実施する際に，被調査者に生じる負担が過度に大きくならないように配慮し，最終的には1場面につき25種類の言葉かけ項目を用いることとなった。

　実際に用いた25種類の言葉かけ項目と，それらの概念的な位置づけについては，Table 25に示すとおりであった。これら25種類の言葉かけ項目の冒頭

には,「この場面では,どのようなことばを,先生には言ってほしいと思いますか。」という質問文を記した。回答は5件法(とても言ってほしい,やや言ってほしい,どちらともいえない,あまり言ってほしくない,まったく言ってほしくない,順に5～1点)によってたずねた。

2. 教師に求める言葉かけの個人差を生み出す内的要因

「教師への統制表出要求」,「規範についての信念」,「問題場面の児童との類似性」をたずねる項目を記した(Table 26)。「教師への統制表出要求」に関する項目については,［研究⑥］の「教師への受容表出要求」で用いた3項目の

Table 26 「教師への統制表出要求」「規範についての信念」「問題場面の児童との類似性」の質問項目

「教師への統制表出要求」(4項目)
　　先生は,やさしくするべきだと思う。(R)
　　先生は,おだやかにせっするべきだと思う。(R)
　　先生は,ちゅういをするべきだと思う。
　　先生は,しかるべきだと思う。

「規範についての信念」(3項目)
【内気・引っ込み思案】
　　ゆきえのように,じっとだまっていてはいけない。
　　ゆきえは,きちんとなにかをこたえるべきだ。
　　たとえ何も言えなくても,ゆきえはそれほどわるくない。(R)
【授業中の落書き】
　　たかおのように,らくがきをしていてはいけない。
　　たかおは,きちんと算数のプリントをするべきだ。
　　らくがきしてたとしても,たかおはそれほどわるくない。(R)
【孤立児】
　　じゅんこのように,やすみじかんに一人でぼうっとしていてはいけない。
　　じゅんこは,外でみんなあそぶべきだ。
　　たとえ教室に一人でいても,じゅんこはそれほどわるくない。(R)
【怠慢な清掃活動】
　　せいこのようなそうじのやりかたはいけない。
　　せいこは,きちんとそうじをするべきだ。
　　たとえいっしょうけんめいでなくても,せいこはそれほどわるくない。(R)

「問題場面の児童との類似性」(1項目)
　　ふだんのじぶんは,○○○にそっくりだ。(○○○には,各場面に登場する仮想児童の名前が入る。)

注：(R)のついた項目は,反転項目

うちの2項目を反転項目とみなし，新たに統制表出要求をたずねるための2項目を加えた計4項目を設けた。「規範についての信念」をたずねる項目については，問題場面の内容に応じて3項目を用いた。4場面のうち，【内気】【落書き】に対する項目については，[研究⑥]で用いた項目と同じものを用い，【怠慢清掃】および【孤立】については新たに作成した。「問題場面の児童との類似性」をたずねる項目は，各場面につき1項目を用いた。いずれの項目も，5件法（思う，やや思う，どちらともいえない，あまり思わない，思わない，順に5～1点）で回答を求めた。

結　果

▶言葉かけへの児童の要求に影響する要因に関する尺度の検討　「教師への統制表出要求」，「規範についての信念」，「問題場面の児童との類似性」の3尺度

Table 27　教師の言葉かけに対する児童の要求に影響すると考えられる内的要因の測定尺度の平均値，標準偏差，α係数

	場面	平均値	標準偏差	α係数
「教師への統制表出要求」 （4項目） 中央値=12.00	【内気・引っ込み思案】	10.54	3.74	.74
	【授業中の落書き】	13.74	3.91	.75
	【孤立児】	8.77	3.57	.71
	【怠慢な清掃活動】	13.96	3.96	.73
「規範についての信念」 （3項目） 中央値=9.00	【内気・引っ込み思案】	10.30	2.85	.63
	【授業中の落書き】	12.28	3.02	.77
	【孤立児】	8.70	3.30	.70
	【怠慢な清掃活動】	12.05	2.94	.76
「問題場面の児童との類似性」 （1項目） 中央値=3.00	【内気・引っ込み思案】	2.07	1.23	−
	【授業中の落書き】	1.93	1.19	−
	【孤立児】	1.82	1.18	−
	【怠慢な清掃活動】	2.31	1.25	−

Table 28　教師の言葉かけに対する児童の要求に影響すると考えられる内的要因間の相関

	【内気・引っ込み思案】（上段）および【授業中の落書き】（下段）			【孤立児】（上段）および【怠慢な清掃活動】（下段）		
	統制	規範信念	類似性	統制	規範信念	類似性
教師への統制表出要求		.49**	−.07		.44**	.01
規範についての信念	.60**		−.13*	.70**		−.17**
問題場面の児童との類似性	−.16**	−.24**		−.20**	−.22**	

について，平均値および標準偏差，α係数（「問題場面の児童との類似性」は1項目なので除く）を求めた（Table 27）。「教師への統制表出要求」の平均値は，いずれの場面でも，尺度の可能得点範囲の中央値（12点）付近だったが，【怠慢清掃】，【落書き】において相対的に高く，以下，【内気】，【孤立児】の順に低かった。「規範についての信念」の平均値は，特に【怠慢清掃】，【落書き】で，尺度の可能得点範囲の中央値（9点）よりも高い値がみられ，【内気】，【孤立児】の順に低かった。「問題場面の児童との類似性」の平均値は，いずれの場面も，尺度の可能得点範囲の中央値（3点）よりも低い値を示した。

尺度間の相関を求めたところ（Table 28），「教師への統制表出要求」と「規範についての信念」は，いずれの場面でも中程度以上の正の相関（.44〜.70）がみられた。「規範についての信念」と「問題場面の児童との類似性」では，弱い負の相関（-.13〜-.24）がみられた。「教師への統制表出要求」と「問題場面の児童との類似性」では，【怠慢清掃】，【落書き】で弱い負の相関（-.16〜-.20）がみられたが，【内気】，【孤立】ではほぼ無相関だった。

「問題場面の児童との類似性」の平均値が，尺度の可能得点範囲の中央値をかなり下回っていることは注意しておく必要があるが，尺度間の相関のあり方については，構成概念の内容から予想されうる結果であった。以下の分析においてもこれらの尺度を用いることにした。

▶言葉かけ項目の因子分析　言葉かけの25項目を対象に，場面別に因子分析（主成分法，プロマックス回転）を行った。【授業中の落書き】【孤立児】において，4因子解を算出した際に，類似した因子パターンが得られた。各因子は，Table 25の項目「9. 罰の示唆」，「15. 怒鳴り」に負荷量の高い因子，「3. 指示（〜してもらえるかな）」，「14. 忠告・意見（〜してほしいのだけど）」に負荷量の高い因子，「11. 協力の示唆」，「12. 忠告・意見（〜すると＋だよ）」，「18. 婉曲的な指示（質問をしてうながす）」，「22. 忠告・意見（〜は大切なことだよ）」，「23. 励まし」に負荷量の高い因子，「5. 譲歩（全面的譲歩・まあいいか）」，「16. 肯定（現状への積極的な肯定・えらいね）」に負荷量の高い因子であった。負荷量の高い項目をもとに，それぞれ「命令」因子，「要望」因子，「助言」因

Table 29　言葉かけの項目因子分析（【内気・引っ込み思案】の言葉かけ，主成分法・プロマックス回転後の因子パターン）

項目群名	項目番号	項目	因子1	因子2	因子3	因子4
「助言」項目群	12	「じぶんのいけんをいえば，すっきりするよ。」	.852	-.006	-.038	-.007
	22	「じぶんの考えを言うのはたいせつなことだよ。」	.778	.162	-.002	-.151
	23	「こたえられるように，がんばって。」	.755	-.107	.054	.070
	11	「先生といっしょに考えていこう。」	.691	-.140	-.114	.291
	18	「考えはまとまったかな？」	.614	-.081	.221	-.016
	19	「あとであてるから，考えておきなさい。」	.498	.182	.168	-.062
「命令」項目群	15	「こら！」	-.010	.896	-.192	.054
	9	「言えないなら，立ってなさい。」	-.115	.870	-.098	.011
	17	「かおをあげなさい。」	.040	.785	.103	.248
	10	「こたえなさい。」	.047	.766	.008	-.004
	2	「いったい，いつまでだまっているの？」	-.098	.480	.449	-.079
	25	「今はなにをしなければいけないかな？」	.387	.415	.091	-.195
「要望」項目群	1	「こたえてもらえるかな。」	-.008	-.255	.863	.023
	3	「かおをあげてもらえるかな。」	.080	.001	.725	.009
	14	「かおをあげてほしいのだけど。」	.033	.124	.679	.138
	24	「こたえてほしいのだけど。」	.088	.058	.652	-.094
「承認」項目群	5	「こたえてほしいのだけど，まあいいか。」	-.408	.113	.129	.788
	16	「いきなりあてられても，おちついているから，えらいね。」	.221	.189	-.104	.787
	13	「このしつもんはむずかしいね。」	.310	-.186	.069	.607
		二乗和	3.505	3.432	2.549	1.863
		寄与率（%）	18.447	18.061	13.413	9.803
		α係数（項目群）	.84	.84	.76	.59
		α係数（共通項目群）	.83	.77	.71	.47

注：太数字は，因子負荷量.40以上を表す。
　　背景が濃色の項目は，他の3場面においても同じ解釈が可能な因子への負荷を示す項目（共通項目）を示す。

Table 30　言葉かけの項目因子分析（【授業中の落書き】の言葉かけ，主成分法・プロマックス回転後の因子パターン）

項目群名	項目番号	項目	因子1	因子2	因子3	因子4
「助言」項目群	23	「プリント，がんばって。」	.869	-.176	-.004	-.087
	7	「みんな，がんばっているよ。」	.819	.020	.050	-.086
	11	「先生といっしょにもんだいをやろう」	.805	.137	-.354	-.184
	12	「もんだいをやりとげるとすっきりするよ。」	.747	-.002	-.127	.046
	4	「できるところだけでいいからやってもらえるかな」	.672	-.384	.106	.098
	22	「もんだいをするのはたいせつなことだよ」	.627	.138	.203	.055
	6	「もんだいをやらないとわるくなるよ。」	.573	.233	.044	.081
	19	「できるところだけでいいからやりなさい。」	.555	.047	.141	.019
	18	「どこまでできたかな？」	.525	-.080	-.119	.215
「命令」項目群	9	「できなかったら，かえりに，のこってやりなさい。」	-.169	.957	-.152	-.075
	15	「こら！」	-.113	.876	-.015	-.017
	10	「もんだいをやりなさい。」	.014	.765	.072	.081
	2	「いったい，今までなにをしてたの？」	.139	.513	.219	.145
	25	「今はなにをしなければいけないかな？」	.320	.481	.212	-.065
「承認」項目群	5	「プリントやってほしいのだけど，まあいいか。」	-.038	.058	-.856	.096
	16	「なかなかじょうずな絵をかくね。」	.199	-.073	-.820	.016
「要望」項目群	3	「らくがきはあとにしてもらえるかな。」	-.086	-.098	.008	.941
	14	「らくがきはあとにしてほしいのだけど。」	.099	.157	-.152	.776
		二乗和	4.609	3.083	1.782	1.652
		寄与率（%）	25.605	17.129	9.900	9.178
		α係数（項目群）	.87	.84	.62	.70
		α係数（共通項目群）	.78	.75	.62	.70

注：太数字は，因子負荷量.40以上を表す。
　　背景が濃色の項目は，他の3場面においても同じ解釈が可能な因子への負荷を示す項目（共通項目）を示す。

Table 31 言葉かけの項目因子分析（【孤立児】の言葉かけ，主成分法・プロマックス回転後の因子パターン）

項目群名	項目番号	項目	因子1	因子2	因子3	因子4
「助言」項目群	12	「みんなとあそぶと楽しいよ。」	.852	.040	-.004	-.132
	22	「みんなとげんきにあそぶのもたいせつだよ。」	.826	.047	-.026	.040
	23	「みんなとげんきにあそべるようがんばって。」	.741	.144	.061	-.089
	7	「みんな，げんきにあそんでいるよ。」	.689	.243	-.050	-.113
	11	「先生といっしょにげんきにあそびにいこう。」	.679	-.027	.214	.000
	18	「外にあそびにいかないのかな？」	.677	.076	.010	-.007
「要望」項目群	1	「みんなとあそんできてもらえるかな。」	.031	.787	-.050	.118
	3	「外でげんきにあそんでもらえるかな。」	.257	.681	-.094	.120
	14	「外でげんきにあそんでほしいのだけど。」	.235	.669	.029	.053
	24	「みんなとあそんできてほしいのだけど。」	.353	.635	-.047	.037
「承認」項目群	20	「ひとりで，外をながめているのも，いいものだよね。」	.213	-.323	.812	.026
	16	「おとなしくてえらいね。」	-.091	.103	.799	.061
	13	「きょうしつはしずかだね。」	.262	-.086	.692	.174
	5	「外であそんでほしいのだけど，まあいいか。」	-.364	.517	.577	-.277
「命令」項目群	9	「みんなとげんきにあそばないと，帰りにのこって勉強だよ。」	-.078	.059	.121	.836
	15	「こら！」	-.173	.228	.008	.760
		二乗和	3.887	2.467	2.191	1.460
		寄与率（%）	24.293	15.421	13.693	9.125
		α係数（項目群）	.89	.87	.72	.61
		α係数（共通項目群）	.86	.74	.50	.61

注：太数字は，因子負荷量.40以上を表す。
　　背景が濃色の項目は，他の3場面においても同じ解釈が可能な因子への負荷を示す項目（共通項目）を示す。

Table 32 言葉かけの項目因子分析（【怠慢な清掃活動】の言葉かけ，主成分法・プロマックス回転後の因子パターン）

項目群名	項目番号	項目	因子1	因子2	因子3	因子4
「助言」項目群	11	「先生といっしょにそうじしよう。」	.911	-.376	.121	.005
	12	「そうじをきちんとすると，きもちいいよ。」	.776	.105	-.070	-.089
	23	「そうじ，がんばって。」	.712	.193	-.184	.120
	22	「そうじをすることは，たいせつなことだよ。」	.671	.144	.132	-.154
	18	「きれいになったかな？」	.658	.113	.064	.199
「要望」項目群	24	「みんなわかれてやってほしいのだけど。」	-.135	.954	-.048	.081
	1	「みんな，わかれてやってもらえるかな。」	-.112	.878	.117	.112
	14	「しっかりそうじをしてほしいのだけど。」	.174	.670	-.177	-.114
	3	「しっかりそうじをしてもらえるかな。」	.225	.614	.018	-.120
「命令」項目群	9	「そうじをしないのなら，ろうかに立ってなさい。」	.023	-.093	.998	.134
	15	「こら！」	-.004	-.060	.832	-.113
	10	「みんな，わかれてやりなさい。」	-.064	.475	.508	.006
	2	「いったい，今までなにをしてたの？」	.120	.330	.483	-.094
「承認」項目群	5	「そうじをやってほしいのだけまあいいか。」	-.145	.044	.058	.908
	16	「みんな，なかよしだから，いいことだね。」	.338	-.015	-.052	.755
		二乗和	3.090	3.079	2.308	1.566
		寄与率（%）	20.597	20.524	15.383	10.443
		α係数（項目群）	.83	.82	.84	.60
		α係数（共通項目群）	.83	.63	.80	.60

注：太数字は，因子負荷量.40以上を表す。
　　背景が濃色の項目は，他の3場面においても同じ解釈が可能な因子への負荷を示す項目（共通項目）を示す。

Table 33　場面別の各言葉かけの平均値

【内気・引っ込み思案】

		因子分析に基づく項目名	平均値	標準偏差
協力の示唆	「先生といっしょに考えていこう。」	「助言」	3.61	1.34
励まし	「こたえられるように、がんばって。」	「助言」	3.57	1.25
忠告・意見（～すると＋だよ）	「じぶんのいけんをいえば、すっきりするよ。」	「助言」	3.50	1.30
忠告・意見（～は大切なことだよ）	「じぶんの考えを言うのはたいせつなことだよ。」	「助言」	3.47	1.26
譲歩（部分的譲歩　～してもらえるかな）	「あとであてるから、考えておいてもらえるかな。」	「助言」	3.37	1.33
問題点を探る問いかけ	「わからないかな？」		3.21	1.30
指示（～してもらえるかな）	「こたえてもらえるかな。」	「要望」	3.21	1.13
婉曲的な指示（質問をしてうながす）	「考えはまとまったかな？」	「助言」	3.18	1.17
肯定（これまでの経過を否定しない）	「いま、じっくりと考えているのだね。」	「助言」	3.14	1.20
簡単な語りかけ・応答	「このしつもんはむずかしいね。」	「承認」	3.13	1.20
忠告・意見（～していると－だよ）	「なにも言わないと、あなたの考えていることが、だれにもわからないよ。」	「助言」	3.10	1.22
婉曲的な指示（みんな～）	「みんなが、まっているよ。」		3.00	1.26
指示（～してもらえるかな）	「かおをあげてもらえるかな。」	「要望」	2.92	1.14
譲歩（部分的譲歩　～しなさい）	「あとであてるから、考えておきなさい。」	「助言」	2.82	1.30
忠告・意見（～してほしいのだけど）	「かおをあげてほしいのだけど。」	「要望」	2.79	1.21
忠告・意見（～してほしいのだけど）	「こたえてほしいのだけど。」	「要望」	2.60	1.13
肯定（現状への積極的な肯定　えらいね）	「いきなりあてられても、おちついているから、えらいね。」	「承認」	2.54	1.25
判断の委ね	「今はなにをしなければいけないかな？」	「命令」	2.50	1.28
譲歩（全面的譲歩　まあいいか）	「こたえてほしいのだけど、まあいいか。」	「承認」	2.49	1.31
問題点を探る問いかけ（体調わるい？）	「からだのちょうしがわるいのかな？」		2.43	1.21
指示（～しなさい）	「かおをあげなさい。」	「命令」	2.34	1.15
冷やかし・呆れ	「いったい、いつまでだまっているの？」	「命令」	2.16	1.23
指示（～しなさい）	「こたえなさい。」	「命令」	1.92	1.09
怒鳴り	「こら！」	「命令」	1.64	1.10
罰の示唆	「言えないなら、立ってなさい。」	「命令」	1.59	1.08

【授業中の落書き】

		因子分析に基づく項目名	平均値	標準偏差
譲歩（部分的譲歩　～してもらえるかな）	「できるところだけでいいからやってもらえるかな」	「助言」	3.84	1.26
婉曲的な指示（みんな～）	「みんな、がんばっているよ」	「助言」	3.68	1.22
譲歩（部分的譲歩　～しなさい）	「できるところだけでいいからやりなさい。」	「助言」	3.62	1.26
励まし	「プリント、がんばって。」	「助言」	3.60	1.34
忠告・意見（～していると－だよ）	「もんだいをやらないとわからなくなるよ。」	「助言」	3.59	1.23
指示（～してもらえるかな）	「もんだいをやってもらえるかな。」		3.54	1.25
問題点を探る問いかけ	「わからないもんだいがあるのかな？」		3.52	1.31
忠告・意見（～は大切なことだよ）	「もんだいをするのはたいせつなことだよ。」	「助言」	3.50	1.22
忠告・意見（～すると＋だよ）	「もんだいをやりとげるとすっきりするよ。」	「助言」	3.42	1.28
肯定（これまでの経過を否定しない）	「ここはできているね。」		3.40	1.30
協力の示唆	「先生といっしょにもんだいをやろう」	「助言」	3.35	1.47
婉曲的な指示（質問をしてうながす）	「どこまでできたかな？」	「助言」	3.23	1.21
判断の委ね	「今はなにをしなければいけないかな？」	「命令」	3.19	1.38
指示（～してもらえるかな）	「らくがきはあとにしてもらえるかな。」	「要望」	3.13	1.46
簡単な語りかけ・応答	「このプリント、むずかしいね。」		3.01	1.31
冷やかし・呆れ	「いったい、今までなにをしてたの？」	「命令」	2.97	1.33
忠告・意見（～してほしいのだけど）	「もんだいをやってほしいのだけど。」		2.97	1.23
忠告・意見（～してほしいのだけど）	「らくがきはあとにしてほしいのだけど。」	「要望」	2.95	1.39
指示（～しなさい）	「らくがきはしなさい。」		2.88	1.40
指示（～しなさい）	「もんだいをやりなさい。」	「命令」	2.84	1.40
問題点を探る問いかけ（体調わるい？）	「からだのちょうしがわるいのかな？」		2.54	1.23
肯定（現状への積極的な肯定　えらいね）	「なかなかじょうずな絵をかくね。」	「承認」	2.46	1.51
怒鳴り	「こら！」	「命令」	2.32	1.49
罰の示唆	「できなかったら、かえりに、のこってやりなさい。」	「命令」	2.04	1.29
譲歩（全面的譲歩　まあいいか）	「プリントやってほしいのだけど、まあいいか。」	「承認」	1.87	1.18

【孤立児】		因子分析に基づく項目名	平均値	標準偏差
忠告・意見（〜すると＋だよ）	「みんなとあそぶと楽しいよ。」	「助言」	3.92	1.30
忠告・意見（〜は大切なことだよ）	「みんなとあそぶのもたいせつだよ。」	「助言」	3.76	1.29
問題点を探る問いかけ	「どうしたの？」		3.54	1.32
励まし	「みんなとげんきにあそべるようがんばって。」	「助言」	3.50	1.40
婉曲的な指示（みんな〜）	「みんな、げんきにあそんでいるよ。」	「助言」	3.50	1.32
協力の示唆	「先生といっしょにげんきにあそびにいこう。」	「助言」	3.17	1.57
婉曲的な指示（質問をしてうながす）	「外にあそびにいかないのかな？」	「助言」	3.15	1.31
忠告・意見（〜していると−だよ）	「そうしていると、いつまでもひとりぼっちだよ」		2.98	1.54
指示（〜してもらえるかな）	「外でげんきにあそんでもらえるかな。」	「要望」	2.93	1.39
簡単な語りかけ・応答	「きょうしつはしずかだね。」	「承認」	2.91	1.21
譲歩（部分的譲歩　〜してもらえるかな）	「今はいいけど、こんどは外にげんきにあそびにいってもらえるかな。」	「承認」	2.86	1.35
肯定（これまでの経過を否定しない）	「ひとりで、外をながめているのも、いいものだよね。」	「承認」	2.71	1.32
問題点を探る問いかけ（体調わるい？）	「からだのちょうしがわるいのかな？」		2.71	1.33
指示（〜しなさい）	「外であそびにいきなさい。」		2.70	1.36
忠告・意見（〜してほしいのだけど）	「みんなとあそんできてほしいのだけど。」	「要望」	2.65	1.29
指示（〜してもらえるかな）	「みんなとあそんできてもらえるかな。」	「要望」	2.62	1.33
忠告・意見（〜してほしいのだけど）	「外でげんきにあそんできてほしいのだけど。」	「要望」	2.62	1.26
指示（〜しなさい）	「みんなとあそんできなさい。」		2.44	1.34
譲歩（部分的譲歩　〜しなさい）	「今日はいいけど、こんどは外にげんきにあそびにいきなさい。」	「承認」	2.42	1.28
肯定（現状への積極的な肯定　えらいね）	「おとなしくてえらいね。」	「承認」	2.28	1.30
譲歩（全面的譲歩　まあいいか）	「外であそんでほしいのだけど、まあいいか。」	「承認」	2.24	1.19
冷やかし・呆れ	「いったい、いつまでひとりでいるの？」		2.09	1.21
判断の委ね	「今はなにをしなければいけないのかな？」		2.04	1.27
罰の示唆	「みんなとげんきにあそばないと、帰りにのこって勉強だよ。」	「命令」	1.42	0.97
怒鳴り	「こら！」	「命令」	1.41	0.89

【怠慢な清掃活動】		因子分析に基づく項目名	平均値	標準偏差
忠告・意見（〜すると＋だよ）	「そうじをきちんとすると、きもちいいよ。」	「助言」	3.58	1.34
忠告・意見（〜は大切なことだよ）	「そうじをすることは、たいせつなことだよ。」	「助言」	3.57	1.32
肯定（これまでの経過を否定しない）	「ここはきれいになったね。」	「助言」	3.45	1.44
婉曲的な指示（みんな〜）	「みんな、がんばっているよ。」		3.44	1.35
励まし	「そうじ、がんばって。」	「助言」	3.43	1.44
忠告・意見（〜していると−だよ）	「しっかりやらないといつまでたっても終わらないよ」		3.38	1.41
指示（〜してもらえるかな）	「しっかりそうじをしてもらえるかな。」	「要望」	3.38	1.33
簡単な語りかけ・応答	「そうじはたいへんだよね。」		3.30	1.29
譲歩（部分的譲歩　〜してもらえるかな）	「今、はいているところだけでも、きれいにしてもらえるかな。」	「承認」	3.18	1.31
肯定（現状への積極的な肯定　えらいね）	「みんな、なかよしだね、いいことだね。」	「承認」	3.16	1.43
婉曲的な指示（質問をしてうながす）	「きれいになったかな？」	「助言」	3.16	1.25
指示（〜しなさい）	「しっかりそうじをしなさい。」		3.02	1.37
判断の委ね	「今はなにをしなければいけないのかな？」		2.96	1.44
協力の示唆	「先生といっしょにそうじしよう。」	「助言」	2.94	1.49
指示（〜してもらえるかな）	「みんな、わかれてやってもらえるかな。」	「要望」	2.93	1.27
譲歩（部分的譲歩　〜しなさい）	「今、はいているところだけでも、きれいにしなさい。」		2.90	1.34
冷やかし・呆れ	「いったい、今までなにをしてたの？」	「命令」	2.87	1.31
忠告・意見（〜してほしいのだけど）	「しっかりそうじをしてほしいのだけど。」	「要望」	2.84	1.21
指示（〜しなさい）	「みんな、わかれてやりなさい。」	「命令」	2.84	1.45
問題点を探る問いかけ	「どうしたの？」		2.78	1.28
忠告・意見（〜してほしいのだけど）	「みんなわかれてやってほしいのだけど。」	「要望」	2.76	1.31
問題点を探る問いかけ（体調わるい？）	「からだのちょうしがわるいのかな？」		2.37	1.23
怒鳴り	「こら！」	「命令」	2.21	1.44
譲歩（全面的譲歩　まあいいか）	「そうじをやってほしいのだけどまあいいか。」	「承認」	2.21	1.37
罰の示唆	「そうじをしないのなら、ろうかに立ってなさい。」	「命令」	1.98	1.36

子，「承認」因子と解釈可能な内容であった。各因子の特徴を推察するならば，「命令」因子で，児童への統制的意図が最も強いといえる項目の負荷が高く，以下その傾向は「要望」因子，「助言」因子，「承認」因子の順になると解釈可能であった。

【内気】と【怠慢清掃】の4因子解では，【落書き】，【孤立】における「命令」因子，「承認」因子にほぼ対応する2因子に加えて，「要望」因子と「助言」因子に負荷の高い項目が混在する別の2因子が現れた。ただしこれらの因子は，解釈が困難な内容であった。

この結果をふまえ，各場面ともに，四つの因子のいずれにも低い負荷量をもつ項目および，二つ以上の因子に負荷量の高い項目を除いて，再び因子分析（主成分法，プロマックス回転）を行った（Table 29-32）。その結果，今度は4場面ともに，「命令」因子，「要望」因子，「助言」因子，「承認」因子と解釈できる4因子解が示された。この因子分析の対象となった言葉かけ項目については，.40以上の負荷があった因子（二つ以上の因子に.40以上の負荷量を示した場合，最大の負荷量を示した因子）の名称をふまえて，それぞれ「命令」項目，「要望」項目，「助言」項目，「承認」項目と呼称した。また，特に4場面ともに共通する「命令」項目，「要望」項目，「助言」項目，「承認」項目については，「共通項目」と呼称した。

なお以下では，同じ種類の項目ならびに共通項目を合成得点化したものを，「命令」項目群，「命令」共通項目群などと呼ぶことにする。各項目群の内部一貫性を確認するために，α係数を算出した（Table 29-32）。「承認」項目群および「承認」共通項目群で，.47〜.72とやや低い値を示した。しかし，概念上はまとめることが可能であることを重視し，「承認」項目群，「承認」共通項目群として算出される得点についても，以下の分析で用いた。

▶各言葉かけ項目の平均値　場面ごとに，児童が教師に求める言葉かけの平均値および標準偏差を求めた。Table 33では，上段ほど平均値が高い言葉かけの項目になるように整理し，尺度の可能得点範囲の中央値となる3.00点以上の項目とそうでない項目との間を線で区分した。いずれの場面においても，ほ

Table 34　言葉かけの項目群間の相関 (学年全体)

	【内気・引っ込み思案】				【授業中の落書き】			
	命令	要望	助言	承認	命令	要望	助言	承認
命令		.39**	.03	−.14*		.11	.08	−.37**
要望	.47**		.48**	−.02	.24**		.42**	−.05
助言	.19**	.59**		.09	.36**	.43**		−.13*
承認	−.21**	.05	.21**		−.47**	−.05	−.20**	

	【孤立児】				【怠慢な清掃活動】			
	命令	要望	助言	承認	命令	要望	助言	承認
命令		.24**	.03	.07		.36**	.10	−.37**
要望	.27**		.61**	.12*	.62**		.58**	−.21**
助言	.03	.65**		.13*	.24**	.55**		.13*
承認	.08	.12*	.22**		−.42**	−.22**	.13*	

注：いずれの場面の結果も，上段は各項目群を総和した変数の相関，下段は各共通項目群を総和した変数の相関を表す。

とんどの「助言」項目の平均値が3.00点以上を示し，「命令」項目，「要望」項目，「承認」項目よりも，概ね高い値であることが示された。

　「命令」項目においては，【落書き】の「25. 判断の委ね」「2. 冷やかし・呆れ」「10. 指示（〜しなさい）」，【怠慢清掃】の「2. 冷やかし・呆れ」「10. 指示（〜しなさい）」で，2.84〜3.19点を示した。しかしそれ以外は概して低く，特に「9. 罰の示唆」「15. 怒鳴り」といった項目は，2.32点（【落書き】の「15. 怒鳴り」）を上回るものさえみられなかった。

　「要望」項目では，「3. 指示（〜してもらえるかな）」において【孤立】で3.00点を若干下回ったものの，他の場面では3.00点以上を示した。残りの「要望」項目は，平均値が3.00点を下回ったものの，2.60点を下回るものはみられなかった。

　「承認」項目の結果は，項目によっても，場面によってもばらつきがみられた。【内気】の「13. 簡単な語りかけ・応答」，【怠慢清掃】の「16. 肯定（現状への積極的な肯定・えらいね）」では3.00点を上回った。【孤立】の「13. 簡単な語りかけ・応答」，「20. 肯定（これまでの経過を否定しない）」でそれぞれ2.91，2.71点と3.00付近の値を示した。しかしその他の項目は2.55未満で，特

に「5. 譲歩（全面的譲歩　まあいいか）」は，全場面で2.50未満であった。

▶言葉かけの各項目群間の相関　各項目群の言葉かけの意味内容からは，教師による統制的な意図が強い項目群から，「命令」，「要望」，「助言」，「承認」の順になっていることがうかがえた。そこで，言葉かけの各項目群間の相関について求め，相互の相関を確認した（Table 34）。「命令」と「要望」，「要望」と「助言」，「助言」と「承認」といった，先述の順序で隣接する群間では，相関が1に近く，離れるほど相関が−1に近くなることが示されていた。これは，教師の問題場面での言葉かけが，受け手にとって統制的な意図の強いものから順に，「命令」，「要望」，「助言」，「承認」になることを，客観的に示す結果であった。

▶児童が「命令」「要望」「助言」「承認」を求める程度の場面および学年別比較　「命令」，「要望」，「助言」，「承認」の各共通項目群の各平均値をそれぞれ従属変数として，4（場面）×3（学年）の二要因分散分析を行った。共通項目群別に得られた結果は，Figure 7 から Figure 10 に示した。なお Figure 7 から Figure 10 では，左の場面ほど，統制の実現性が高いとされる場面になるように配置している。「命令」共通項目群においては，場面の主効果が有意で（$F(3, 861) = 44.52, p<.01$），学年および交互作用は有意ではなかった（学年：$F(2,$

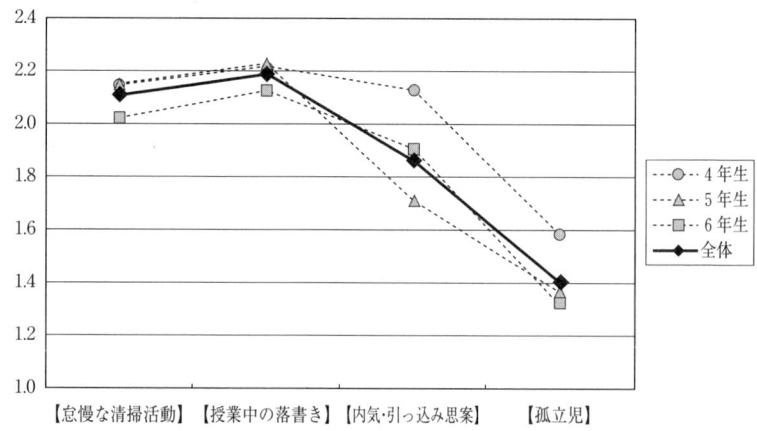

Figure 7　「命令」共通項目群の言葉かけを児童が求める程度の場面および学年差

287) = 0.37, n.s., 交互作用：$F(6, 861) = 1.70$, n.s.)。場面ごとの差をみるために，多重比較（Bonferroni法）を行ったところ，【落書き】＞【内気】＞【孤立】ならびに，【怠慢清掃】＞【孤立】（不等号を挟んだ場面間は$p<.05$で有意で，以下同じ）であった（Figure 7）。

「要望」共通項目群においては，場面，学年ともに主効果が有意であった（場

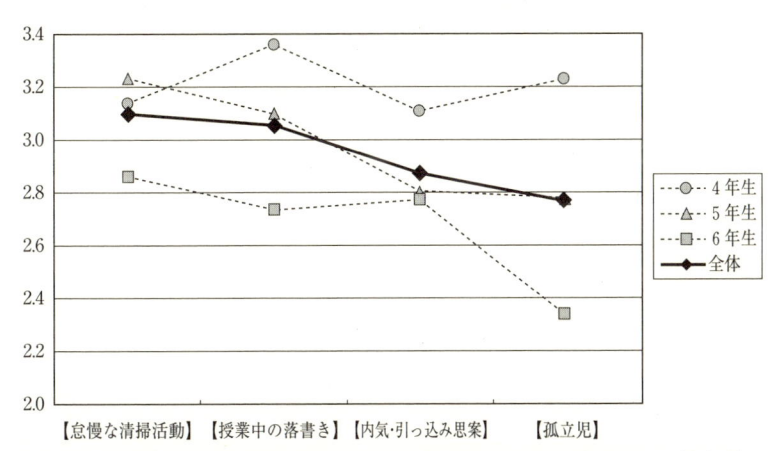

Figure 8 「要望」共通項目群の言葉かけを児童が求める程度の場面および学年差

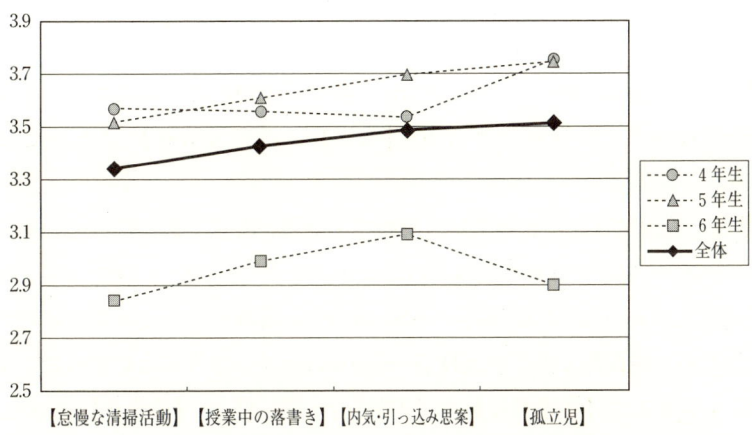

Figure 9 「助言」共通項目群の言葉かけを児童が求める程度の場面および学年差

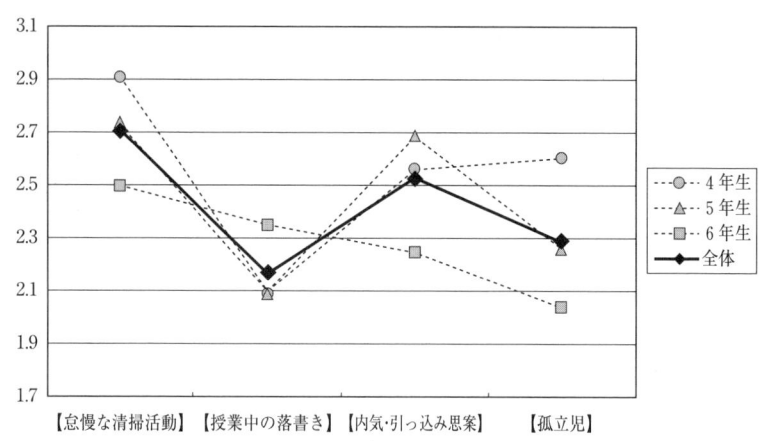

Figure 10 「承認」共通項目群の言葉かけを児童が求める程度の場面および学年差

面：$F(3, 885) = 6.69$, $p<.01$, 学年：$F(2, 295) = 9.23$, $p<.01$）。交互作用も同様に有意であった（$F(6, 885) = 3.02$, $p<.01$）。場面と学年との交互作用がみられたため，場面間での多重比較（Bonferroni 法）を，学年ごとに行った。4 年生では場面間に有意差はみられなかった。5 年生では【怠慢清掃】＞【内気】≒【孤立】であった。6 年生では【怠慢清掃】≒【内気】≒【落書き】＞【孤立】であった（Figure 8）。

「助言」共通項目群においては，場面，学年ともに主効果が有意であった（場面：$F(3, 807) = 3.44$, $p<.05$, 学年：$F(2, 269) = 17.73$, $p<.01$）。交互作用は有意ではなかった（$F(6, 807) = 1.96$, $p<.01$）。場面ごとの差をみるために，多重比較（Bonferroni 法）を行ったところ，【孤立】＞【怠慢清掃】であった（Figure 9）。

「承認」共通項目群においては，場面で主効果が有意であった（$F(3, 894) = 26.12$, $p<.01$）。学年では有意差はみられなかった（$F(2, 298) = 1.88$, n.s.）。交互作用は有意であった（$F(6, 894) = 6.56$, $p<.01$）。場面と学年との交互作用がみられたため，場面間での多重比較（Bonferroni 法）を，学年ごとに行った。その結果，4 年生では【怠慢清掃】≒【内気】≒【孤立】＞【落書き】あった。5 年生では【怠慢清掃】≒【内気】＞【孤立】≒【落書き】であった。6 年生で

Table 35 「教師への統制表出要求」と言葉かけの要求との相関

	命令	要望	助言	承認
【内気・引っ込み思案】				
全体	.60**	.21**	.06	－.32**
4年	.64**	.33**	.25**	－.46**
5年	.53**	.09	.02	－.22
6年	.63**	.17	－.04	－.26*
【授業中の落書き】				
全体	.58**	.07	.17	－.54**
4年	.53**	.12	.22	－.61**
5年	.58**	.03	.04	－.49**
6年	.62**	.05	.25	－.52**
【孤立児】				
全体	.42**	.21**	－.08	－.19**
4年	.35**	.17	.02	－.30*
5年	.45**	.27**	－.09	－.11
6年	.47**	.18	－.10	－.20
【怠慢な清掃活動】				
全体	.57**	.40**	.15*	－.48**
4年	.60**	.60**	.34**	－.49**
5年	.54**	.35**	.00	－.45**
6年	.59**	.27*	.15	－.56**

**p<.01, *p<.05

Table 36 「規範についての信念」と言葉かけの要求との相関

	命令	要望	助言	承認
【内気・引っ込み思案】				
全体	.43**	.34**	.35**	－.15**
4年	.58**	.47**	.39**	－.31**
5年	.37**	.38**	.40**	－.01
6年	.42**	.26*	.36**	－.15
【授業中の落書き】				
全体	.45**	.24**	.46**	－.41**
4年	.37**	.18	.42**	－.45**
5年	.40**	.23**	.32**	－.34**
6年	.59**	.30**	.60**	－.44**
【孤立児】				
全体	.30**	.52**	.42**	－.15**
4年	.28*	.51**	.54**	－.29*
5年	.19*	.52**	.35**	－.23**
6年	.52**	.51**	.37**	.06
【怠慢な清掃活動】				
全体	.47**	.50**	.39**	－.32**
4年	.45**	.63**	.51**	－.29**
5年	.48**	.44**	.26**	－.38**
6年	.45**	.46**	.49**	－.31**

**p<.01, *p<.05

Table 37 「問題場面の児童との類似性」と言葉かけの要求との相関

	命令	要望	助言	承認
【内気・引っ込み思案】				
全体	−.10	−.07	−.10	.17**
4年	−.05	−.14	−.12	.26**
5年	−.15	.01	−.06	.18*
6年	−.02	−.09	−.10	.07
【授業中の落書き】				
全体	−.09	−.05	−.16	.18**
4年	−.03	.07	−.04	.51**
5年	−.03	.02	−.16	.05
6年	−.17	−.16	−.08	.02
【孤立児】				
全体	.06	−.14*	−.17**	.01
4年	.01	−.15	−.25	.17
5年	.05	−.14	−.04	.00
6年	.12	−.17	−.25*	−.21
【怠慢な清掃活動】				
全体	−.17**	−.15**	−.01	.24**
4年	−.05	−.04	.10	.19
5年	−.19*	−.24**	−.04	.32**
6年	−.22*	−.10	−.01	.18

**p<.01,　*p<.05

は【怠慢清掃】≒【落書き】>【孤立】であった（Figure 10）。

▶児童の内的要因と教師へ要求する言葉かけとの関連　児童に内在する「教師への統制表出要求」「規範についての信念」「問題場面の児童との類似性」と，教師に対して求める言葉かけとの相関を，項目群別に求めた（Table 35-37）。また学年における特徴があるかについても確認するために，学年別に相関を算出した。有意な相関あるいは絶対値が.20以上の相関は次のとおりであった。

「教師への統制表出要求」と「命令」項目群との間では，4場面のいずれの学年の結果においても，.35～.64の正の相関がみられた。「要望」項目群においては，【怠慢清掃】で，各学年にわたり，.27～.60の相関を示した。【内気】では4年生で.33で，5，6年生では.09，.17と無相関に近い値だった。【孤立】では5年生で.27を示し，4年生，6年生では，.20を下回った。【落書き】ではいずれの学年もほぼ無相関であった。「助言」項目群では，【内気】【怠慢清掃】で4年生においてそれぞれ.25，.34の正相関を示し，【落書き】において，4年生および6年生で.20以上の相関を示したが，【孤立】においてはどの学年

もほぼ無相関を示した。「承認」項目群では,【孤立】の5年生では-.11と弱いものの,それ以外では,-.61〜-.20の負相関を示した。

「規範についての信念」は,「命令」,「要望」,「助言」の各項目群との間で,一部で.20を少し下回る相関係数もみられたが,概ね場面,学年を問わず,.23〜.63の正の相関を示した。「承認」項目群では,【内気】の5,6年,【孤立】の6年で-15〜.06と無相関に近い値を示したが,それ以外では-.44〜-.23の負相関を示した。

「問題場面の児童との類似性」では,【怠慢清掃】の「命令」項目群で5,6年生において,「要望」項目群では5年生において,-.24〜-.19の負相関を示した。「助言」項目群では,【孤立】の4,6年生において-.25の負相関を示した。「承認」項目群では,【内気】で4,5年生,【落書き】で4年生,【怠慢清掃】で5年生において,.18〜.51の正相関を示した。

考 察

▶問題場面で児童が求める言葉かけの一般的傾向　【内気】,【落書き】,【怠慢清掃】,【孤立】の4種類の問題場面を対象に,小学校4年生から6年生の児童が教師に求める言葉かけの一般的傾向について調べた。それに先立ち,各場面でたずねた25項目の言葉かけの回答について因子分析を行ったところ,「命令」,「要望」,「助言」,「承認」の四つの項目群に分類できることを示した。さらに項目群間の相関の結果より,「命令」項目群から「要望」項目群,「助言」項目群,「承認」項目群の順で,教師による統制的意図の程度の強いものから弱いものと位置づけられることを示した。

上記結果をふまえながら,各場面の25項目の言葉かけに対して,教師の実践をどの程度望むかについて平均値を確認したところ,概して「助言」項目群の言葉かけを求める傾向のあることが明らかとなった。「助言」項目群に該当する言葉かけには,場面によって若干の異なりがあるものの,共通しているのは,児童が直面している問題の解決に向けた協力の示唆,「〜すると+(プラス)だよ」「〜は大切なことだよ」といった忠告・意見,「考えはまとまったかな？」などの現状の児童の状態を尋ねることによって教師の意図する行動をうながす

婉曲的指示,「がんばって」といった励ましを表す内容であった。

　「要望」項目群の多くは,「助言」項目群に比べると,言葉かけとしてはやや求められない傾向にあった。さらに「命令」項目群の言葉かけは,「要望」項目群よりも求められていない傾向がみられた。これら一連の結果からは,教師による統制的な意図が強い言葉かけほど,児童たちは教師に求めないということがわかる。

　しかしながら,児童たちは,教師による統制的な意図のきわめて弱い振る舞いをまで求めているわけではないことが,「承認」項目群の結果から示された。「承認」項目群は,その内容から,「助言」項目群よりも,統制的な意図は弱い言葉かけ項目群であるといえる。しかし,概して児童たちが教師に求める言葉かけとはなっていないことが示された。特に,仮想児に対して全面的譲歩の言葉かけをすることが,4場面すべてにおいて求められていない。しかも【落書き】や【怠慢清掃】のように,統制表出の実現性が高いとされる場面では,怒鳴ったり,罰を与えたりする「命令」項目と同じ程度にまで,児童たちに求められていない。

　つまり,児童たちは,学級内でのクラスメートの反社会的,非社会的な振る舞いに対して,必ずしも教師が容認することを求めていないことが分かる。むしろ,「助言」といった統制的なスタンスで働きかけることを教師に求めていることが明らかとなったといえる。

　ところで「研究⑥」では,児童との良好な関係をはかりながら問題場面での実践を行うために留意すべきこととして,教師行動についての児童からの要求について可能な限り留意することと,教師が統制をすることの正当な理由がわかるように児童の規範意識を促進することが示された。「助言」項目群に含まれる項目は,統制的な働きかけであるとともに,「～すると＋（プラス）だよ」「～は大切なことだよ」といった,理由を示した言葉かけが含まれていることから,児童に場面での規範意識を促す内容であるといえる。しかも本研究において,こうした言葉かけは,児童たちから求められていることが明らかになった。「助言」項目群の言葉かけは,問題場面での実践にとって有意義な言葉かけである

といえるだろう。

▶児童たちが種々の言葉かけを求める程度の場面および学年差　教師による種々の言葉かけに対して, 児童たちが「言ってほしい」と思う程度は, 問題場面によってどのように異なるかを検討した。その際, 教師行動に対する評価のあり方が, 4年生と6年生では異なることが「研究⑤」と［研究⑥］で示唆されたため, 学年の違いもふまえながら分析を行った。

　まず,「要望」共通項目群での結果は,「研究⑤」の結果と一致していることがわかる。「研究⑤」では, 4年生と6年生を対象とした調査を行った結果, 特に6年生において, 統制の実現性が高い場面ほど, 統制的行動を否定的に評価する傾向はみられにくくなることが示された。いっぽう, 本研究の結果をみると, 研究で用いた4場面の統制的行動の実現性は, 高いほうから【怠慢清掃】,【落書き】,【内気】,【孤立】の順であり, 特に【怠慢清掃】と【落書き】は統制的行動の実現性が高く,【内気】と【孤立】は受容的行動の実現性が高い場面とみなすことが可能であった。また,「要望」共通項目群に含まれる項目は,「指示（～してもらえるかな）」「忠告・意見（～してほしいのだけど）」といった, 受け手側に統制的な印象を与える内容であった。そして分析の結果,「要望」共通項目群の言葉かけを児童が求める傾向は, 5, 6年生において場面間の差がみられた。両学年とも,【怠慢清掃】の方が,【孤立】よりも平均得点が低いことを示したことをはじめ, 統制の実現性の高い場面ほど,「要望」共通項目群の得点が高いことを示す結果であった。しかしながら, 4年生においては, 場面間に明確な差はみられなかったのである。つまり,［研究⑤］と同様, 高学年になるにつれて, 統制の実現性が高い場面ほど, 実際の統制的行動に対して否定的に評価する傾向がみられにくいことを, 本研究でもあらためて明らかにしたといえる。

　「命令」共通項目群では,【孤立】において, 4場面のうちで, 児童が求める言葉かけとしての平均得点が最も低いことと,【落書き】が【内気】よりも得点が高いことを示した。これも統制の実現性が高い場面ほど, 教師の実際の統制的振る舞いが否定的に評価されにくいという,［研究⑤］の結果を支持する

傾向の結果であった。もっとも，学年との交互作用がみられず，学年の低い4年生においてもほぼ同様の傾向のあることが示唆されたことから，この点は［研究⑤］や本研究の「要望」共通項目群の結果とは若干異なる。「命令」共通項目群は，「罰の示唆」および「怒鳴り」といった，「要望」共通項目群よりもきわめて統制的な意図の強い言葉かけが該当している。場面のコンテクストをふまえて教師行動をとらえるといった視点がまだ洗練されていない4年生であっても，統制の実現性が低い【孤立】や【内気】での「罰の示唆」および「怒鳴り」といった言葉かけは，あまりに場にふさわしくないという印象を容易に受けるのかもしれない。

「助言」共通項目群については，統制の実現性の高い【怠慢清掃】よりも，統制の実現性の低い【孤立】のほうが，児童たちの求める程度の高いことを示した。これは，「命令」，「要望」の各共通項目群とは逆の傾向である。「助言」共通項目群の言葉かけは，「協力の示唆」，「忠告・意見（〜すると＋だよ）」，「婉曲的な指示（質問をしてうながす）」，「忠告・意見（〜は大切なことだよ）」，「励まし」といった項目内容から，教師の意図どおりに児童を方向づけるという点では，統制的な関わりといえる。しかし，「命令」および「要望」の各共通項目群よりも統制的意図は弱く，受容的な意図を含みもった言葉かけである。そこで次のような解釈が考えられる。

「助言」共通項目群が，児童たちにとって，受容的な印象も与える言葉かけになっているとしよう。また，統制の実現性が高い場面で児童たちが教師の統制を否定的に評価しない理由が，児童たちが場面のコンテクストに適した教師の言葉かけを求めているためだとする。もしそうであるならば，【怠慢清掃】のような学級規範を逸脱した児童のいる場面よりも，【孤立児】のような児童のいる場面において，統制的な影響力の弱い「助言」共通項目群が適切であると判断されたことは充分に理解できることである。

「承認」共通項目群については，児童にとって受容的意図の強い言葉かけと位置づけられるのであれば，「助言」と類似した結果になることも考えられる。しかし，「承認」共通項目群の結果をみる限り，場面における統制の実現性の

高さとはほぼ無関係だと考えられた。この共通項目群の言葉かけは,「命令」,「要望」,「助言」の各共通項目群との相関をみる限りでは,受容的意図の強い言葉かけと位置づけられる。ところが「肯定(現状への積極的な肯定 えらいね)」「譲歩(全面的譲歩 まあいいか)」といった項目内容を吟味すると,場面によっては,いわば皮肉や突き離しとも取れる言葉かけの内容であるとも解釈ができる。具体例としてあげれば,【孤立児】に対して,「おとなしくてえらいね」といった「肯定(現状への積極的な肯定 えらいね)」や,「外で遊んでほしいのだけど,まあいいか」といった「譲歩(全面的譲歩 まあいいか)」などである。そのため,「承認」共通項目群の各場面でみられた結果は,統制の実現性の高さといった点のみでは理解できない複雑な要因が絡んでいるものと考えられる。

▶児童自身の内的要因と教師に求める言葉かけとの関連　問題場面における児童の「教師への統制表出要求」,「規範についての信念」,「問題場面の児童との類似性」と,教師に対して要求する言葉かけとの関連について検討を行った。まず,「教師への統制表出要求」が強い児童ほど,特に「命令」項目群の言葉かけを求めやすくなる傾向が示された。統制的な印象を与える項目が,「命令」項目群で最も顕著であることからも充分に理解できる結果である。また,「教師への統制表出要求」が強い児童ほど,「承認」項目群の言葉かけを求めない傾向にあることも示された。「承認」項目群は「命令」項目群と全く対照的な項目群で,統制的な意図の程度が弱いことを考えれば理解することができる結果である。

「規範についての信念」が強い児童ほど,「命令」,「要望」,「助言」項目群の言葉かけを求める傾向,「承認」項目群の言葉かけを求めない傾向が示された。これは,「命令」,「要望」,「助言」項目群が,規範を遵守することを求める言葉かけとして,児童に受け止められていることを表しているといえる。いっぽう「承認」項目群は,規範を逸脱することを容認する意図を教師がもっていると受け止められることを表している。ただし5,6年生において,【内気】,【孤立】の場面での「承認」項目群は,無相関に近い相関係数を示した。これらの場面は,教師の受容的行動の実現性が高い場面である。このことから,こうし

た場面での規範意識が高い児童でも,【内気】,【孤立】における承認は,教師がしばしば行う受容的な振る舞いであることから,必ずしも否定的に受け止めないのかもしれない。

「問題場面の児童との類似性」の結果については,「承認」項目群との正相関がみられ,「命令」,「要望」,「助言」項目群との間で負相関がみられた。この結果については,場面の当事者になる可能性のある児童にとって,教師からの統制を避け,甘い対応をしてもらいたいという気持ちが反映されており,充分に理解することができる。

ただし,「問題場面の児童との類似性」の結果に関しては,場面,学年を通じて必ずしも安定していない。「命令」,「要望」,「助言」などの統制的な印象を受ける項目群との間で負相関がみられたのは,【怠慢清掃】,【孤立】の一部であった。また,「承認」項目群との正相関は,【孤立】においてはみられなかった。「問題場面の児童との類似性」と言葉かけの項目群の関連の仕方については,まだ検討すべき点が残されている。

4.4 まとめ

[研究⑤]では,4,6年生を対象に教師行動への評価を検討した。その結果,6年生において,統制の実現性が高い場面ほど,統制的行動を否定的に評価する傾向はみられにくいことを示した。

[研究⑥]では,4,6年生を対象に,問題場面での児童自身の「〜してはいけない」等の規範意識の強さと,その場面での教師の統制に対する評価との関連を検討した。その結果,6年生において,問題場面において規範意識の強い児童ほど,その場面での教師の統制に対して肯定的であることが示された。このことから高学年になるにつれて,教師から受ける統制を単純に否定的に評価するのではなく,現前の場面の内容をもとに生起する規範意識に基づいて,統制についての評価を行うようになる様子が理解できる。

また,4,6年生を問わず,受容の要求の強い児童ほど,教師の統制を否定的に評価する傾向を示した。この結果は,児童の要求する行動に対して,可能

な限り留意した対処を実践することの重要性を示唆する結果といえる。

　[研究⑦]では,教師の言葉かけに焦点を合わせて,受け手の児童たちの反応について検討を行った。特に[研究⑥]において,児童の要求する行動に,可能な限り留意した対処を実践することの重要性が示されたことを受け,児童が求める言葉かけについて検討した。その結果,教師の言葉かけの一部は,統制的な意図の強いものから順に,「命令」「要望」「助言」「承認」という4種類に集約することができることを示した。そして,児童たちは必ずしも,問題場面におけるクラスメートの何らかの反社会的,非社会的な行動に対して,教師が「承認」することを求めていないことが明らかとなった。とりわけ,「助言」といった統制的な教師の意図を含む言葉かけで働きかけることを求める傾向の強いということが明らかとなった。また,概して教師に統制を要求する児童は,問題場面での教師の「命令」を望み,「承認」は望まないこと,規範についての信念の強い児童は,「命令」,「要望」,「助言」を望み,「承認」は望まないことを示した。場面の児童との類似性を感じている児童は,「承認」を望み,「命令」,「要望」,「承認」はあまり望まない傾向を示したが,場面,学年を通じた一貫性はみられなかった。

第5章　教師による言葉かけの
レパートリーの習得の検討

5.1 ［研究⑧］教師の内的要因と言葉かけのレパートリーの習得との関連

問題と目的

　実践の場で直面する問題に教師が対処する際，科学的に洗練された一般的な理論や技術を拠り所にすることは困難であるといわれている（e.g. Lortie, 1975；梶田，1986；佐藤，1994）。教師が実践で拠り所とする知識は，日々の指導経験を通じて習得された実践的知識であると考えられている（e.g. Clandinin, 1985；梶田，1986；佐藤，1994）。

　教師たち自身にも，「教師の力量は，自らの多様な経験から豊富な指導方法や技術を身につけることで高まるのだ」という認識は内面化されていることが知られている（e.g. 原岡，1990；山崎・小森・紅林・河村，1990）。しかしながら，教師において「多様な経験を通じて自らの力量は高まる」という信念をもっていたとしても，「自分の力量を高めよう」という動機づけが低いならば，経験を通じた実践的知識の習得は起こりがたいであろう。自分の力量を高めようとする動機づけが生起することではじめて，教師は自らの経験を手本に，指導方法についての実践的知識を洗練させていくものと考えられる。

　ところで，個々の教師たちにおいて，自らの経験をもとに力量を高めようと動機づけられ，実践的知識を洗練してきたかどうかを知るための一方法として，指導方法のレパートリーが豊富であるかどうかを把握することが役立つものと考えられる。その理由は，教職が「不確実性」（Lortie, 1975）の特徴をもつという点から説明できる。教育実践の場では，ある場面で有効な理論が，別な類似場面で通用する保証がない。例えば，授業中におしゃべりをする児童のいる問題場面に教師が直面して，「静かにしなさい」と統制したとする。不確実性と特徴づけられる教職では，こうした指導方法が，いつでも同様な効果を示すとは限らない。そのため，教師は幾多の類似した場面での実践経験のなかで，さまざまな指導方法を模索する機会に身を置くことになる。こうした状況のもと，自らの実践の力量を高めることに教師が動機づけられていれば，さまざまな指導方法を積極的に試みることになるだろう。こうした試みを通じて，結果的に，

指導方法のレパートリーを豊富にしていくと考えられるのである。

　教育実践が不確実性と特徴づけられる以上、教師が定型的な指導にとらわれず、指導方法のレパートリーを豊富にしていくことは、教育活動を効果的に果たすうえでも大きな意義をもっていると考えられる。教師が指導方法のレパートリーを豊富にすることの教育活動上の意義は、第1章で述べたとおり、心理療法のブリーフセラピーの考え方に見いだすことができる。普段の実践活動でうまくいかない事態に教師が置かれた場合に、これまでとは何か別の行動をとることで、解決への糸口を見いだしやすくなるという考え方である。この考え方をふまえるならば、もし教師が実践上で、なにかうまくいかない事態があった際に、自らの指導方法のレパートリーが豊富であれば、それまでの行動とは違う行動を、円滑に取り組むことを容易にするであろう。

　これまでにも、教師が指導方法のレパートリーを豊富にすることの実践上の重要性は指摘されてきた（梶田, 1986；竹下, 1990）。しかし実証的研究として、教師の指導方法のレパートリーを変数に取り上げた研究はみられない。そこで本研究では、教師の問題場面での指導方法について理解するにあたり、指導方法のレパートリーに着目した検討を行う。なお、問題場面での個々の教師に内面化された指導方法のレパートリーは、実践的知識というかたちで蓄えられているといえる。そのため、指導方法のレパートリーについて、研究で扱ううえでは、できるだけ具体的な取り組みの様子を、教師から引き出す必要がある。この観点からいえば、問題場面で教師が用いる言葉かけは具体性が高く、レパートリーを理解するための指標として適切であると考えられる。そこで本研究では、実践的知識を洗練しているかどうかを判断する指標として、教師が内面化している言葉かけのレパートリーに着目することにしたい。

　さて、レパートリーの豊富さを規定する動機づけ要因として、本研究では二つの変数を取り上げることにしたい。一つは、教師が自分の力量の向上をどのくらい期待しているかということである。「期待」は、速水（1998）が、動機づけの強さを直接規定する変数であると指摘しているように、動機づけの規定因としては重要な内的要因である。本研究では、教師が自分の力量の向上をどの

くらい期待しているかといった内的要因を,「力量向上の期待」と呼ぶことにする。

「力量向上の期待」の概念について,もう少し明確に説明しておきたい。奈須 (1996) によれば,「期待」は,当該の課題の「達成」ならびに「達成の手段となる行動の遂行調整」をどのくらいうまくやれそうかという主観的判断である。もっとも,本研究で取り上げるような,教師における「自分の力量の向上」という課題においては,教職の不確実性という特徴より,到達点を含意する「達成」というとらえ方は適切でない。そこで教師の「力量向上の期待」は,「『自らの力量を高める』という課題を遂行調整できるかの教師の主観的判断」と言いかえることができるだろう。

「力量向上の期待」と言葉かけのレパートリーとの関連については,次のように考えられる。Dweck (1986) によれば,「能力は可変的である」と考える人は,自分の能力への自信の程度とは無関係に,能力を伸ばすことを目標にして,その能力を用いる仕事にやる気をもち,粘り強く挑戦する傾向がある。「力量向上の期待」の高い教師は,教職能力が可変的であるという考えをもっていると言いかえられる。そのため,自らの力量を高めようとしながらやる気をもって粘り強く実践に挑み,そのような経験を積んだ結果として実践的知識が習得され,言葉かけのレパートリーを豊富にしていくものと考えられる。

もう一つは,教師が自分の現状の力量に対して,どの程度満足しているかという変数である。この変数を「力量への満足感」と呼ぶことにする。教職が不確実性の高く,際限のない活動であることは,教育研究者や実践者からしばしば指摘されている (e.g. 近, 1993；二杉, 1993；佐藤, 1994；國分, 河村, 1996)。そのため教師は,本質的に自らの教職の力量に満足感を得られにくいといえる。加えて,教師は客観的に自らの実践を評価される機会が少ない (國分, 河村, 1996)。そのため,もし教師が自分の力量への満足感が高い場合,いわば自己満足に陥っている可能性が高い (國分, 河村, 1996)。

いっぽうで,教職の特徴である不確実性は,教師たちに実践の創造性および多元的総合的な探求をせまる (佐藤, 1994)。こうした職業で,自らの力量への

満足感が低い状態というのは，自己満足に陥らず，日頃より自らの力量を高めようとしている姿勢の反映だと考えられる。つまり教職の特徴をふまえる限り，「力量への満足感」が低い教師は，力量の向上を絶えず動機づけられており，結果として，実践活動に用いることのできる言葉かけのレパートリーは豊富になっているものと考えられる。

以上をふまえ，次の二つの仮説について検討することが本研究の目的である。

仮説1．問題場面に対して「力量向上の期待」の高い教師ほど，その場面で実践している言葉かけのレパートリーは豊富である。

仮説2．問題場面に対して「力量への満足感」の低い教師ほど，その場面で実践している言葉かけのレパートリーは豊富である。

方　法

▶被調査者　愛知県，三重県内の小学校教諭155名。経験年数の内訳は，1年〜5年目：24名，6〜10年目：13名，11〜15年目：18名，16〜20年目：39名，21〜25年目：34名，26年目以上：24名，不明3名であった。

▶質問紙に用いた場面描写　本研究では，問題場面における言葉かけのレパートリーの個人差を取り上げる必要があった。そこでTable 1, Figure 1の問題場面描写のうち，［研究①］，［研究②］，［研究⑤］の結果を参考にしたうえで，指導方法に多様性がみられ，レパートリーの幅にに個人差が現れうる6場面（【内気】【落書き】【おしゃべり】【怠慢清掃】【依存児】【落ちつきなし】）を用いた。

▶「力量向上の期待」「力量への満足感」を測定する項目の作成　問題場面での「力量向上の期待」「力量への満足感」を測定する必要があった。そこで研究目的や手続きに合うように質問項目を作成した。

「力量向上の期待」を測定するための項目として，心理学系の大学院生1名および，大学で心理学を専攻していた現職教諭1名の意見を参考に，5項目を作成した（Table 38）。ならびに，「力量への満足感」についても，先の2名の意見を参考に，4項目を作成した（Table 39）。内容妥当性の確認として，作成後に別の心理学系の大学院生2名と小学校教員2名に，項目が表す構成概念を推測してもらった。その結果，両概念を測定しているという見解の一致を得た。

Table 38 「力量向上の期待」を測定する項目

こうした場面での教師の力量の向上には限界がある(反転項目)。
これまでの実践経験を参考にし,活用することで,こうした場面での指導力は高まる。
研修や同僚からの助言によって,こうした場面での指導力の向上は期待できる。
この場面でさまざまな指導方法を試してみても,指導の力量が高まるとは言えない(反転項目)。
教師の絶え間ないさまざまな試みで,この場面での指導力の向上は期待できる。

Table 39 「力量への満足感」を測定する項目

こうした場面での現在の指導方法に満足している。
現在の指導方法について,自分自身の中では必ずしも納得していない(反転項目)。
現在の指導方法には不満を感じている(反転項目)。
現在のこの場面の指導の仕方に,自分自身では納得している。

それぞれの項目に対しては,5件法(あてはまる,どちらかといえばあてはまる,どちらともいえない,どちらかといえばあてはまらない,あてはまらない,順に5〜1点)で回答を求める形式とした。

▶言葉かけについての質問 提示した各6場面において,それぞれいかなる言葉かけを実践しうるかについてたずねた。質問は次の2種類で行った。「質問1」は「あなたがこの場面の教師だとします。どういった言葉かけをよく使うでしょうか」で,この質問に対して1回答を求める形式とした。この質問は,どの教師も現実の場面に遭遇すれば,まず何らかの反応を無条件に迫られることをふまえて設けられた。「質問2」は,「質問1で書かれた以外に,教師がこの場面で使いうる言葉かけを,すぐに思い浮かぶ限りでかまいませんので,お書き下さい」で,複数回答(実施に過度な負担感を与えないように最大4回答)が可能な形式とした。

結 果

▶「力量向上の期待」「力量への満足感」の尺度化 まず,「力量向上の期待」の5項目の結果について,場面別に因子分析(主成分法)を行った。固有値の減衰状況は,6場面のいずれの結果においても,第1固有値が2.57以上で,第2固有値以下が1.00未満であった。1因子解では,全項目で因子負荷が.48以上であった。場面ごとに得られた5項目のα係数は.77〜.84であった。そこ

Table 40 「力量向上の期待」「力量への満足感」尺度と言葉かけのレパートリーの平均値
(括弧内は標準偏差)

	【授業を妨げる落ちつきない行為】	【内気・引っ込み思案】	【授業中の落書き】	【おしゃべり】	【怠慢な清掃活動】	【依存児】
力量向上の期待	17.36 (3.11)	18.23 (3.44)	17.89 (2.97)	18.04 (2.79)	17.78 (3.08)	16.79 (3.18)
力量への満足感	13.41 (2.65)	11.31 (3.01)	12.14 (2.85)	11.69 (2.59)	11.88 (3.02)	13.09 (2.55)
カテゴリーレパートリー	3.20 (1.27)	2.72 (1.30)	3.10 (1.24)	2.57 (1.09)	2.66 (1.12)	2.91 (1.24)
パーソナルレパートリー	3.16 (1.34)	3.12 (1.46)	3.46 (1.37)	3.41 (1.37)	3.27 (1.36)	3.41 (1.39)

でこの5項目から「力量向上の期待」尺度を作成し，項目の合計点を尺度得点とした。

「力量への満足感」の4項目の結果についても，同様に因子分析を行った。固有値の減衰状況は，6場面のいずれの結果においても，第1固有値が2.66以上で，第2固有値以下が1.00未満であった。1因子解では，全項目で因子負荷が.70以上であった。場面ごとに得られた4項目のα係数は.83～.89であった。そこでこの4項目から「力量への満足感」尺度を作成し，以下の分析に用いた。場面ごとに算出された両尺度の平均値を示したのが Table 40 である。

「力量向上の期待」尺度と「力量への満足感」尺度の独立性を確認するために，場面ごとに両者の得点の相関を求めた。その結果，相関係数は-.15～.12の範囲内（6場面とも統計的に n.s.）で，両尺度の独立性が示された。

▶「言葉かけカテゴリー」を利用した回答の分類　言葉かけに関する「質問1」「質問2」を通じて複数の言葉かけが回答されても，すべて質的に同タイプなものであれば，一つしか回答していない教師に比べて，言葉かけのレパートリーが豊富であるとはいいがたい。そこで［研究②］における言葉かけの分類と同様な手続きで，「言葉かけカテゴリー」(Table 6) と，そこでの分類結果を参考に，回答の内容を分類した（各カテゴリーに含まれる言葉かけの具体例は Table 7)。

▶言葉かけのレパートリーの得点化　各教師が実践で用いうる言葉かけのレパートリーの豊富さをとらえる指標として，「カテゴリーレパートリー」と「パーソナルレパートリー」の二つの指標を作成した。「カテゴリーレパートリー」

とは,「言葉かけカテゴリー」(Table 6) に基づく教師の言葉かけの質的な多様さを表す指標と位置づけて,「質問1」および「質問2」の全回答から出現したカテゴリーの総数により得点化した (Table 40)。もしも〈指示〉and〈譲歩〉のように,1回答のなかに二つのカテゴリーに該当する記述が出現すれば,得点は「2点」とした。

また,「言葉かけカテゴリー」では弁別できなかった回答であっても,各教師が個々の経験をふまえて,またパーソナルなものの見方や考え方に基づいて,類似した複数の言葉かけを弁別的に用いている可能性もあった。そこで,教師個人の認識に基づく言葉かけのレパートリーを,「パーソナルレパートリー」と命名して,「質問1」および「質問2」での回答総数をそのまま得点化した (Table 40)。場面別に両指標間の相関を確認したところ,.65 ～ .76（6場面とも $p<.001$）であった。

▶「力量向上の期待」「力量への満足感」がレパートリーに及ぼす影響 「パーソナルレパートリー」と「カテゴリーレパートリー」をそれぞれ基準変数として,「力量向上の期待」,「力量への満足感」,「教職経験年数」を説明変数とした重回帰分析を行った (Table 41)。「教職経験年数」を説明変数に加えた理由は,実践的知識が経験を通じて学ばれやすいことを考えると,経験年数の長さ

Table 41 「言葉かけのレパートリー」を基準変数とした重回帰分析

	【授業を妨げる落ちつきない行為】	【内気・引っ込み思案】	【授業中の落書き】	【おしゃべり】	【怠慢な清掃活動】	【依存児】
「カテゴリーレパートリー」						
力量向上の期待	.20*	.29**	.22**	.09	.17	.11
力量への満足度	-.09	-.05	-.19*	-.20*	-.10	.06
教職経験年数	.13	.26**	.10	.03	-.02	-.04
重相関係数	.22	.33**	.26*	.22	.20	.13
「パーソナルレパートリー」						
力量向上の期待	.21*	.25**	.22*	.22*	.21*	.19*
力量への満足度	-.13	.00	-.22*	-.09	-.17*	.02
教職経験年数	.14	.15	.15	.12	.05	.05
重相関係数	.24*	.25*	.28*	.25*	.27*	.19

と，教師行動との関連性について検討することを目的とする。そして，各内的要因と教師行動との関連の強さが，いかなる場面によって顕著にみられるかについても確認することにしたい。

方　法

▶被調査者　愛知県，三重県内の公立小学校教諭27名（［研究①］と同じ被調査者）。

▶質問紙　問題場面を象徴する線画および描写として，【内気】，【アンダー】，【低学力】，【落書き】，【おしゃべり】，【反抗】，【怠慢清掃】，【けんか】，【依存】，【孤立】，【危険】，【落ちつきなし】の12場面を用いた（Table 1およびFigure 1参照）。

　各問題場面に対して，「効力期待強度」，「問題所有」，ならびに自らがとると予想される行動について回答を求めた。「効力期待強度」については，提示された問題場面に実際に直面したときに，自らの働きかけを通じて児童に影響を与え，理想的な結果を導くことの確信の強さについて10件法（1～10）で評定を求めた。各段階には，「0～10％」から「～100％」までのパーセンテージが記述され，さらに回答の目安として，「1－ほとんど影響を与えない」「4－影響を与える見込みはやや低い」「7－影響を与える見込みはやや高い」「10－確実に影響を与える」といった記述を加えた。なおこの形式は，Schunk（1981）や，蓑内（1993）が効力期待の強度の測定に用いた手法を参考にしたものであった。

　「問題所有」については，提示された問題場面に実際に直面したときに，どの程度の負担（不満，苛立ち，怒りなど）を感じるかについて10件法（1～10）で評定を求めた。回答のための目安として，「1－全く負担を感じない」「4－少し負担を感じる」「7－かなり負担を感じる」「10－ひじょうに負担を感じる」といった記述を加えた。

　また，問題場面で実施すると考えられる行動を把握するために，Table 2の10項目を用いた。これらの行動に対して，4件法（する，たぶんする，たぶんしない，しない，順に4～1点）によって回答を求めた。

結 果

▶行動指標の作成　教師行動の 10 項目は，[研究①] の因子分析の結果より (Table 3)，「統制―受容」因子 (5 項目，「2. 叱責を与える」「3. ほほえみかける」「5. 穏やかな調子でふるまう」「7. 注意を与える」「9. やさしく接する」) と「関与度」因子 (3 項目，「1. 積極的に語りかける」「4. その場は関わりをひかえる (反転項目)」「6. 強い関わりを持って接する」) の 2 因子から成り立っていた。そのうち「統制―受容」因子に含まれる 5 項目については，「統制」項目 (2 項目，「2. 叱責を与える」「7. 注意を与える」) と「受容」項目 (3 項目，「3. ほほえみかける」「5. 穏やかな調子でふるまう」「9. やさしく接する」) に記された行動が，それぞ

Table 9　教師行動の3指標の相関

	【内気・引っ込み思案】	【アンダーアチーバー】	【低学力児】	【授業中の落書き】	【おしゃべり】	【教師への直接的反抗】
「統制」-「受容」	-.30	-.18	-.20	-.56**	-.22	-.60**
「統制」-「関与度」	.24	-.17	.02	.06	.21	.29
「受容」-「関与度」	.25	.12	.14	.03	.03	-.15

Table 10　問題所有，効力期待強度，教師行動の3指標の平均値　　　　　　　　（括弧内は標準偏差）

		【内気・引っ込み思案】	【アンダーアチーバー】	【低学力児】	【授業中の落書き】	【おしゃべり】	【教師への直接的反抗】
問題所有		4.48 (2.39)	5.15 (1.63)	3.78 (2.19)	4.78 (1.91)	5.96 (2.53)	6.44 (2.38)
効力期待強度		5.15 (1.68)	4.89 (2.06)	5.93 (1.80)	5.52 (2.12)	6.30 (2.09)	5.88 (2.23)
教師行動	「統制」	2.81 (1.14)	5.56 (1.12)	2.56 (0.80)	5.26 (1.68)	6.52 (1.22)	6.30 (1.66)
	「受容」	10.70 (1.61)	7.93 (1.86)	9.59 (2.10)	7.78 (2.62)	6.33 (2.25)	6.15 (2.41)
	「関与度」	9.15 (1.92)	9.52 (1.55)	9.56 (1.89)	10.08 (1.62)	9.81 (1.77)	10.38 (1.94)

Table 11　問題所有および効力期待強度と「統制」「受容」および「関与度」との関連

		【内気・引っ込み思案】	【アンダーアチーバー】	【低学力児】	【授業中の落書き】	【おしゃべり】	【教師への直接的反抗】
問題所有	-「統制」	.05	.00	.07	.57**	.62***	.75***
	-「受容」	-.11	-.20	-.26	-.15	-.51**	-.52**
	-「関与度」	.18	.27	-.34	-.13	.06	.26
効力期待強度	-「統制」	.21	-.01	.27	-.29	.13	-.18
	-「受容」	-.27	.05	-.02	.04	.18	-.13
	-「関与度」	.33	.20	.51**	.34	.35	.32

***p<.001　**p<.01　*p<.05

れ一軸上の二極に位置するといえるが，相互に質的に異なる内容の行動とみなすこともできた。そこで「統制―受容」因子の項目を，「統制」と「受容」の二つに分け，「関与度」と併せて3指標間の相関を求めた（Table 9）。

「統制」と「受容」との相関については，4場面で有意な負の相関が示され，他の全場面においても本研究では有意水準に達しなかったものの，-.18～-.36の負の相関係数が示された。「統制」と「関与度」との相関では，【危険】と【落ちつきなし】で正の相関が有意であった。しかしながら他の場面を含めると，相関係数の正負において一貫性がみられない結果であった。「受容」と「関与度」との相関では，有意な相関はみられなかった。なお，Table 10には，行動の3指標ならびに，「問題所有」，「効力期待強度」の平均値および標準偏差

【怠慢な清掃活動】	【けんか】	【依存児】	【孤立児】	【危険を伴うふざけあい】	【授業を妨げる落ちつきない行為】
-.26	-.22	-.41*	-.36	-.28	-.60**
.32	.16	.07	-.12	.50*	.55*
-.09	.10	-.15	.10	-.34	-.38

【怠慢な清掃活動】	【けんか】	【依存児】	【孤立児】	【危険を伴うふざけあい】	【授業を妨げる落ちつきない行為】
5.37 (2.06)	4.96 (2.47)	4.22 (1.65)	4.07 (2.50)	4.96 (2.92)	3.73 (1.93)
5.78 (2.08)	7.26 (1.70)	6.00 (2.12)	5.30 (2.15)	7.85 (1.85)	7.12 (2.20)
5.85 (1.26)	5.81 (1.71)	5.04 (1.48)	2.52 (0.89)	6.73 (1.31)	5.50 (1.84)
6.89 (2.39)	7.37 (2.69)	7.67 (2.13)	10.67 (1.73)	6.31 (2.59)	7.77 (2.93)
9.78 (2.12)	10.81 (1.39)	8.78 (2.39)	9.26 (2.03)	10.42 (2.08)	9.00 (2.28)

【怠慢な清掃活動】	【けんか】	【依存児】	【孤立児】	【危険を伴うふざけあい】	【授業を妨げる落ちつきない行為】
.36	.55**	.26	.02	.33	.27
-.16	-.15	-.05	-.19	.18	-.21
.05	-.02	.01	.04	-.01	.13
-.06	.12	-.25	-.12	.31	.40*
-.29	-.02	.21	-.21	-.27	-.32
.59**	.53**	.44*	.64***	.83***	.52**

を算出したものを示す。

▶「問題所有」「効力期待強度」と行動指標との相関　「問題所有」「効力期待強度」と，三つの行動指標との相関を求めた (Table 11)。「問題所有」において，三つの行動指標との相関を確認した結果，【落書き】，【おしゃべり】，【反抗】，【けんか】の4場面にて，「統制」との間で.55〜.75の有意な正の相関を示した。また【おしゃべり】，【反抗】の2場面にて，「受容」との間で−.51〜−.52の有意な負の相関を示した。「関与度」との間では，有意な相関は示さなかった。

「効力期待強度」と三つの行動指標との相関においては，【落ちつきなし】にて，「統制」との間で.40の有意な正の相関を示した。また【低学力】，【怠慢清掃】，【けんか】，【依存】，【孤立】，【危険】，【落ちつきなし】の7場面にて，「関与度」との間で.44〜.83の有意な正の相関を示した。

考　察

本研究では，小学校の問題場面において，「問題所有」，「効力期待強度」という内的要因が，教師行動にどのように影響するかについて検討を行った。まず，「問題所有」と三つの行動指標との関連をみたところ，「統制」との間では4場面で正の相関が示され，「受容」との間では2場面で負の相関が示された。教師が直面する場面で不満や苛立ちを感じると，統制的行動がみられ，受容的行動がみられにくくなる傾向があるといえる。

Brophy & Rohrkemper (1981) は，種々の場面のなかでも，教師たちが問題を抱えやすい場面では，脅威や罰を特徴とした統制的な行動がみられやすいことを示している。これは，「問題所有」と統制的行動の両者の関連について，「個人内」変数として取り上げて関連性を示した調査と位置づけられる。今回の調査では，両変数を「個人間」変数として取り上げた場合でも類似した結果がみられることを示した調査と位置づけることができる。

特に今回の調査結果で着目すべきは，「問題所有」と，統制的行動ならびに受容的行動との関連性が，限られた場面においてのみ明確に示された点である。「問題所有」と「統制」は，【落書き】，【おしゃべり】，【反抗】，【けんか】で有

意な相関を示した。他の場面のいくつかでも，被調査者数が少なかったこともあって有意水準には達していないが，【依存】【落ちつきなし】【危険】【怠慢】において，.26～.36の相関係数を示している。これらの場面は［研究①］で示したが（Table 5 参照），いずれも「注意を与える」ことの実現性が高い場面である。相関係数の絶対値が.10を下回る残りの4場面（【アンダー】【低学力】【孤立】【内気】）においては，Table 5 より，【アンダー】は例外であるものの，概ね「統制」の実現性は低い。こうしたことから，少なくとも「統制」の実現性が低い場面においては，「問題所有」の高さが，統制的行動へと結びつかないと考えられる。

　「問題所有」と「受容」とが有意な負相関を示した場面は，【おしゃべり】【反抗】の2場面であった。この2場面は，［研究①］より（Table 5 参照），統制の実現性がきわめて高い2場面といえる。これらの場面が他の場面と比べて特徴的なのは，いずれも授業中において，学級規範を明確に脅かす場面だという点である。こうした状況に対して問題を教師が感じるときには，受容的行動はほとんど現れないことが明確になったといえる。

　「効力期待強度」と三つの行動指標との関連を検討した結果，7場面において「関与度」と有意な正相関を示した。今回の調査で有意水準を示さなかった結果においても，.20～.35の相関係数を示した。こうしたことから，問題場面において自らの働きかけが児童に影響を与えるという期待をもっている教師は，その児童に強い関与を概ね示すことが明らかとなった。Bandura（1977）が指摘するとおり，効力期待が，課題への動機づけになっていることを傍証する結果であり，こうしたメカニズムが，問題場面という課題の内容が何であるかとは無関係に働くことを示したといえる。

　なお【落ちつきなし】では，「統制」との関連が示された。【落ちつきなし】は，［研究①］から示されたが（Table 4 参照），他の場面では「関与度」の実現性が高いなかで，唯一そうとはいいきれない場面であった。［研究②］のTable 8 より，【落ちつきなし】では，〈簡単な語りかけ・応答〉という程度の関わりが53.4％と，他の場面を大きく上回る割合がみられ，〈不介入〉の6.9％を

含めると，最低60％以上の教員が，この場面への児童に対して，あまり積極的な関わりを示さない傾向にあることがわかる。こうした場面においては，児童に統制的な振る舞いをすること自体が，そうでない教師に比べて「関与」を行っていることになるともいえる。それを裏づけているのが，Table 9において，【落ちつきなし】では「統制」と「関与度」との間の相関が.55と高いことである。つまり【落ちつきなし】における「効力期待強度」と「統制」との間にみられる有意な正の相関は，「効力期待強度」が場面への関わりを促進していることを反映した結果だとみなすことができる。

以上より，「問題所有」，「効力期待強度」のいずれも，問題場面での教師行動に個人差をもたらしていることが［研究③］で明らかとなった。特に，「問題所有」が教師行動に及ぼす影響のあり方が，問題場面によって異なるという点は，特筆すべきである。教師行動と教師の内的要因との関連を理解していくにあたって，場面のコンテクストをふまえることが，両者の関連を深く理解するうえでは重要であることを実証的に示したといえる。

3.2 ［研究④］小学校教師の内的要因と言葉かけとの関連

問題と目的

［研究③］では，問題場面で生じる教師の内的要因と，その場面での行動との関連ついて検討した。その結果，「問題所有」と教師行動との関連を通じて，教師の内的要因が行動に及ぼす影響のあり方は，場面によって異なることを示した。［研究③］においては，教師行動として，「注意を与える」「穏やかに接する」といった行動描写を変数に用いた。では，教師行動の指標として言葉かけを用いた場合では，どのような結果がみられるであろうか。［研究④］では，問題場面の内的要因が教師行動に及ぼす影響についてさらに理解するために，教師行動の指標としては具体性の高い，言葉かけを取り上げることにする。

教師の言葉かけに影響を与えると考えられる内的要因として，［研究④］では三つの変数を取り上げることにする。まずそのうちの二つは，［研究③］でも取り上げた，「効力期待強度」と「問題所有」である。

［研究③］では，問題場面のコンテクストを問わず，「効力期待強度」が高いと，場面の児童に対して関わりを強めることを示した。また，「問題所有」と統制的行動，受容的行動との間の関連については，問題場面のコンテクストによって明確にみられる場面とそうでない場面があった。具体的には，統制の実現性が低い場面を除き，「問題所有」の強さと，統制的行動との間には正の相関がみられた。また学級規範を明確に脅かす場面に限り，「問題所有」の強さと受容的行動は負の相関を示した。そこで，言葉かけを行動の指標とした場合にも，［研究③］で示された現象がみられるかについて検討していくことにする。

　また，言葉かけに影響を与えると考えられるもう一つの内的要因として，本研究では「場面の児童と子ども時代の自分との類似性の認知」を取り上げることにする。梶田（1986）は，人間は多様な経験を重ねることを通じて，学習や指導に対するパーソナルな信念（Personal Learning and Teaching Theory, PLATT）を形成することを指摘している。おそらく教師は，教科活動に関する指導理論（Personal Teaching Theory, PTT）のみを形成しているにとどまらず，さまざまな学校場面での児童との関わり方についての指導理論も形成していると考えられる。しかもそうした指導理論は，自らの経験をもとに形成されていることから，自らの子どもの頃の学校での経験も形成因になっていると考えられる。例えば，次のようなことが考えられる。ある教師にとって，学校場面のある児童の様子が，自分自身の子ども時代と類似しているとしよう。その教師の関わり方は，子どもの内面についての独自の理解をもっていたり，あるいは共感的な立場をとったりする可能性が考えられる。その結果，類似性を感じていない教師の関わりとは異なる特徴がみられるものと考えられるのである。そこで本研究では，場面での児童と，教師自身の子どもの頃との類似性の高さについて取り上げ，その場面での児童への言葉かけとの関連を検討する。

　以上より，本研究では，三つの内的要因（「問題所有」「効力期待強度」「児童との類似性」）を取り上げ，言葉かけとの関連について明らかにしていくことを目的とする。

方法

▶被調査者　教職員を対象とした研修会に参加していた小学校教諭58名（[研究②] と同じ被調査者）。

▶質問紙　[研究①] で作成された12場面のうち，【内気】，【落書き】，【おしゃべり】，【反抗】，【怠慢清掃】，【けんか】，【依存】，【孤立】，【危険】，【落ちつきなし】の10場面を用いた。

各場面に対して，以下の質問文を記し，回答を求めた。

1. 「あなたがこの場面の先生だとします。子どもにどういった言葉をかけますか。」という質問に対して，自由記述で回答を求めた。
2. 場面での問題所有：「あなたは上の場面で，どの程度の負担（不満，いらだち，怒りなど）を感じると思いますか。」に対して，4件法（ひじょうに負担を感じる，かなり負担を感じる，少し負担を感じる，まったく負担を感じない。順に4～1点）で回答を求めた。
3. 場面の児童に対する効力期待強度：「あなたはこの場面の子どもに対して働きかけをした場合，どの程度確実に理想的な結果に導くことができると思いますか。」に対して，4件法（確実に影響を与える，影響を与える見込みは高い，影響を与える見込みは低い，ほとんど影響を与えない。順に4～1点）で回答を求めた。
4. 場面の児童と小学生の頃の自分との類似性：「小学生の頃のあなたは，場面の中の子どもに似ていますか。」に対して，5件法（はい，どちらかといえばはい，どちらともいえない，どちらかといえばいいえ，いいえ。順に5～1点）で回答を求めた。

Table 12　本研究で取り上げた場面での教師の内的要因の平均値　　　　　　（括弧内は標準偏差）

	【内気・引っ込み思案】	【授業中の落書き】	【おしゃべり】	【教師への直接的反抗】	【怠慢な清掃活動】
問題所有	1.93 (0.62)	1.84 (0.65)	2.12 (0.71)	2.28 (0.83)	1.89 (0.67)
効力期待強度	2.42 (0.60)	2.64 (0.72)	2.88 (0.72)	2.54 (0.85)	2.69 (0.60)
児童との類似性	2.07 (1.06)	1.69 (0.99)	2.53 (1.24)	1.52 (0.80)	2.53 (1.14)

結　果

▶**言葉かけの分類**　自由記述の回答については，14カテゴリーからなる「言葉かけカテゴリー」(Table 6)をもとに，質的に分類した。1カテゴリーにおさめるのが困難な言葉かけの回答，場面に登場する主人公の児童以外への言葉かけについては，［研究②］の結果に記した形式で分類した。各カテゴリーに含まれた言葉かけの具体例はTable 7のとおりである。

▶**各場面での教師の内的要因と言葉かけとの関連**　まず各場面における，「問題所有」，「効力期待強度」，「児童との類似性」の平均値，標準偏差を算出した(Table 12)。「問題所有」の平均値は，1.39〜2.28を示した。「効力期待強度」の平均値は，2.32〜3.05を示した。「児童との類似性」の平均値は，1.52〜2.53を示した。

　場面別に，「問題所有」の平均値より低い被調査群(問題低群)と高い被調査群(問題高群)を設定した。そして，「問題所有(問題低群─問題高群)」×「あるカテゴリーの言葉かけの実践状況(不使用─使用)」の分割表をもとにピアソンのχ^2検定を行い，低群と高群の間に，言葉かけの実践状況に差がみられるかについて検討した(10%未満の有意傾向を示した結果のみTable 13に記載)。なおセルの中に5以下のものを含む分割表もみられた。この分割表に対しては，イェーツの連続修正によるχ^2検定の結果を重視した。また0を含む分割表の分析では，フィッシャーの直接確率法も行った。

　セルの値がすべて5より大きかった分割表のχ^2検定では，【けんか】の〈問題点を探る問いかけ〉で有意傾向($\chi^2(1)=2.92$, $p<.10$)を示した。セルの値に0を含まず一つでも5以下を含む分割表に対してイェーツの連続修正によるχ^2

	【けんか】	【依存児】	【孤立児】	【危険を伴うふざけあい】	【授業を妨げる落ちつきない行為】
	1.95 (0.80)	1.72 (0.59)	1.60 (0.67)	1.86 (0.89)	1.39 (0.62)
	3.05 (0.61)	2.56 (0.78)	2.32 (0.72)	3.03 (0.62)	2.80 (0.73)
	1.83 (1.19)	1.88 (0.92)	1.62 (0.93)	1.83 (1.19)	2.11 (1.11)

Table 13 「問題所有」の高低と言葉かけの実践状況についての2×2分割表

【内気・引っ込み思案】		問題低	問題高
指示	不使用	12	31
	使用	1	14
Chi-Square		2.89+	
Continuity Adj. Chi-Square		1.79	
Phi Coefficient		.22	

【授業中の落書き】		問題低	問題高
不介入・静観	不使用	22	32
	使用	2	0
Chi-Square		2.77+	
Continuity Adj. Chi-Square		.88	
Phi Coefficient		-.22	
Fisher's Exact Test		n.s.	

【おしゃべり】		問題低	問題高
怒鳴り・罵り	不使用	42	12
	使用	1	2
Chi-Square		3.03+	
Continuity Adj. Chi-Square		1.11	
Phi Coefficient		.23	

【おしゃべり】		問題低	問題高
婉曲的な指示	不使用	31	14
	使用	12	0
Chi-Square		4.95*	
Continuity Adj. Chi-Square		3.41+	
Phi Coefficient		-.30	
Fisher's Exact Test		*	

【おしゃべり】		問題低	問題高
冷やかし・呆れ	不使用	43	13
	使用	0	1
Chi-Square		3.13+	
Continuity Adj. Chi-Square		.36	
Phi Coefficient		.23	
Fisher's Exact Test		n.s.	

【教師への直接的反抗】		問題低	問題高
譲歩	不使用	30	22
	使用	6	0
Chi-Square		4.09*	
Continuity Adj. Chi-Square		2.49	
Phi Coefficient		-.27	
Fisher's Exact Test		+	

【怠慢な清掃活動】		問題低	問題高
判断の委ね	不使用	14	41
	使用	2	0
Chi-Square		5.31*	
Continuity Adj. Chi-Square		2.26	
Phi Coefficient		-.31	
Fisher's Exact Test		+	

【けんか】		問題低	問題高
問題点を探る問いかけ	不使用	9	12
	使用	8	29
Chi-Square		2.92+	
Continuity Adj. Chi-Square		1.98	
Phi Coefficient		.22	

【けんか】		問題低	問題高
不介入・静観	不使用	14	41
	使用	3	0
Chi-Square		7.63**	
Continuity Adj. Chi-Square		4.46*	
Phi Coefficient		-.36	
Fisher's Exact Test		*	

【依存児】		問題低	問題高
問題点を探る問いかけ	不使用	18	38
	使用	2	0
Chi-Square		3.94*	
Continuity Adj. Chi-Square		1.51	
Phi Coefficient		-.26	
Fisher's Exact Test		n.s.	

【孤立児】		問題低	問題高
忠告・意見	不使用	24	20
	使用	4.00	10.00
Chi-Square		2.87+	
Continuity Adj. Chi-Square		1.92	
Phi Coefficient		.22	

【危険を伴うふざけあい】		問題低	問題高
怒鳴り・罵り	不使用	21	35
	使用	2	0
Chi-Square		3.15+	
Continuity Adj. Chi-Square		1.08	
Phi Coefficient		-.23	
Fisher's Exact Test		n.s.	

【授業を妨げる落ちつきない行為】		問題低	問題高
励まし（対クラス全体）	不使用	38	17
	使用	0	2
Chi-Square		4.15*	
Continuity Adj. Chi-Square		1.62	
Phi Coefficient		.27	
Fisher's Exact Test		n.s.	

+ ···p<.10   * ···p<.05   ** ···p<.01

Table 14 「効力期待強度」の高低と言葉かけの実践状況についての２×２分割表

【内気・引っ込み思案】		効力低	効力高
婉曲的な指示	不使用	34	21
	使用	0	2
Chi-Square		3.06 +	
Continuity Adj. Chi-Square		1.03	
Phi Coefficient		.23	
Fisher's Exact Test		n.s.	

【孤立児】		効力低	効力高
忠告・意見	不使用	24	18
	使用	12	2
Chi-Square		3.73 +	
Continuity Adj. Chi-Square		2.59	
Phi Coefficient		−.26	

【授業中の落書き】		効力低	効力高
冷やかし・呆れ	不使用	22	32
	使用	2	0
Chi-Square		2.77 +	
Continuity Adj. Chi-Square		.88	
Phi Coefficient		−.22	
Fisher's Exact Test		n.s.	

【孤立児】		効力低	効力高
協力の示唆 or 簡単な語りかけ・応答	不使用	29	12
	使用	7	8
Chi-Square		2.77 +	
Continuity Adj. Chi-Square		1.82	
Phi Coefficient		.22	

【授業中の落書き】		効力低	効力高
不介入・静観	不使用	22	32
	使用	2	0
Chi-Square		2.77 +	
Continuity Adj. Chi-Square		.88	
Phi Coefficient		−.22	
Fisher's Exact Test		n.s.	

【危険を伴うふざけあい】		効力低	効力高
怒鳴り・罵り	不使用	46	10
	使用	0	2
Chi-Square		7.94 **	
Continuity Adj. Chi-Square		3.72 +	
Phi Coefficient		.37	
Fisher's Exact Test		*	

【授業中の落書き】		効力低	効力高
忠告・意見 or 協力の示唆	不使用	21	32
	使用	3	0
Chi-Square		4.23 *	
Continuity Adj. Chi-Square		2.12	
Phi Coefficient		−.28	
Fisher's Exact Test		+	

【危険を伴うふざけあい】		効力低	効力高
忠告・意見（対主人公以外）	不使用	46	11
	使用	0	1
Chi-Square		.05 +	
Continuity Adj. Chi-Square		.53	
Phi Coefficient		.26	
Fisher's Exact Test		n.s.	

【けんか】		効力低	効力高
怒鳴り・罵り	不使用	45	11
	使用	0	1
Chi-Square		3.82 +	
Continuity Adj. Chi-Square		.51	
Phi Coefficient		.26	
Fisher's Exact Test		n.s.	

【授業を妨げる落ちつきない行為】		効力低	効力高
怒鳴り・罵り（対クラス全体）	不使用	12	42
	使用	1	0
Chi-Square		3.29 +	
Continuity Adj. Chi-Square		.39	
Phi Coefficient		−.25	
Fisher's Exact Test		n.s.	

【依存児】		効力低	効力高
指示	不使用	11	4
	使用	18	24
Chi-Square		4.11 *	
Continuity Adj. Chi-Square		2.98 +	
Phi Coefficient		.27	

+ ⋯ p<.10　* ⋯ p<.05　** ⋯ p<.01

検定を行った結果をみたところ，統計的に群間の差を示さなかった。セルに0を含む分割表に対するフィッシャーの直接確率法による分析では，【おしゃべり】の〈婉曲的な指示〉，【けんか】の〈不介入・静観〉で，有意な群間の差（$p<.05$）を示し，【反抗】の〈譲歩〉，【怠慢清掃】の〈判断の委ね〉で，有意傾向（$p<.10$）を示した。

「効力期待強度」「児童との類似性」についても，「問題所有」と全く同じ手続きで，言葉かけの実践状況との関連を検討する分析を行った（10%未満の有意傾向を示した結果のみ Table 14, 15）。まず「効力期待強度」の分析結果については，次の通りであった。セルの値がすべて5より大きかった分割表の χ^2 検定では，【孤立】の〈協力の示唆or簡単な語りかけ・応答〉で有意傾向（χ^2

Table 15 「児童との類似性」の高低と言葉かけの実践状況についての2×2分割表

【授業中の落書き】		類似性低	類似性高	【けんか】		類似性低	類似性高
問題点を探る問いかけ	不使用	27	13	問題点を探る問いかけ	不使用	8	13
	使用	6	12		使用	26	11
Chi-Square		5.91*		Chi-Square		5.72*	
Continuity Adj. Chi-Square		4.60*		Continuity Adj. Chi-Square		4.47*	
Phi Coefficient		.32		Phi Coefficient		-.31	
【おしゃべり】		類似性低	類似性高	【けんか】		類似性低	類似性高
婉曲的な指示	不使用	27	18	指示or婉曲的な指示or	不使用	34	20
	使用	4	8	冷やかし・呆れ	使用	0	4
Chi-Square		2.72+		Chi-Square		6.09*	
Continuity Adj. Chi-Square		1.75		Continuity Adj. Chi-Square		3.77+	
Phi Coefficient		.22		Phi Coefficient		.32	
				Fisher's Exact Test		*	
【教師への直接的反抗】		類似性低	類似性高	【依存児】		類似性低	類似性高
肯定	不使用	33	16	励まし	不使用	20	34
	使用	3	6		使用	4	0
Chi-Square		3.74+		Chi-Square		6.09*	
Continuity Adj. Chi-Square		2.43		Continuity Adj. Chi-Square		3.77+	
Phi Coefficient		.25		Phi Coefficient		-.32	
				Fisher's Exact Test		*	
【怠慢な清掃活動】		類似性低	類似性高	【授業を妨げる落ちつきない行為】		類似性低	類似性高
忠告・意見	不使用	17	23	指示（対クラス全体）	不使用	32	11
	使用	12	5		使用	7	7
Chi-Square		3.77+		Chi-Square		2.92+	
Continuity Adj. Chi-Square		2.73+		Continuity Adj. Chi-Square		1.89	
Phi Coefficient		-.26		Phi Coefficient		.23	

+…p<.10 *…p<.05 **…p<.01

(1)= 2.77, $p<.10$）を示した。セルの値に0を含まず一つでも5以下を含む分割表に対してイェーツの連続修正による χ^2 検定を行った結果をみたところ，【依存】の〈指示〉で有意傾向（$\chi^2(1)= 2.98, p<.10$）を示した。セルに0を含む分割表に対するフィッシャーの直接確率法による分析では，【危険】の〈怒鳴り・罵り〉で，有意な群間の差（$p<.05$）を示し，【落書き】の〈忠告・意見 or 協力の示唆〉で有意傾向（$p<.10$）を示した。

「児童との類似性」の分析結果については，次の通りであった。セルの値がすべて5より大きかった分割表の χ^2 検定では，【落書き】の〈問題点を探る問いかけ〉，【けんか】の〈問題点を探る問いかけ〉で，有意な群間の差（順に，$\chi^2(1)= 5.91, p<.05$；$\chi^2(1)= 5.72, p<.05$）を示し，【落ちつきなし】の〈指示（対クラス全体）〉で有意傾向（$\chi^2(1)= 2.92, p<.10$）を示した。セルの値に0を含まず一つでも5以下を含む分割表に対するイェーツの連続修正による χ^2 では，【怠慢清掃】の〈忠告・意見〉で有意傾向（$\chi^2(1)= 2.73, p<.10$）を示した。セルに0を含む分割表に対するフィッシャーの直接確率法による分析では，【けんか】の〈指示 or 婉曲的な指示 or 冷やかし・呆れ〉，【依存】の〈励まし〉で有意な群間の差（$p<.05$）を示した。

考　察

　本研究では，問題場面での「問題所有」，場面の児童に対する「効力期待強度」，小学生の頃の自分と場面の「児童との類似性」の高さといった教師の内的要因を取り上げ，言葉かけとの関連を明らかにすることを試みた。各内的要因と言葉かけの結果をもとに作成した分割表の χ^2 検定を行い，特に5%水準の有意な群間差を示した結果をもとに考察していくことにする。

　【おしゃべり】において，「問題所有」の低い群で，〈婉曲的な指示〉を使用する教師が多いことを示した。特にこの調査では，「問題所有」の高い群で〈婉曲的な指示〉を回答した教師は全くみられなかった。この言葉かけは，児童が授業中におしゃべりをしていることに対して，「やめなさい。」と直接的に指示するのでなく，「今先生が言ったことを言ってみなさい。」「話の内容は授業のことかな？」「きみえちゃん，教科書の○ページを読んで下さい。」「何を話し

ているのかな。そんなにいいことならみんなにも教えてほしいな。」などと，遠回しにおしゃべりを制止する働きかけである。「問題所有」の高い教師においては，おしゃべりに対する不満や怒りの程度が高いことから，直情的な指導になりやすく，あえて婉曲的に指示しないことの現れともいえる。逆に「問題所有」の低い教師においては，おしゃべりをやめさせることの必要は感じながらも，おしゃべりに対する不満や怒りの程度が高くないことから，婉曲的な指示という関わり方がみられるものと解釈できる。

　【けんか】においては，「問題所有」の低い群のみで，〈不介入・静観〉を使用する教師が示され，「問題所有」の高い群では，〈不介入・静観〉を行う教師はみられなかった。教師たちにおいて，けんかに直面することで生じる不満や怒りの高揚が，けんかへの介入へと向かわせる動機づけ要因になっていると読みかえることにより理解できる結果である。

　ところで，［研究③］では，【おしゃべり】，【けんか】といった，統制の実現性が高い場面において，「問題所有」の高さと，統制的行動との正の関連が示されていた。こうした場面で「問題所有」の低い教師が，遠回しな指示をしたり，じっと静観したりする傾向にあるという本研究の結果は，［研究③］の結果にも矛盾しないといえるだろう。

　次に，【危険】において，「効力期待強度」の高い群のみで，〈怒鳴り・罵り〉がみられ，低群との間に有意差が示された。この結果については，本研究が仮定している「問題場面での『効力期待強度』が行動に影響する」とは逆の因果性が反映している可能性が高い。〈怒鳴り・罵り〉は，児童の行動を統制する影響力はきわめて強いといえる。〈怒鳴り・罵り〉を普段より実践している教師は，その統制の強力さゆえに，児童への危険な振る舞いを即座に止めさせる経験をしていると推察できる。そのため，結果として効力期待の強さを認識していると解釈できるのではないだろうか。

　ところで，［研究③］では，効力期待強度が強い教師ほど，関与的な行動がみられることを示した。もし［研究③］を支持する結果がみられていたとすれば，効力期待強度が弱い教師において，〈不介入〉というカテゴリーの回答

が多いという結果がみられた可能性はあったといえる。しかし本研究の結果では，【落書き】においてそれを示唆する傾向がみられたものの（Table 14），必ずしも統計的には有意な結果ではなく，総じてこの点を示唆する検討結果はみられなかった。この理由として，全被調査者に占める，〈不介入・静観〉のカテゴリーに回答がみられた割合自体がきわめて低かったことから（Table 8参照），効力期待強度の強い群と弱い群との間の違いが顕著に現れなかったことが考えられる。

　【けんか】において，「児童との類似性」の高い群のみで，〈指示 or 婉曲的な指示 or 冷やかし・呆れ〉を使用する教師がみられた。このカテゴリーの言葉かけは，「ここだとけがをするといけないから，外へ行こう。」「けんかは，外でやりなさい（ときつく言い，二人をひっぱって出す）。」「（危ないので周りの机を他の子どもとどけ，場所を広くする。）やりたければ思いっきりやりなっ。そのかわり足げりなし，顔面なし，かみつきなし。理由は落ち着いたら聞くよ（たいていやめる）。」「ろうかに出てやりなさい。」といった働きかけである。こうした言葉かけを行う理由として，子どもの頃の自分が，けんかをする子どもと類似性を高く感じている教師にとって，次の2通りのいずれかの信念が内面化している可能性が考えられる。一つは，彼ら自身が子どものときに体験してきたこともあって，子ども時代においてけんかをすることに肯定的なとらえ方をもっていることである。もう一つは，殴り合いのけんかをする子どもたちにとって，逆説的にけんかをするように言われることが，むしろけんかをやめるように動機づけられることを，類似性の高く感じる教師たちは，自らの子ども時代の体験から理解しているのかもしれない。もっとも，これらは推測の域をこえない。

　【依存】では，「児童との類似性」の低い群のみで，〈励まし〉を使用する教師がみられた。つまり類似性の高い群では，こうした場面の児童に励ましをすることに大きな意味を見いだしていないといえる。これは教師自身の過去の子ども時代を振り返ったうえでそのように判断されたものと推察できる。ただ，なぜ子ども時代の自分と高い類似性を依存的な児童にもっている教師が，〈励

まし〉が意味を見いださないと考える傾向にあるのかについては，本研究の結果だけでは判断できない。検討の余地が残されている。

【落書き】と【けんか】との間には，〈問題点を探る問いかけ〉について相反する結果がみられた。【落書き】では，「児童との類似性」の高い群に，〈問題点を探る問いかけ〉を使用する教師が多かった。反対に【けんか】においては，「児童との類似性」の低い群に，〈問題点を探る問いかけ〉を使用する教師が多かった。こうした結果は，「児童との類似性」の指標のみでは〈問題点を探る問いかけ〉の使用を動機づけられる理由を説明するのは難しいことを表しているといえる。

類似性の認知と言葉かけに関連がみられる場合，それは子ども時代の教師自身の経験が，指導に結びついていることを表すものといえる。もしも上述の結果を詳細に理解するのであれば，教師へのインタビューなどの方法を通じて，彼らの子ども時代の経験および指導の信念について探る必要があるだろう。

3.3 まとめ

第3章では，問題場面別に，教師行動の内的要因が教師行動に及ぼす影響について検討を行った。［研究③］と［研究④］より，「問題所有」「効力期待強度」「児童との類似性」といったいずれの教師の内的要因も，教師行動あるいは言葉かけに影響を与えていることを示した。特に，「問題所有」と教師行動との関連の強さについては，問題場面のコンテクストによって異なっていることを明らかにした。また，「効力期待強度」と「児童との類似性」についても，一部の問題場面で，教師の言葉かけの使用のあり方に影響しうることを示した。いずれにせよ，教師行動とそれに関連する内的要因について研究をすすめるにあたり，問題場面というコンテクストをふまえながら理解をすすめることが，実践への示唆を与えることを明らかにしたといえる。

第4章　教師行動に対する児童の見方

4.1 ［研究⑤］問題場面での教師行動に対する児童の評価

問題と目的

　学校における教育的効果を知るうえで，問題場面における教師行動を児童がどのように評価するかについて理解する意義は大きい。児童によって抱かれる教師の印象や評価は，たとえそれが限られた側面からのものであっても，教師と児童との教育的人間関係を現実に左右し（柳井・浜名，1979），さらに両者の人間関係の質は，教育の成功や失敗に，決定的に影響するからである（Gordon, 1974）。

　特に，問題場面での教師行動のなかでも，統制的意図を反映した行動が児童に及ぼす影響について理解していくことは重要なことである。なぜならば教師による統制的な行動は，問題場面で実践の必要に迫られやすい一方で，児童や生徒に対して否定的な認知や感情をもたらしやすいといった性質を有するからである。

　まず，問題場面において，統制が実践上で必要性の高いことについては，［研究①］の結果よりわかる。［研究①］では，さまざまな問題場面において，統制的行動の実現性が高いことが明らかとなっている。つまり，問題場面での教師の対処にとして，統制的行動は実践される機会が多いのである。

　同時に，教師による統制的行動は，児童たちにとって，教師への嫌悪感をもたらす可能性が高いことが知られている。本多・高木・小川（1968）は，小学校4，6年生，中学校2年生を対象とした質問において，児童，生徒における「嫌いな先生」の特徴として，「厳格」「こごとを言う」「おこりっぽい」といった統制的振る舞いをあげている。嫌われる教師の条件についてのこうした傾向は，きわめて一般的であるといわれている（柳井・浜名，1979）。つまり統制的行動は，問題場面での実践の必要性が高いとともに，その否定的影響の可能性が指摘されることから，その実践に慎重を要する行動といえるわけである。

　もっとも，あらゆる場面での教師の統制を，児童たちが否定的にとらえるとは必ずしもいいきれない。場合によっては，教師の統制を正当な働きかけだと

して，納得することも考えられる。このことを，本書で概念化した教師行動の実現性との関連でいえば，次のような可能性があげられる。統制の実現性が高い場面であれば，ほとんどの教師が統制を実践することになるといえる。そのため，過去の同様な場面での教師の振る舞いを直接的，あるいは間接的に見てきた児童たちにとっては，教師の「叱る」などの行為を当然として受けとめることはあるだろう。結果として，教師の統制に対して納得することが推察されるのである。しかし，種々の場面における教師からの統制に対して，児童たちはどのように受け止めるかについて明らかにするための実証的研究は，これまでにみられないのが現状である。

本研究では，上記のことをふまえながら，いかなる問題場面のどういった教師行動を児童たちはどのように評価するかについて検討することを目的とする。そして，特に統制的意図を反映した行動に着目し，否定的に評価されやすい統制でも，統制の実現性が高い場面では必ずしも否定的評価に結びつかないことについて実証する。

また，児童たちが教師行動を評価する場合，その評価基準はさまざまなものが考えられるが，本研究では，教師―児童関係が教育活動上重要であるというGordon (1974) の指摘を重視したい。そこで，教師との関係を左右すると考えられる評価基準に焦点を合わせることにする。

教師行動の実現性をとらえるには，教師自身の報告か，あるいは児童たちの認知に基づく検討が考えられる。［研究①］，［研究②］では，教師自身の報告をもとに検討を行っている。しかし児童たちによる教師行動への評価は，あくまで彼ら自身が教師行動をどのようにとらえたかによって左右されるといえる。そこで本研究では，児童たちからの教師行動の評価との関連をみる必要があることから，複数の問題場面の教師行動の実現性を，児童認知に基づいてとらえることにする。

方 法

▶被調査者　愛知県，三重県内の公立小学校3校の児童383名 (4年生7学級205名，うち男児108名，女児97名。6年生5学級178名，うち男児95名，女児83

名)。

▶質問紙　問題場面の描写には，[研究①] で用いた Table 1 の 12 場面のうち，クラスメートの学力情報に普段から関心を示していないと予測困難な 2 場面 (【アンダー】【低学力】) を除いた。つまり児童の立場からでも教師行動を想起しやすい【内気】，【落書き】，【おしゃべり】，【反抗】，【怠慢清掃】，【けんか】，【依存】，【孤立】，【危険】，【落ちつきなし】の 10 場面を用いた。Table 1 の記述内容と同じになるようにしながらも，できるだけ児童が理解しやすいように，小学校教諭 2 名および大学院生 1 名の協力を得て再構成した。10 種類の問題場面の記述は Table 16 のとおりである。[研究①] から [研究④] と同様に，各場面の記述に加えて，児童が場面をイメージしやすいように，場面を象徴する線画の挿絵を併用した (Figure 1)。

各場面に対して，以下の質問を行った。

1. 各場面において想起される教師行動：Brophy & McCaslin (1992) が教師行動の分析に用いたカテゴリーならびに Table 2 を参考にして項目を作成した (Table 17)。問題場面に対して即時に繰り広げられる行動の様子をたずねることに主眼を置いた。そのため，長期的な視野を入れたストラテジー (例：親や他教師を含めた対処；席替え等物理的環境変化；問題解決後に与える賞賛や報酬) については検討対象からは除外した。各場面で担任教師がどういった行動をするかについて想起してもらい，4 件法 (する，たぶんする，たぶんしない，しない，順に 4 ～ 1 点) で回答を求めた。

2. 場面の教師行動に対する評価：岸田 (1969) は，生徒による教師認知，態度について評定する 75 項目を構成している。そのうち，外見 (例：背が高い)，提示する問題場面の文脈とは一致しない内容 (例：板書が美しい) 等を除外した。問題場面での教師行動への評価としてつじつまの合う表現，内容にした 6 項目 (「こわい」「たよりになる」「ふまんである」「思いやりのある」「あまい」「よい」) を最終的に作成した。3 件法 (はい，どちらでもない，いいえ，順に 3 ～ 1 点) で回答を求めた。そして次に示す「対担任教師親近性」との相関を確認することで，「関係に影響する評価」を 6 項目から選ぶことにした。

Table 16　研究で用いられた問題場面（児童用・記述）

【内気・引っ込み思案】
　ゆきえさんという，ふだんからとてもおとなしい子がいます。その子がじゅぎょう中に先生にあてられました。けれど目を下に向けたまま，何も答えずにだまっています。

【授業中の落書き】
　じゅぎょう中のことです。クラスのみんなは算数のプリントをしているところです。先生はみんなのようすを見るために，教室をまわっています。そのとき，あなたのとなりにすわっているたかおくんが，もんだいをせずに，プリントにらくがきをしていました。それをたまたま先生が見ていたようです。

【おしゃべり】
　じゅぎょう中のことです。先生がもんだいについてのせつめいをしているときに，きみえさんとまさこさんが，おしゃべりをしているようです。

【教師への直接的反抗】
　かつひろくんは，じゅぎょう中にもよくふざけていることがよくあり，宿題もよくわすれているようです。ある日，先生が宿題をわすれた子に対して，「休み時間のうちに宿題をすませるように」と言いました。するとかつひろくんは，「いやだ〜休み時間は休むためにあるんでしょ」と，もんくを言いました。

【怠慢な清掃活動】
　せいこさんたち三人が，そうじの時間にほうきを持ってつっ立ったまま立ち話をしていました。先生はそれを見かけたようです。その子たちは，さっき先生からいちどちゅういをされたようですが，それでもあまりいっしょうけんめいなようすではありません。

【けんか】
　教室ではけんかが起きています。たかしくんがひでおくんのつくえの方に向かっていき，なぐりかかっています。そのようすに先生が気づいたようです。

【依存児】
　ともこさんが自分のぼうしをなくしてあわてています。そのためか，先生に助けをもとめているようです。

【孤立児】
　じゅんこさんという，教室で一人でいることの多い子がいます。ある日，その子がまどの外を一人でぼうっとながめているようです。先生はその近くにいます。

【危険を伴うふざけあい】
　校しゃの三階のろうかで，グラウンドがわに面した開いているまどわくに，まもるくんがすわっていて，そのまわりでは，まもるくんのなかまたちが，わいわい言いながらふざけあっているようです。その子たちの前を，先生が通りがかろうとしています。

【授業を妨げる落ちつきない行為】
　テストを行う前で，教室はしずかです。先生が話を始めようとしたときに，しげゆきくんがいすからころげ落ちました。その子はみんなの注目を受け，にがわらいをしていました。あるものがわらい，それにつられてほかのみんなもさわがしくなりました。

3. 対担任教師親近性：児童が教師との関係上で適応している状態とは，親近の態度がみられる状態であることが指摘されている（岸田，1958）。また教師

Table 17 問題場面での教師行動をたずねる項目（児童用）

1. 時間をかけて話しかける
2. しかる
3. にっこりほほえむ
4. 大声でどなる
5. おだやかにせっする
6. 先生の考えを言い聞かせる
7. ちゅういをする
8. やさしくする
9. おせっきょうをする
10. 子どもの話を聞こうとする

と子どもの人間関係を知る指標として，子どもが認知した教師との心理的距離（信頼関係，親和性，親密感）を用いた先行研究もみられる（山口，1994）。そこで，教師との良好な関係の指標として，児童が認知する教師との親近さを測定することにした。担任教師との親近さをたずねる4項目（「先生はわたしたちのことを心から気にかけている」「先生は親切で思いやりがある」「先生はともだちのようである」「先生はクラスのみんなからとてもしんらいされている」）を構成した。5件法（ひじょうにあてはまる，どちらかといえばあてはまる，どちらともいえない，どちらかといえばあてはまらない，まったくあてはまらない，順に5～1点）で回答を求めた。これを対担任教師親近性尺度と呼称し，担任教師との関係の良好さの指標とした。なお，全被調査者の回答をもとに，対担任教師親近性尺度の1因子性を確認したところ，4，6両学年において，第1固有値のみが1.0以上の値を示し，全項目が単一因子に高い負荷を示した。またα係数を求めたところ，4年生で.68，6年生で.82であった。

結　果

▶行動指標の作成　教師行動の特徴を場面間で比較可能にする指標を作成した。まず行動項目10項目の因子分析（主成分法，バリマックス回転）を，各学年および場面別に行った。各結果について固有値の変動をみたところ，4年生では全場面，6年生においては8場面で，1.0以上の固有値が三つ以上示された。6年生の残りの2場面（【依存】【落ちつきなし】）では，1.0以上の固有値は二つだっ

たものの，第3固有値はともに.95 で，1.0 に近い値だった。また，3因子解を求めたときに，4年生で6場面，6年生で8場面の分析で，教師の統制的意図を反映した項目（「2. しかる」「4. 大声でどなる」「9. おせっきょうをする」），受容的意図を反映した項目（「3. にっこりほほえむ」「5. おだやかにせっする」「8. やさしくする」），児童への言語的関与の程度を反映した項目（「1. 時間をかけて話しかける」「6. 先生の考えを言い聞かせる」「10. 子どもの話を聞こうとする」）において，それぞれ.4 以上の因子負荷をもつ3因子が出現した。4年生の残り4場面（【内気】【落書き】【反抗】【依存】），6年生の残り2場面（【内気】【けんか】）の解においては，項目「5. おだやかにせっする」で受容的意図を反映した因子への負荷が，あるいは項目「1. 時間をかけて話しかける」，「6. 先生の考えを言い聞かせる」，「10. 子どもの話を聞こうとする」のいずれかで言語的関与を反映した因子への負荷が.4 を下回ったものの，先と同様な解釈の成り立つ3因子が現れた。

　因子分析の結果を参考に，項目「2. しかる」，「4. 大声でどなる」，「9. おせっきょうをする」，項目「3. にっこりほほえむ」，「5. おだやかにせっする」，「8. やさしくする」，項目「1. 時間をかけて話しかける」，「6. 先生の考えを言い聞かせる」，「10. 子どもの話を聞こうとする」を，統制尺度，受容尺度，関与尺度として全場面で利用可能かを検討した。項目「2. しかる」，「4. 大声でどなる」，「9. おせっきょうをする」，項目「3. にっこりほほえむ」，「5. おだやかにせっする」，「8. やさしくする」，項目「1. 時間をかけて話しかける」，「6. 先生の考えを言い聞かせる」，「10. 子どもの話を聞こうとする」のそれぞれについて，各学年，場面ごとにα係数を算出した。項目「2. しかる」，「4. 大声でどなる」，「9. おせっきょうをする」では，4年生10場面のα係数が.56 〜.73 の範囲で，6年生10場面のα係数は.64 〜.83 の範囲だった。また項目「3. にっこりほほえむ」，「5. おだやかにせっする」，「8. やさしくする」では，4年生で.48 〜.65，6年生で.58 〜.76，項目「1. 時間をかけて話しかける」，「6. 先生の考えを言い聞かせる」，「10. 子どもの話を聞こうとする」では，4年生で.26 〜.58，6年生で.15 〜.64 だった。項目「1. 時間をかけて

話しかける」,「6. 先生の考えを言い聞かせる」,「10. 子どもの話を聞こうとする」においては場面によって極端に低いα係数がみられた。そのため,児童への言語的関与についての場面間比較の際には,3項目の得点を独立させて検討を行った。よって,項目「1. 時間をかけて話しかける」,「6. 先生の考えを言い聞かせる」,「10. 子どもの話を聞こうとする」については「時間かけ語り」項目,「言い聞かせ」項目,「話聞き」項目と呼称し(項目「1. 時間をかけて話しかける」「6. 先生の考えを言い聞かせる」「10. 子どもの話を聞こうとする」の総称の際は,関与項目群と呼称),統制尺度,受容尺度と合わせて教師行動の検討に用いた。

▶評価項目の分析　教師―児童関係に影響しうる評価項目を選ぶために,教師行動に対する評価の60項目(6項目×10場面)と,対担任教師親近性尺度との相関を求めた。6年生では,「たよりになる」,「ふまんである(得点を反転。以下の分析でも同様に処理)」,「思いやりのある」,「よい」の4項目で,全場面に

Table 18　統制尺度, 受容尺度, 関与項目群の平均, 標準偏差および分散分析結果　(学年・場面別)

		【内気・引っ込み思案】	【授業中の落書き】	【おしゃべり】	【教師への直接的反抗】	【怠慢な清掃活動】	【けんか】	【依存児】
4年生								
統制	平均	4.84 g	7.25 d	7.05 e	7.27 d	7.64 c	7.97 b	4.23 h
	標準偏差	1.99	2.33	2.41	2.41	2.28	2.38	1.73
受容	平均	7.30 b	5.37 d	5.07 d	5.06 e	4.85 f	5.01 f	7.42 a
	標準偏差	1.93	1.88	1.81	1.81	1.70	1.87	2.39
時間かけ語り	平均	2.45 e	2.34 e	2.26 f	2.33 e	2.35 e	3.07 a	2.54 d
	標準偏差	.88	1.02	.99	1.08	.99	1.03	1.12
言い聞かせ	平均	2.59 f	2.66 f	2.78 e	2.81 e	2.84 c	3.00 b	2.48 g
	標準偏差	1.02	1.13	1.13	1.10	1.06	1.03	1.16
話聞き	平均	3.30 a	2.76 b	2.61 c	2.67 c	2.73 c	3.31 a	3.38 a
	標準偏差	.89	1.09	1.13	1.10	1.11	.96	.96
6年生								
統制	平均	5.34 d	8.01 c	8.80 b	8.98 b	9.16 b	9.78 a	4.45 e
	標準偏差	2.24	2.53	2.17	2.56	2.18	2.40	1.99
受容	平均	6.96 b	5.24 c	4.81 d	4.52 e	4.54 e	4.54 e	7.81 a
	標準偏差	2.12	2.07	1.90	1.91	1.84	1.96	2.48
時間かけ語り	平均	2.56 b	2.10 e	2.01 f	2.29 d	2.37 c	3.18 a	2.28 d
	標準偏差	.82	.97	.92	1.06	.99	1.06	1.06
言い聞かせ	平均	2.40 c	2.28 d	2.36 c	2.61 b	2.54 b	2.77 a	2.19 d
	標準偏差	.92	1.05	1.10	1.03	1.08	1.13	1.08
話聞き	平均	2.89 c	2.35 d	2.08 d	2.27 d	2.11 d	3.13 b	3.41 a
	標準偏差	1.01	1.01	1.01	1.11	1.02	1.10	.93

***$p<.001$, アルファベット小文字 (aからh) は, 下位検定 ($p<.05$) の結果を表す

わたり .17 から .48 の相関がみられた。いずれも 5% 水準の有意な相関だった。これら 4 項目を 4 年生で分析したところ、「たよりになる」で【危険】以外の 9 場面、「ふまんである」で 4 場面（【内気】【落書き】【おしゃべり】【孤立】）、「思いやりのある」で【危険】以外の 9 場面、「よい」で 4 場面（【内気】【おしゃべり】【反抗】【落ちつきなし】）において、.15 〜 .33 の相関がみられた。これらは 5% 水準の有意な相関だった。両学年とも残りの 2 項目（「こわい」「あまい」）では、3 場面以下でしか有意な相関はみられなかった。そこで、「たよりになる」、「ふまんである」、「思いやりのある」、「よい」の 4 項目を教育的人間関係に影響しうる評価だとみなし、「関係に影響する評価」と位置づけた。4 項目の回答結果を、場面、学年別に因子分析した。6 年生では全場面において、いずれの項目も単一の因子に .39 以上の因子負荷を示した。4 年生では【落ちつきなし】において、項目「ふまんである」の因子負荷が .15 と低かったものの、それ以外の場面では全項目が単一の因子に .31 以上の因子負荷を示した。固有値につ

【孤立児】	【危険を伴うふざけあい】	【授業を妨げる落ちつきない行為】	
4.05 h	8.72 a	6.63 f	F (9,1674) =159.46***
1.46	2.41	2.60	a>bcdefgh, b>defgh, c>efgh, d>fgh, ef>gh, g>h
8.09 a	4.51 g	5.57 c	F (9,1665) =104.42***
2.61	1.75	2.23	a>bcdefg, b>cdefg, c>fg, d>g
2.58 c	2.80 b	2.30 e	F (9,1749) =15.67***
1.12	1.13	1.17	a>cdef, b>ef, c>f
2.65 f	3.11 a	2.64 f	F (9,1722) =8.09***
1.17	1.06	1.22	a>defg, b>fg, cd>g
3.10 a	2.81 b	2.44 d	F (9,1734) =26.42***
1.11	1.17	1.18	a>bcd, b>d
4.03 e	10.33 a	7.46 c	F (9,1541) =266.21***
1.60	2.05	2.89	a>bcde, b>cde, c>de, d>e
8.40 a	4.13 f	5.77 c	F (9,1544) =129.56***
2.72	1.54	2.54	a>bcdef, b>cdef, c>def, d>f
2.54 b	2.40 c	1.91 g	F (9,1580) =28.71***
1.08	1.10	1.02	a>bcdefg, b>efg, c>fg, d>g
2.37 c	2.64 b	2.28 d	F (9,1571) =7.74***
1.13	1.21	1.12	a>cd, b>d
3.05 c	2.21 d	2.06 d	F (9,1577) =58.63***
1.09	1.13	1.00	a>cd, bc>d

いては，すべての因子分析の結果で，第1固有値のみが1.0以上を示した。そこで，場面，学年を問わず「関係に影響する評価」は単一因子からなるものと判断し，4項目の得点は加算された。場面ごとに算出されたα係数は，4年生で.51～.65，6年生で.62～.73であった。

▶児童の回答をもとにした問題場面の教師行動の実現性　場面，学年別に統制尺度，受容尺度，関与項目群の平均値を算出した（Table 18）。各得点に場面差があるかを検討するために，学年別に一要因分散分析を行った。その結果，両学年の全行動指標で有意差がみられた。F値および下位検定の結果はTable 18に示した。

各行動指標の平均値をもとに，各場面の行動の実現性を規定した。この調査では，児童に対して，「しない」－1点，「たぶんしない」－2点，「たぶんする」－3点，「する」－4点で教師行動の想起を求めた。そこで関与項目群の場合，2点以下ならば低実現性教師行動，3点以上ならば高実現性教師行動，その間の得点なら中実現性教師行動と規定した。統制，受容の実現性については，各尺度ともに三つの行動項目を含むことをふまえ，平均値6点以下で低実現性教師行動，9点以上で高実現性教師行動，その間の得点なら中実現性教師行動と位置づけた。

加えて，別なかたちから教師行動の実現性を把握することにした。まず各場

Table 19　問題場面間の非類似性得点マトリックス

	【内気・引っ込み思案】	【授業中の落書き】	【おしゃべり】	【教師への直接的反抗】	【怠慢な清掃活動】	【けんか】
【内気】		6.52	7.62	7.55	7.99	8.57
【落書き】	7.77		1.50	1.03	1.57	5.94
【おしゃべり】	9.84	2.55		0.72	1.61	6.17
【反抗】	9.40	3.53	2.65		0.89	5.45
【怠慢清掃】	9.37	3.97	2.16	1.33		4.89
【けんか】	10.54	9.54	9.17	6.56	7.01	
【依存】	4.77	10.08	12.63	12.54	12.98	13.88
【孤立】	3.38	10.80	12.87	12.61	12.58	13.00
【危険】	11.07	5.84	4.64	2.31	2.48	6.43
【落ちつきなし】	8.13	2.54	2.86	5.51	5.02	12.03
中立場面	4.38	5.08	7.15	6.11	6.26	9.99

注：場面列の空欄を挟んだ上段が4年生，下段が6年生のデータをもとに算出されたもの。

面での行動指標の得点が，どの程度相互に近似しているかを計算し，非類似性得点マトリックスを作成した（Table 19）。

場面間の非類似性得点は，尺度得点（統制尺度，受容尺度）と項目得点（関与項目群）の可動得点範囲の比（3：1）を考慮して，次のように算出された。次の数式は，場面【内気】と【落書き】との非類似性得点の算出例である。

【内気】と【落書き】との非類似性得点＝
　　｜（【内気】の統制尺度得点）−（【落書き】の統制尺度得点）｜
　＋｜（【内気】の受容尺度得点）−（【落書き】の受容尺度得点）｜
　＋3×　｛｜（【内気】の項目1得点）−（【落書き】の項目1得点）｜
　　　　＋｜（【内気】の項目6得点）−（【落書き】の項目6得点）｜
　　　　＋｜（【内気】の項目10得点）−（【落書き】の項目10得点）｜｝

非類似性得点マトリックスには，五つの行動指標でいずれも可能得点範囲の中央値を取るように仮定された場面，すなわち理論的にはいかなる行動も中実現性教師行動であるという仮想場面（以下中立場面と記す）と，各場面との非類似度得点も加えた。中立場面との類似性の高さをみることにより，各場面でどの程度，実現する行動が多様であるかを推測できると考えた。このマトリック

【依存児】	【孤立児】	【危険を伴うふざけあい】	【授業を妨げる落ちつきない行為】	中立場面
1.59	2.79	10.78	6.71	5.68
8.11	7.73	5.21	1.97	4.14
9.21	8.83	5.45	1.96	4.77
9.14	8.77	4.72	2.46	4.63
9.59	9.21	3.84	3.34	4.93
9.52	10.13	3.91	7.91	8.61
	2.36	11.81	8.30	6.17
3.41		11.16	7.99	6.56
14.85	14.28		7.18	7.88
10.49	11.16	7.50		4.02
7.67	6.51	7.77	5.50	

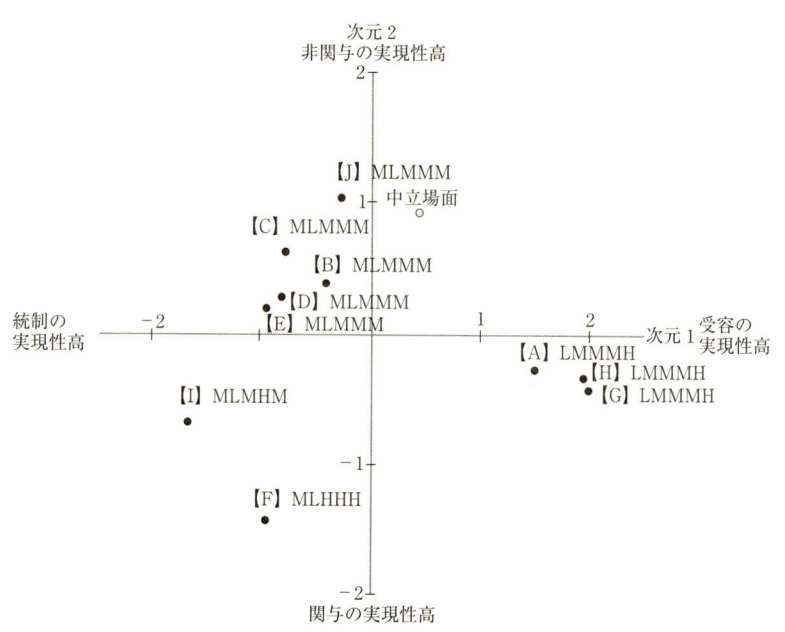

Figure 2　多次元尺度法による各場面における行動の実現性（4年生）
注：場面名の右に併記した記号について―左から，統制尺度，受容尺度，項目1（時間かけ語り），項目6（言い聞かせ），項目10（話聞き）の実現性を示す。Hが高実現性教師行動，Mが中実現性教師行動，Lが低実現性教師行動
【A】〜【J】の記号は，次のように場面と対応している。
【A】＝【内気】，【B】＝【落書き】，【C】＝【おしゃべり】，【D】＝【反抗】，【E】＝【怠慢清掃】，
【F】＝【けんか】，【G】＝【依存】，【H】＝【孤立】，【I】＝【危険】，【J】＝【落ちつきなし】

スをもとに多次元尺度法を行い，視覚的に解釈が容易な2次元上に，10場面及び中立場面を記した（Figure 2，3）。

両学年の結果とも，次元1は「統制あるいは受容の実現性の高さ」，次元2は「言語的関与の実現性の高さ」と解釈可能であった。Figure 2，3には，先の平均値に基づく実現性の情報について記号（H，M，L）で示した。

まず，五つの行動指標の平均値に基づいて規定した実現性（Figure 2，3参照）より，10の問題場面は，受容が低実現性教師行動の場面（【落書き】【おしゃべり】【反抗】【怠慢清掃】【けんか】【危険】【落ちつきなし】），統制が低実現性教師行動の場面（【内気】【依存】【孤立】：ただし，6年生の【内気】では中実現性教師行

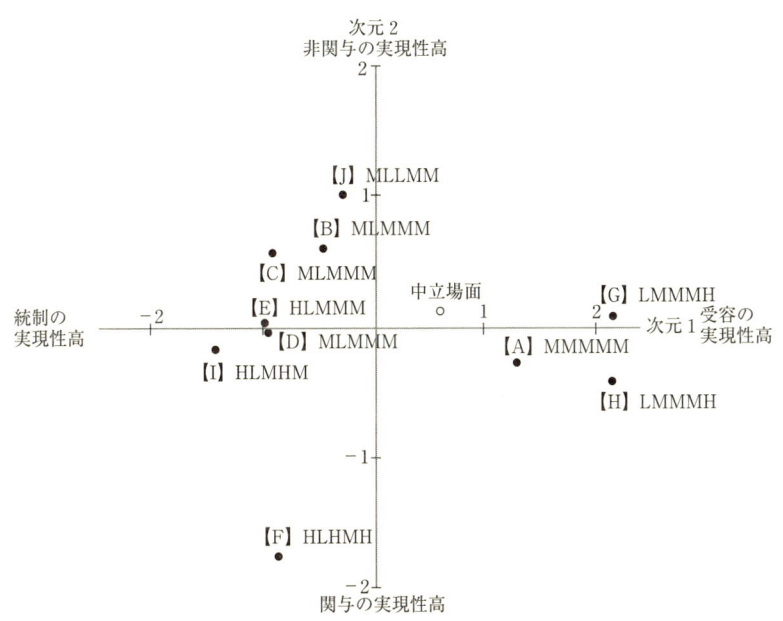

Figure 3　多次元尺度法による各場面における行動の実現性（6年生）
注：場面名の右に併記した記号について一左から，統制尺度，受容尺度，項目1（時間かけ語り），
　　項目6（言い聞かせ），項目10（話聞き）の実現性を示す。Hが高実現性教師行動，Mが中実現
　　性教師行動，Lが低実現性教師行動
【A】～【J】の記号は，次のように場面と対応している。
【A】＝【内気】，【B】＝【落書き】，【C】＝【おしゃべり】，【D】＝【反抗】，【E】＝【怠慢清掃】，
【F】＝【けんか】，【G】＝【依存】，【H】＝【孤立】，【I】＝【危険】，【J】＝【落ちつきなし】

動）の2タイプに大別された。多次元尺度法による二次元平面上の配置でもこの点を示唆した。また，両学年の【依存】【孤立】ならびに4年生の【内気】では，「話聞き」において高実現性教師行動を示した。【けんか】では，6年生の「言い聞かせ」を除き，両学年とも関与項目群で高実現性教師行動を示した。4年生の【危険】では，「言い聞かせ」で高実現性教師行動を示した。6年生の【怠慢清掃】【けんか】【危険】では，統制が高実現性教師行動を示した。6年生の【落ちつきなし】では「時間かけ語り」が低実現性教師行動を示した。その他はすべて中実現性教師行動と位置づけられた。

　また，中立場面との類似性の高さは，4年生の結果では，【落ちつきなし】，

第4章　教師行動に対する児童の見方 | 91

【落書き】,【反抗】,【おしゃべり】,【怠慢清掃】,【内気】,【依存】,【孤立】,【危険】,【けんか】の順であった。6年生では【内気】,【落書き】,【落ちつきなし】,【反抗】,【怠慢清掃】,【孤立】,【おしゃべり】,【依存】,【危険】,【けんか】の順であった (Table 19)。

▶教師行動と児童による評価との関連　場面,学年別に,五つの行動指標と「関係に影響する評価」との偏相関を求めた (Table 20)。統制尺度では,4年生の【落書き】,【おしゃべり】,【怠慢清掃】,【けんか】,【依存】,【孤立】,6年生の【内気】,【落書き】,【依存】,【孤立】において,有意な負の偏相関が示された。受容尺度では,4年生の【依存】,【孤立】,6年生の【落書き】,【依存】,【孤立】,【落ちつきなし】において,有意な正の偏相関が示された。「時間かけ語り」項目では,4年生の【孤立】,6年生の【内気】において,有意な正の偏相関が示された。「言い聞かせ」項目では,4年生の【落書き】,6年生の【孤立】において,有意な正の偏相関が示された。「話聞き」項目では,4年生の【落ちつきなし】,6年生の【内気】,【怠慢清掃】,【依存】において,有意な正の偏相関が示された。

▶統制に対する評価の検討　統制尺度と「関係に影響する評価」との偏相関では,いくつかの場面で無相関に近い結果が示された。つまり,教師の統制が強

Table 20　統制・受容尺度および関与項目群と「関係に影響する評価」との偏相関

	【内気・引っ込み思案】	【授業中の落書き】	【おしゃべり】	【教師への直接的反抗】	【怠慢な清掃活動】
4年生					
統制	-.07	-.27***	-.23**	-.14	-.20*
受容	.04	-.09	.15	.09	.10
時間かけ語り	.10	-.09	.00	.03	.00
言い聞かせ	.03	.20*	.02	.12	.11
話聞き	-.06	.13	.09	.10	.10
6年生					
統制	-.25**	-.17*	-.08	-.10	-.08
受容	.14	.19*	.14	.15	.05
時間かけ語り	.18*	.08	.05	.03	-.08
言い聞かせ	-.01	-.04	.00	-.03	-.02
話聞き	.16*	-.02	.06	.11	.17*

***p<.001, **p<.01, *p<.05

いほど否定的評価が強くなるという関係は，必ずしもあらゆる場面で成立しない可能性が示された。そこでいかなる場面において，教師の統制と児童の否定的評価との関連が強い，あるいは弱いのかを理解するために，さらなる検討を試みた。

まず，場面ごとに得られた，「関係に影響する評価」の平均得点を確認した。この平均値は，教師による統制が，児童たちに単純に否定的評価をされるかを判断する一指標となる。それというのも，仮に統制が単純に否定的に評価されているにすぎないならば，統制の実現性が高い場面ほど，この平均値は低くなると考えられるからである。

「関係に影響する評価」の平均得点について，学年別に分散分析を行ったところ，両学年において有意差がみられた（4年生：$F(9, 1677) = 16.24$, $p<.001$, 6年生：$F(9, 1549) = 19.63$, $p<.001$）（Table 21）。さらにTukey法による下位検定を行った。まず両学年ともに，統制の実現性が低い【孤立】，【依存】，【内気】において，統制が中／高実現性教師行動の場面よりも「関係に影響する評価」の平均値の高い傾向が示された。この結果には，統制が児童たちに単純に否定的に評価されるという説明があてはまる。しかし，統制の実現性がきわめて高いと判断できる4年生の【危険】および6年生の【危険】，【けんか】（Ta-

【けんか】	【依存児】	【孤立児】	【危険を伴う ふざけあい】	【授業を妨げる 落ちつきない行為】
-.16*	-.30***	-.16*	-.02	.01
.09	.22**	.21**	.05	.11
.06	.11	.26***	-.04	.01
.05	-.04	.03	.06	.00
.12	.13	.11	.04	.18*
-.13	-.26***	-.29***	-.03	-.11
.06	.22**	.24**	.11	.18*
-.08	.08	.06	-.04	.07
.01	-.02	.19*	.05	.01
.11	.16*	.12	.07	.05

Table 21　各場面における「関係に影響する評価」の学年別平均・標準偏差

	【内気・引っ込み思案】	【授業中の落書き】	【おしゃべり】	【教師への直接的反抗】	【怠慢な清掃活動】	【けんか】	【依存児】	【孤立児】
4年								
平均	9.98	9.35	9.14	9.02	9.16	9.38	10.15	9.81
標準偏差	1.61	1.75	1.79	1.84	1.84	1.85	1.76	1.81
6年								
平均	9.06	8.72	8.66	8.59	8.74	9.13	9.84	9.72
標準偏差	1.97	1.97	1.99	2.05	2.01	1.95	2.04	1.97

Table 22　「統制の実現性の高い場面の順位」と「統制と評価との負の偏相関の弱い場面の順位」との相関　（Spearman の順位相関係数）

4年生	.15 n.s.
6年生	.82 **

**p<.01

ble 18 参照）では，統制の実現性が相対的に低い場面よりも，「関係に影響する評価」でむしろ高い平均値がみられた。少なくとも平均値の検討からは，教師による統制が単純に否定的評価につながるとは限らないと考えられた。

　統制の実現性が高い【危険】，【けんか】で評価の平均値が高かったため，統制の実現性が高い場面ほど，実際の教師の統制が否定的評価につながりにくいことが考えられた。そこで，Table 20 の統制尺度と評価との間にみられる負の偏相関の強さを，実際の統制が否定的評価につながる程度の強さとみなした。そして，統制の実現性が高い場面ほど Table 20 の負の偏相関が弱くなっているかを確認した。統制の実現性が高い場面順（Table 18 の統制尺度の結果参照）と負の偏相関の弱い場面順について，Spearman の順位相関係数を求めた。その結果，6年生で有意な関連が示された（Table 22）。

考　察

▶児童認知からの問題場面での教師行動の実現性について　本研究では，まず児童認知から問題場面での教師行動の実現性をとらえた。そこで統制尺度，受

【危険を伴う】ふざけあい	【授業を妨げる】落ちつきない行為	分散分析およびTukey法による下位検定（p<.05）の結果
9.46	9.25	$F(9,1677)=$ 【依存】【内気】>【危険】【けんか】【落書き】【落ちつきなし】【怠慢清掃】【おしゃべり】【反抗】
1.89	1.88	16.24*** 【孤立】>【けんか】【落書き】【落ちつきなし】【怠慢清掃】【おしゃべり】【反抗】
		【危険】>【反抗】
9.30	8.79	$F(9,1549)=$ 【依存】>【危険】【けんか】【内気】【落ちつきなし】【怠慢清掃】【落書き】【おしゃべり】【反抗】
1.94	1.83	19.63*** 【孤立】>【けんか】【内気】【落ちつきなし】【怠慢清掃】【落書き】【おしゃべり】【反抗】
		【危険】>【落ちつきなし】【怠慢清掃】【落書き】【おしゃべり】【反抗】
		【けんか】>【おしゃべり】【反抗】
		【内気】>【反抗】

容尺度，関与項目群という行動指標を用いて，10場面の高／中／低実現性教師行動を明らかにした。

　本研究の10場面を，児童認知から導いた教師行動の実現性から分類したところ，大きくは受容が低実現性教師行動の場面と，統制が低実現性教師行動の場面とに分けられた。この結果は，教師からの報告をもとに行動の実現性を検討した［研究①］とも共通している。問題場面での教師行動の実現性が，行動の統制的側面と受容的側面がどの程度の実現性をもっているかによって概ね特徴づけられることが，児童たちによる教師行動の報告からも明らかにしたといえる。

　さて，各場面の実現性について詳細にみてみたい。まず受容が低実現性教師行動とされる場面に注目すると，なかでも【けんか】で特徴的な結果がみられた。この場面は，統制の実現性が高いと想起されたが，それに加え，時間をかけた語りや児童の話を聞くことといった関与の実現性が高いと児童たちに想起された。児童間の関係の問題に対してじっくりと関わり，叱責などをする教師たちの姿が浮かび上がる。【危険】では，Table 18に示されるように，他の場面に比べてきわめて統制の実現性が高いと想起されたのが特徴的である。受容が低実現性教師行動の場面でも，【落書き】，【落ちつきなし】は，中立場面，つまり理論的にはいかなる行動も中実現性教師行動である仮想場面との類似性が高かった。つまり【落書き】，【落ちつきなし】での教師行動は，各々の児童

たちにさまざまに想起されていることになる。【おしゃべり】,【反抗】,【怠慢清掃】では,【落書き】,【落ちつきなし】ほどではないが,【けんか】,【危険】に比べると,行動が多様に想起されていることがわかる。

統制が低実現性教師行動の場面として,【依存】,【孤立】が該当する。この両場面では,話を聞くことの高い実現性が,児童たちに想起された。【依存】,【孤立】と同様な傾向は,授業で指名された児童が黙り込む【内気】においても,4年生の結果から示されている。ただし6年生では,【内気】は,【依存】ならびに【孤立】ほど,統制の実現性が低く想起されず,加えて中立場面との類似性が10場面のなかで最も高い。

各場面のこうした結果は,概ね［研究①］と類似している。もっとも,【依存】などの結果では,本研究の結果に比べると,［研究①］の結果において統制の実現性の高さもみられるなど,細部では若干の異なりも指摘できる。教師行動の実現性を検討する場合,誰の視点から実現性を理解するかということについて,留意する必要があることを示唆している。

▶教師の統制に対する評価について　問題場面での教師行動と,教師―児童関係に影響しうる教師行動への児童の評価との関連を検討した結果,概して教師の統制に対しては否定的評価を,受容に対しては肯定的評価を,言葉を介した関わりに対しては肯定的評価を示した。しかし,これらの傾向が全場面で顕著にみられたわけではなかった。

特に,本研究で注目した統制的意図を反映した行動についても,否定的評価に結びつきにくい場面が示された。特に6年生では,統制の実現性が高い場面ほど,実際に受ける統制に対して,否定的評価のされにくいことが示された。つまり6年生の結果に限り,調査前の予測を明確に支持する結果となった。6年生のみにこうした結果がみられた理由は,次のように考えられる。

高学年になるにしたがい,指導を受けた経験の豊富さや,教師自体を絶対視する傾向の弱まる結果,児童たちが状況に即した規範意識に基づいて教師行動を評価しているといえる。とりわけ,統制の実現性が高い場面下では,対象となる児童は厳しい統制を確実に受けていることだろう。場面に直接関わらない

児童たちも，そうした統制を傍観しうる。よってほとんどの6年生児童の規範意識は強化されており，今回のような結果を示したといえる。では6年生は4年生に比べて，教師の統制に満足しているのだろうか。この点を考えるうえでTable 21 を参照してみる限り，そうとはいいがたい。6年生の教師行動への評価得点が4年生に比べて概して低いからである。6年生は，統制の実現性が高い場面での教師の統制に「満足」というより，いわば「納得」しているものと考えられる。

4.2 ［研究⑥］教師の統制表出への評価に影響する児童の内的要因

　問題場面での教師行動のなかでも，統制的意図を反映した行動の影響力について理解していくことは重要なことである。その理由については［研究⑤］でも記したが，教師による統制的行動は，問題場面で実践することの必要に迫られやすい一方で，児童，生徒に対して否定的な認知や感情をもたらしやすいからである。

　ただし［研究⑤］の小学校4年生と6年生の調査結果では，特に6年生で，教師の統制の実現性が高いと考えられる場面下で，実際統制を受ける場合，児童たちは必ずしも否定的な評価をしないことを示した。このことから，教師の統制に対する反応は，必ずしもあらゆる場面で否定的に評価されるわけでなく，場面での児童の心理的状態によって左右されるといえる。ここで，児童のなんらかの内的要因が，統制に対する評価のあり方に影響を及ぼすと仮定しよう。もしもそうであるならば，ある場面での統制を，個々の児童がどの程度の否定的な評価を下すかについては，各々の児童の心理的な状態によって個人差が現れることが考えられる。

　では，どういった心理的状態の児童ほど，統制に対して否定的評価を示しにくくなるのだろうか。この点を明らかにするために，本研究では，問題場面での教師の統制に対する評価に影響すると考えられる，四つの内的要因に焦点を合わせて検討していくことにする。

　まず一つ目は，「教師の統制表出についてのスキーマ」である。児童は学校

生活において，数年にわたりさまざまな教師との相互作用を経験している。「叱られる」「注意される」という経験についても，当事者として，あるいは傍観者として幾度も遭遇していると考えられる。そのため，児童はこうした経験を重ねるなかで，どういった自らの振る舞いが，教師にどのように反応されるかについてある程度の認識を有していくと推察できる。もしも教師の統制の予測をもたらすスキーマが，過去の学級での経験を通じて児童に内面化されているならば，教師の統制に対する評価は，このスキーマを評価基準にして行っていることが推測できるだろう。例えば Nucci (1984) は，児童が問題の領域に相応しい教師の対処を，相応しくない対処よりも高く評価することを示している。児童がある教師の対処について，問題の領域に相応しいか否かと判断するためには，該当する問題領域の教師の対処についてのスキーマがあらかじめ内面化されていなければならない。そして，教師からの統制をスキーマとして内面化している児童ほど，統制に対する評価は否定的にならないことが予測される。

二つ目は，問題場面での「規範についての信念」である。「教師の統制表出についてのスキーマ」と同様に，教師との相互作用や，学級活動内での児童間の相互作用を通じて，児童は自分自身がどのように振る舞うべきかについての基準を内面化していくと考えられるだろう。もしもある場面で教師から統制を受けたとしても，あらかじめ「ここでは〜してはいけない」という信念を内面化している児童は，教師の統制に対して理解を示しやすく，結果として統制的行動に対して否定的な評価をしないことが推測できる。

三つ目は，「教師への受容表出要求」である。［研究①］や［研究⑤］からわかるとおり，問題場面での教師の穏やかな振る舞い，やさしい振る舞いに代表される受容的行動は，統制的行動と相反する振る舞いとしても位置づけられる。そのため，ある場面で教師に対して，穏やかに接したり，やさしくしてもらったりなどを強く望む児童ほど，相反する行動である統制を受けたときに，否定的評価を下しやすいことが予想される。

四つ目は，「問題場面との関わりの強さ」である。自分が問題場面にどの程度直接に関与しうるかという認識である。問題場面との関わりの強さを認識し

ている児童ほど，統制が自らにふりかかる可能性を感じ，それを避けたいと感じるものと考えられる。それゆえ，統制的行動に対する評価は否定的になることが予想される。

　ところで，上述の四つの要因には，要因間の影響がみられると考えられる。そこで，これらがどういった影響を及ぼし合っているかをふまえたモデルについて仮定してみたい。

　「教師の統制表出についてのスキーマ」は，「規範についての信念」，「教師への受容表出要求」の両者に影響を与えていると考えることができる。「教師の統制表出についてのスキーマ」は，現実に教師の統制的行動が実施された場合に内面化されたものとみなすことができる。いっぽう，「規範についての信念」は，学級活動として自らがどういった行動をするべきか否かについての信念である。こうした信念は，自然発生的に形成されるのではなく，教師が現実に教育活動として行ってきた統制的行動を内面化し，それを手がかりに形成されていると考えられる。そのため，まず「教師の統制表出についてのスキーマ」が内面化され，これが「規範についての信念」の形成に影響していると考えられるのである。

　また，ある場面下での教師の受容表出が現実的だと判断している児童ほど，教師に対して受容を要求することに正当性を感じていると考えられる。そうした児童ほど，その場面での「教師への受容表出要求」は高いだろうと推察される。ここで，「教師の統制表出についてのスキーマ」について注目すると，この要因は先述のとおり，現実場面での教師の統制的行動を内面化したものと位置づけられる。[研究①] や [研究⑤] の結果をふまえるならば，教師の統制的行動は，受容的行動と相反するタイプの行動とみなすことができる。すると，ある場面における「教師の統制表出についてのスキーマ」が強く形成されている児童は，その場面での教師の受容表出を非現実的な行動だと判断していると考えることができる。そのため，「教師への受容表出要求」は不当な要求だと感じ，結果として受容表出要求は抑えられることが考えられる。すなわち，「教師の統制表出についてのスキーマ」は，「教師への受容表出要求」を抑制する

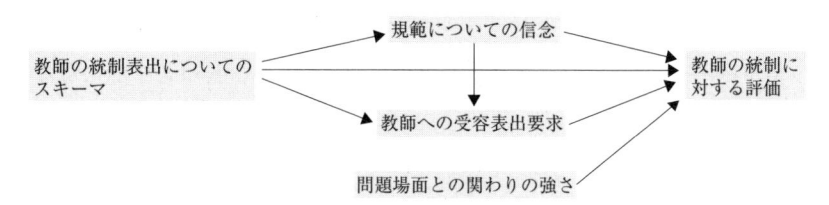

Figure 4 教師の統制に対する評価に影響する要因の関連についての仮説モデル

ように影響すると考えられるのである。

「規範についての信念」も,「教師への受容表出要求」に影響を与えていると考えられる。もしある児童が,ある場面において,規範についての強い信念をもっており,その規範に背くようなことを自らもしくは他の児童が行うとする。この場合,教師から受容表出を要求することは不当だと認識し,結果として受容表出の要求を抑制することだろう。つまり,「規範についての信念」は,「教師への受容表出要求」を抑制する要因として作用するものと仮定できる。

以上のことをふまえたうえで,ここで Figure 4 のモデルを提出したい。「教師の統制表出についてのスキーマ」が,「規範についての信念」および「教師への受容表出要求」に影響し,「規範についての信念」が,「教師への受容表出要求」に影響している。そして,四つの内的要因は,それぞれ直接的に「教師の統制に対する評価」に影響しているといったモデルとなっている。

本研究では,統制への評価に影響する四つの内的要因を取り上げる。そして,教師の統制に対する各児童の評価に個人差がみられるのは,場面で生じるいかなる内的要因がどういったかたちで影響しているためかについて,パス解析を通じて検討していくことを目的とする。

また［研究⑤］において,小学4年生と6年生とでは,統制への評価のあり方について,若干の違いが示された。そこで,これらの内的要因と統制への評価との関連の仕方は,小学校の4年生と6年生によって異なるかについても検討することにしたい。

方　法

▶被調査者　愛知県内の公立小学校児童 215 名（4 年生 4 学級 94 名,6 年生 4 学

Table 23 「教師の統制表出についてのスキーマ」「規範についての信念」「教師への受容表出要求」「問題場面との関わりの強さ」「統制表出に対する評価」の質問項目

「教師の統制表出についてのスキーマ」(4項目,【内気・引っ込み思案】 α =.65,【授業中の落書き】 α =.77,【おしゃべり】 α =.62,【授業を妨げる落ちつきない行為】 α =.74)
　　ふつうの先生なら,ここではちゅういするだろう。
　　ふつうの先生なら,ここでは大声でどなるだろう。
　　ふつうの先生なら,ここではしかるだろう。
　　ふつうの先生なら,ここではおせっきょうするだろう。

「規範についての信念」(3項目)
　【内気・引っ込み思案】(α =.69)
　　ゆきえのように,じっとだまっていてはいけない。
　　ゆきえは,きちんとなにかをこたえるべきだ。
　　たとえ何も言えなくても,ゆきえはそれほどわるくない。(R)
　【授業中の落書き】(α =.56)
　　たかおのように,らくがきをしていてはいけない。
　　たかおは,きちんと算数のプリントをするべきだ。
　　らくがきしてたとしても,たかおはそれほどわるくない。(R)
　【おしゃべり】(α =.72)
　　きみえたちのように,おしゃべりをしていてはいけない。
　　きみえたちは,きちんとしずかにするべきだ。
　　おしゃべりをしたとしても,きみえはそれほどわるくない。(R)
　【授業を妨げる落ちつきない行為】(α =.67)
　　しげゆきのように,おちつきのないことをしてはいけない
　　しげゆきは,きちんとすわるようにしているべきだ
　　いすからころげおちたけど,しげゆきはそれほどわるくない。(R)

「教師への受容表出要求」(3項目,内気・引っ込み思案】α =.62,【授業中の落書き】 α =.70,【おしゃべり】 α =.74,【授業を妨げる落ちつきない行為】 α =.75)
　　先生は,やさしくするべきだと思う。
　　先生は,おだやかにせっするべきだと思う。
　　先生は,にっこりほほえむべきだと思う。

「問題場面との関わりの強さ」(3項目)
　【内気・引っ込み思案】(α =.68)
　　あなたは,じぶんがゆきえとそっくりだと思う。
　　あなたも,じゅぎょう中であてられて何も言えないときがある。
　　あなたなら,あてられたら何かこたえるようにしている。(R)
　【授業中の落書き】(α =.74)
　　あなたは,じぶんがたかおとそっくりだと思う。
　　あなたも,じゅぎょう中にらくがきしたいときがある。
　　あなたは,じゅぎょう中にらくがきしたいとは思わない。(R)
　【おしゃべり】(α =.46)
　　あなたは,じぶんがきみえとそっくりだと思う。
　　あなたも,じゅぎょう中におしゃべりしたいときがある。
　　あなたは,じゅぎょう中におしゃべりしたいとは思わない。(R)
　【授業を妨げる落ちつきない行為】(α =.59)
　　あなたは,じぶんがしげゆきとそっくりだと思う。
　　あなたも,しげゆきのようにじゅぎょう中に目立つことがある。
　　あなたは,しげゆきのようになることはない。(R)

「統制に対する評価」(4項目,【内気・引っ込み思案】α =.66,【授業中の落書き】 α =.78,【おしゃべり】 α =.77,【授業を妨げる落ちつきない行為】 α =.84)
　　ここで先生がしかるのは,おもいやりがない。
　　ここで先生がおせっきょうするのは,おもいやりがない。
　　ここで先生がちゅういするのは,おもいやりがない。
　　ここで先生が大声でどなるのは,おもいやりがない。

注：(R)のついた項目は,反転項目。

級 121 名）。

▶質問紙　問題場面の描写は，［研究⑤］で用いた 10 場面のなかから，被調査者への負担の軽減を考慮に入れ，【内気】，【落書き】，【おしゃべり】，【落ちつきなし】の 4 場面に限定して用いた（Table 16, Figure 1 参照）。4 場面の選定は，［研究①］［研究⑤］の結果をふまえ，統制の実現性の程度が少しずつ異なる場面になることを念頭に行った。【おしゃべり】が最も統制の実現性が高く，【内気】が最も統制の実現性が低く，【落ちつきなし】および【落書き】が，統制の実現性という点において，先の 2 場面の中間に位置する場面という位置づけで取り上げた。

　場面ごとに，統制表出に対する評価のあり方に影響する四つの内的要因（「教師の統制表出についてのスキーマ」「規範についての信念」「教師への受容表出要求」「問題場面との関わりの強さ」）についての質問項目を作成した（Table 23）。質問項目の文に関しては，登場人物の名前などは，各場面のストーリーに応じてつじつまを合わせたが，意味内容は等質となるようにした。全項目とも，5 件法（そう思う，ややそう思う，どちらともいえない，あまり思わない，そう思わない，順に 5 ～ 1 点）で回答を求めた。

　また，場面ごとに，教師の「統制に対する評価」についての質問項目を作成した（Table 23）。統制に対する評価の質問項目は，統制をする教師のことを，どの程度「思いやりがない」と感じるかについてたずねる形式とした。「思いやり」を評価として取り上げた理由は，［研究⑤］の検討において，教師行動に対してどの程度「思いやり」があるかという評価項目が，教師―児童関係に結びついていることを明らかにしたのを受けたものであった。また，「思いやりが'ない'」という記述にしている点だが，教師による統制は，［研究⑤］からもわかるとおり，否定的評価を受けやすいのがふつうである。そのため，「思いやりが'ある'」という形式で項目を提示するよりも，「思いやりが'ない'」と提示するほうが，現実的な表現であると考えたのである。また同時に，回答結果の床効果を避けることができると考えた。なお，回答は 5 件法（そう思う，ややそう思う，どちらともいえない，あまり思わない，そう思わない，順に 5 ～ 1 点）

Table 24 「統制に対する評価」と四つの内的要因との相関

	【内気・引っ込み思案】	【授業中の落書き】	【おしゃべり】	【授業を妨げる落ちつきない行為】
4年				
教師の統制表出についてのスキーマ	.34**	.38**	.19	.18
規範についての信念	.19	.19	.28**	.24*
教師への受容表出要求	-.48***	-.47**	-.27*	-.59**
問題場面との関わりの強さ	-.05	-.20	.03	-.09
6年				
教師の統制表出についてのスキーマ	.18	.21*	.08	.14
規範についての信念	.23*	.47**	.37**	.49**
教師への受容表出要求	-.48***	-.44**	-.05	-.51**
問題場面との関わりの強さ	.04	-.10	.26	-.17

***p<.001　**p<.01　*p<.05

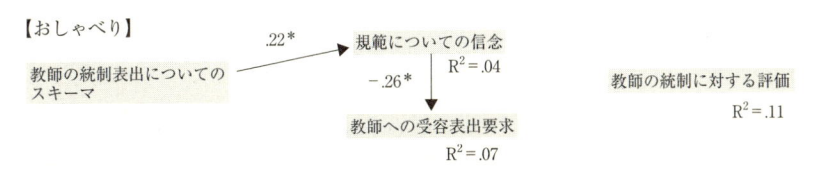

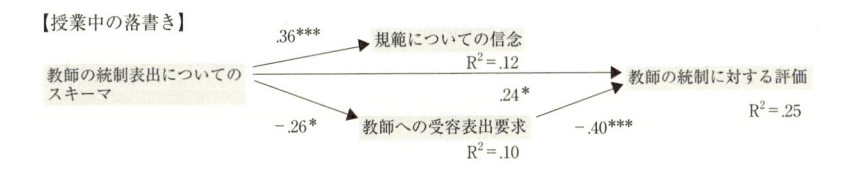

【おしゃべり】

教師の統制表出についてのスキーマ → .22* → 規範についての信念 $R^2=.04$
　　　　　　　　　　　　　　　　 → -.26* → 教師への受容表出要求 $R^2=.07$
教師の統制に対する評価 $R^2=.11$

【授業中の落書き】

教師の統制表出についてのスキーマ → .36*** → 規範についての信念 $R^2=.12$
　　　　　　　　　　　　　　　　 → -.26* → 教師への受容表出要求 $R^2=.10$
規範についての信念 → .24* → 教師への受容表出要求
教師への受容表出要求 → -.40*** → 教師の統制に対する評価 $R^2=.25$

【授業を妨げる落ちつきない行為】

教師の統制表出についてのスキーマ → .38*** → 規範についての信念 $R^2=.13$
規範についての信念 → -.35*** → 教師への受容表出要求 $R^2=.18$
教師への受容表出要求 → -.54*** → 教師の統制に対する評価 $R^2=.28$

【内気・引っ込み思案】

教師の統制表出についてのスキーマ → .30*** → 規範についての信念 $R^2=.08$
　　　　　　　　　　　　　　　　 → -.40*** → 教師への受容表出要求 $R^2=.15$
教師への受容表出要求 → -.43*** → 教師の統制に対する評価 $R^2=.26$

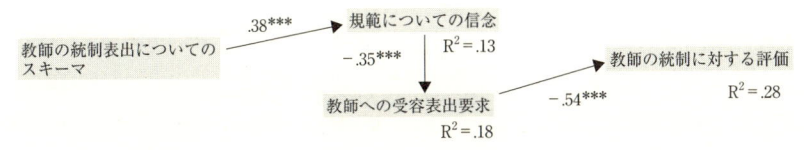

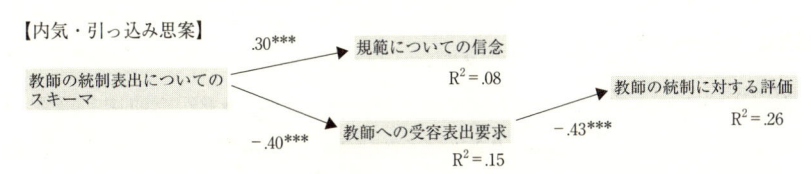

Figure 5　統制表出への評価に影響する要因についてのパス解析の結果（4年生）
　　　　　（R^2 = 自由度調整済み決定係数）

で求めた。

結　果

▶四つの内的要因と「統制に対する評価」との相関　四つの内的要因と,「統制に対する評価」との関連をみるために,両者の相関を場面および学年別に算出した（Table 24）。「教師の統制表出についてのスキーマ」は,4年生において2場面,6年生において1場面で弱い相関が示された。「規範についての信念」では,4年生では2場面における弱い相関しかみられなかったが,6年生では全場面で相関がみられた。「教師への受容表出要求」は,6年生の1場面を除

【おしゃべり】

教師の統制表出についてのスキーマ →.29*→ 規範についての信念 $R^2=.08$ →.18*→ 教師の統制に対する評価 $R^2=.31$

−.39*** ↓

教師への受容表出要求 $R^2=.16$ →−.48***→

【授業中の落書き】

教師の統制表出についてのスキーマ →.27*→ 規範についての信念 $R^2=.06$ →.35***→ 教師の統制に対する評価 $R^2=.29$

−.32*** ↓

教師への受容表出要求 $R^2=.13$ →−.30***→

【授業を妨げる落ちつきない行為】

教師の統制表出についてのスキーマ →.32***→ 規範についての信念 $R^2=.09$ →.36***→ 教師の統制に対する評価 $R^2=.35$

−.35*** ↓

教師への受容表出要求 $R^2=.12$ →−.38***→

【内気・引っ込み思案】

規範についての信念

教師の統制表出についてのスキーマ →−.21*→ 教師への受容表出要求 $R^2=.07$ →−.45***→ 教師の統制に対する評価 $R^2=.24$

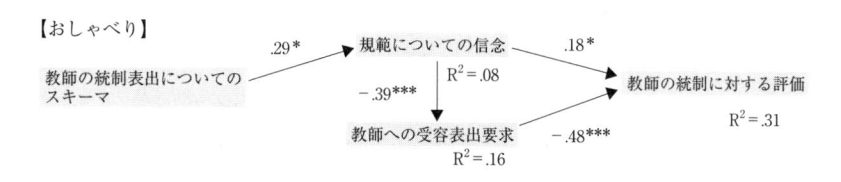

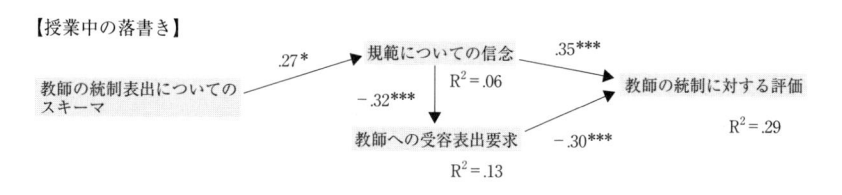

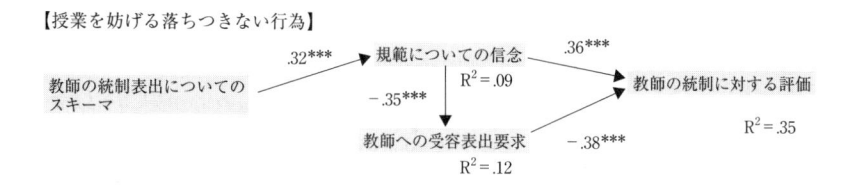

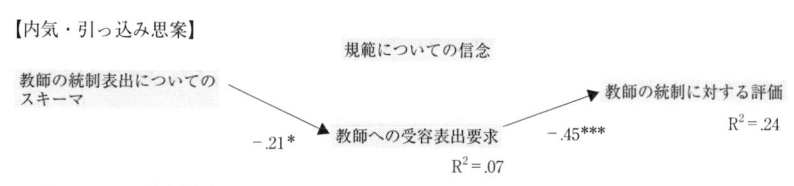

Figure 6　統制表出への評価に影響する要因についてのパス解析の結果（6年生）
　　　　　（R^2＝自由度調整済み決定係数）

き，両学年ともほぼ全場面を通じて中程度の相関が示された。「問題場面との関わりの強さ」は，両学年とも有意な相関がみられなかった。

▶「統制に対する評価」を説明するパスモデル 「問題場面との関わりの強さ」が直接的に影響していないということから，Figure 4のモデルからこの要因だけを除いたパスモデルに基づいて，三つの内的要因がどのように「統制表出に対する評価」に影響しているかについて，各学年，場面別に検討した（Figure 5, 6）。

　各パスの成立状況についてみたところ，まず「教師の統制表出についてのスキーマ」→「規範についての信念」は，4年生では4場面すべて，6年生では【おしゃべり】，【落書き】，【落ちつきなし】の3場面で有意なパスがみられた。「教師の統制表出についてのスキーマ」→「教師への受容表出要求」は，4年生では【落書き】，【内気】の2場面，6年生では【内気】の1場面で有意なパスがみられた。「教師の統制表出についてのスキーマ」→「統制に対する評価」は，4年生における【落書き】のみで有意なパスがみられた。「規範についての信念」→「教師への受容表出要求」は，4年生では【おしゃべり】【落ちつきなし】の2場面，6年生では【おしゃべり】【落書き】【落ちつきなし】の3場面で有意なパスがみられた。「規範についての信念」→「統制に対する評価」は，4年生では有意なパスはみられず，6年生では【おしゃべり】【落書き】【落ちつきなし】の3場面で有意なパスがみられた。「教師への受容表出要求」→「統制に対する評価」は，4年生では【落書き】【落ちつきなし】【内気】の3場面，6年生ではすべての場面で有意なパスがみられた。

考　察

　本研究では，問題場面で生じる児童の内的要因が，教師の統制への評価に及ぼす影響について検討を行った。その結果，「教師の統制表出のスキーマ」，「規範についての信念」，「教師への受容表出要求」という要因が，統制への評価に対して，概ね影響を及ぼしていることが確認された。しかしながら，場面や学年によって，その影響力は異なることが示された。また，各変数が教師の統制への評価に及ぼす影響力が，直接的であるか間接的であるかという点において

異なると考えられた。以下ではこうした点をふまえながら考察を行いたい。

「教師への受容表出要求」が「統制に対する評価」へ及ぼす影響については、パス解析の結果、4年生の【おしゃべり】を除く、4、6学年の全場面で示された。中、高学年を問わず、特定の場面での教師に対して、受容的に振る舞うべきだと思っている児童は、教師の統制に対して「思いやりがない」と評価するといえる。ところで［研究①］より、教師による受容表出は、統制表出と相反する行動タイプであるとも位置づけられる。こうした見方をすれば、統制表出や受容表出という側面に限らず、児童自身が要求している教師行動と、実際に行われる教師行動との間の不一致の大きさというものが、教師行動に対する児童の評価に影響していることが考えられる。

「規範についての信念」が「統制に対する評価」へ及ぼす影響については、6年生では4場面中【内気】以外の3場面で直接的な影響が示された。つまり、統制の対象となっている児童側の行為を、「～するべきでない」行為としてあらかじめ強く内面化している6年生児童は、そうでない同学年児に比べ、教師の統制的な振る舞いに正当性を見いだし、納得しやすいのだろう。しかし4年生においては、「規範についての信念」が、「統制に対する評価」に対して直接的影響を示す有意なパスは示されなかった。［研究⑤］では、4年生と6年生の調査において、特に6年生で、統制の実現性が高い場面ほど、否定的評価のされにくいことが示された。統制の実現性が高い場面下では、高学年児童である6年生の規範意識は強化されていたためだと考えられた。［研究⑤］と今回の結果をふまえるならば、「規範についての信念」は、高学年になるにつれて、教師の統制を否定的に評価することを抑制する重要な内的要因になっていくものと考えられる。

「教師による統制表出についてのスキーマ」については、4年生の【落書き】を除き、「統制に対する評価」への直接的な影響力があることは示されず、「統制に対する評価」に影響する直接的な要因であるとはいいがたい。ただし4年生では、【内気】、【落書き】において、「教師による統制表出についてのスキーマ」→「教師への受容表出要求」→「統制に対する評価」というパスが示され

た。6年生では,【内気】において,「教師による統制表出についてのスキーマ」→「教師への受容表出要求」→「統制に対する評価」というパスが示され,また【落書き】【おしゃべり】【落ちつきなし】において,「教師による統制表出についてのスキーマ」→「規範についての信念」→「統制に対する評価」というパスが示された。「教師による統制表出についてのスキーマ」は,統制への評価に対して間接的な影響を及ぼしているものと考えることができるだろう。

　本研究で示された結果に基づくならば,児童との良好な関係をはかりながら問題場面での実践を行うために留意すべきこととして,次の二点が重要であるといえる。一つは,教師行動についての児童からの要求について,可能な限り留意することである。もう一つは,教師が統制をすることの正当な理由がわかるように児童の規範意識を促進することである。しかし,両者の知見は,すぐに教師が実践の場で活用できるような方略を示すものではない。上記の二点を果たすために,現実場面で教師が具体的にどういった対処が可能かについて,言葉かけといった具体的な方略をふまえながら理解を深めていく必要がある。

4.3　［研究⑦］問題場面で児童が求める教師の言葉かけ

問題と目的

　問題場面での教師行動を児童がどのようにとらえるかによって,その後の教師と児童との関係,さらには教育活動全般にまで影響することが指摘されている (e.g. 柳井・浜名, 1979；Gordon, 1974)。こうした指摘を受け,［研究⑤］では,問題場面の教師行動について,「しかる」「おだやかにせっする」「先生の考えを言い聞かせる」といった行動記述で取り上げ,児童たちの評価との関連について検討した。その結果,児童たちは,教師の統制に対しては概して否定的評価,受容に対しては肯定的評価を示す傾向のあることを明らかにした。

　しかしながら,「しかる」「おだやかにせっする」「先生の考えを言い聞かせる」といった質問形式で取り上げた教師行動は抽象性が高く,実践現場での具体的な介入方法を想起しにくい。そのため,こうした知見を実践的知識として教師が生かすことは困難である。

ところで，［研究②］，［研究④］でも取り上げたが，教師が児童へ関わる際に用いる具体的な行動として，「言葉かけ」をあげることができる。言葉かけに着目すると，問題場面において，実に多様性に富んだ教師行動のみられることがわかる。例えば統制的行動を反映した言葉かけには，「こら！」といった怒鳴るものや，「～だから…しなさい」といった理由を説明した指示など，明らかに性質の異なると考えられるさまざまなタイプがみられる。これらは性質が異なるゆえに，児童たちの受け止め方も異なってくることが推察できる。この一例に限らず，受容的行動を含む種々の言葉かけにも同様なことがいえるだろう。本研究では，問題場面での教師の言葉かけと，それに対する児童たちのとらえ方との関連について，三つの目的から検討を行うことにしたい。

　まず一つ目は，児童たちが求める教師の言葉かけの一般的傾向についてである。［研究⑥］の結果をふまえ，教師は，児童との良好な関係をはかりながら問題場面に対処していくにあたり，児童たちが要求する教師行動に，可能な限り留意しながら実践することに意義があると考察した。よって，問題場面で教師が実践しうる種々の言葉かけに着目しながら，児童たちがそれらをどの程度求めているかを知ることにより，児童との良い関係をはかった実践のあり方についての具体性の高い知見を得ることが期待できるだろう。そこで本研究では，問題場面において教師が用いうるさまざまなタイプの言葉かけを取り上げ，児童たちはそれらをどの程度求めているかについての検討を行う。

　二つ目は，問題場面の違いによって生じる，児童たちが求める言葉かけの違いについてである。［研究⑤］では，特に高学年児童において，問題場面での統制的行動に対する評価は場面によって異なり，統制の実現性が高い場面ほど，統制的行動を否定的に評価する傾向はみられにくいことを示した。同様に，言葉かけに対する児童たちのとらえ方についても，統制の実現性が高い場面ほど，統制的な言葉かけは，否定的に評価されにくいことが考えられる。本研究では，こうした点をふまえ，問題場面の統制の実現性の違いによって，児童たちの求める言葉かけがどのように異なるかについて検討を行うことにする。

　三つ目は，教師に求める言葉かけが，個々の児童に内面化された要因によっ

て個人差が生じることを明らかにすることである。[研究⑥]では，教師の統制に対する児童一人ひとりの評価のあり方が，個々の児童に内面化された教師への行動の要求や，規範についての信念の強さによって異なることを示した。このことから，教師にいかなる言葉かけを求めるかについても，教師に対する統制の要求や規範についての信念といった内的要因が影響しているものと推察される。加えて，問題場面での教師の言葉かけを直接受ける当事者となりうるかどうかの立場の違いによっても，教師に求める言葉かけは異なってくることが充分に考えられる。例えば授業中に友達とおしゃべりをよくすると自認している児童と，ほとんどおしゃべりをしない児童とを比べれば，前者の児童の方が，おしゃべりに寛容な言葉かけを求める傾向があるだろう。

　以上より，本研究では次の3点を明らかにすることを目的とした検討を行う。一つ目として，問題場面で教師が用いる言葉かけとして，児童たちはいかなるものを一般的に求めているかについて検討する。二つ目として，問題場面の統制的行動の実現性が異なることで，児童たちが求める言葉かけがどのように異なるかについて検討する。三つ目として，問題場面で教師へ要求する行動，その場面での規範意識，さらにはその場面での当事者になるかどうかといった内的要因（以下，「教師への統制表出要求」「規範についての信念」「問題場面の児童との類似性」）のあり方によって，求める言葉かけがどのように異なるかについて検討する。

方　法

▶被調査者　愛知県，三重県内の公立小学校3校の児童322名（4年生82名，5年生149名，6年生91名）。

▶質問紙　[研究⑤]では，高学年の児童においてであるが，場面における統制的行動の実現性の高さによって，児童たちによる教師行動への評価は異なることが示された。そこで，[研究⑤]で作成された問題場面の描写のうち，統制的行動の実現性の高さが異なる【内気】，【落書き】，【怠慢清掃】，【孤立】の4場面を本研究では用いることとした。これら4場面は，統制的行動の実現性の高さが【怠慢清掃】，【落書き】，【内気】，【孤立】の順であり，特に前の2場

Table 25 研究に用いられた言葉かけ項目ならびにそれらの概念的な位置づけ

項目番号	カテゴリー	【内気・引っ込み思案】項目	【授業中の落書き】項目
17	指示（〜しなさい）	「かおをあげなさい。」	「らくがきはあとにしなさい。」
10	指示（〜しなさい）	「こたえなさい。」	「もんだいをやりなさい。」
3	指示（〜してもらえるかな）	「かおをあげてもらえるかな。」	「らくがきはあとにしてもらえるかな。」
1	指示（〜してもらえるかな）	「こたえてもらえるかな。」	「もんだいをやってもらえるかな。」
14	忠告・意見（〜してほしいのだけど）	「かおをあげてほしいのだけど。」	「らくがきはあとにしてほしいのだけど。」
24	忠告・意見（〜してほしいのだけど）	「こたえてほしいのだけど。」	「もんだいをやってほしいのだけど。」
22	忠告・意見（〜は大切なことだよ）	「じぶんの考えを言うのはたいせつなことだよ。」	「もんだいをするのはたいせつなことだよ」
12	忠告・意見（〜すると＋だよ）	「じぶんのいけんをいえば,すっきりするよ。」	「もんだいをやりとげるとすっきりするよ。」
6	忠告・意見（〜していると−だよ）	「なにも言わないと,あなたの考えていることが,だれにもわからないよ。」	「もんだいをやらないとわからなくなるよ。」
15	怒鳴り	「こら！」	「こら！」
9	罰の示唆	「言えないなら,立ってなさい。」	「できなかったら,かえりに,のこってやりなさい。」
7	婉曲的な指示（みんな〜）	「みんなが,まっているよ。」	「みんな,がんばっているよ。」
18	婉曲的な指示（質問をしてうながす）	「考えはまとまったかな？」	「どこまでできたかな？」
11	協力の示唆	「先生といっしょに考えていこう。」	「先生といっしょにもんだいをやろう」
5	譲歩（全面的譲歩 まあいいか）	「こたえてほしいのだけど,まあいいか。」	「プリントやってほしいのだけど,まあいいか。」
19	譲歩（部分的譲歩 〜しなさい）	「あとであてるから,考えておきなさい。」	「できるところだけでいいからやりなさい。」
4	譲歩（部分的譲歩 〜してもらえるかな）	「あとであてるから,考えておいてもらえるかな。」	「できるところだけでいいからやってもらえるかな」
13	簡単な語りかけ・応答	「このしつもんはむずかしいね。」	「このプリント,むずかしいね。」
8	問題点を探る問いかけ	「わからないかな？」	「わからないもんだいがあるのかな？」
21	問題点を探る問いかけ（体調を尋ねる）	「からだのちょうしがわるいのかな？」	「からだのちょうしがわるいのかな？」
16	肯定（現状への積極的な肯定 えらいね）	「いきなりあてられても,おちついているから,えらいね。」	「なかなかじょうずな絵をかくね。」
20	肯定（これまでの経過を否定しない）	「いま,じっくりと考えているのだね。」	「ここはできているね。」
2	冷やかし・呆れ	「いったい,いつまでだまっているの？」	「いったい,今までなにをしてたの？」
23	励まし	「こたえられるように,がんばって。」	「プリント,がんばって。」
25	判断の委ね	「今はなにをしなければいけないかな？」	「今はなにをしなければいけないかな？」

注：項目番号は,質問紙上で提示された順番に相当する。

がレパートリーの豊富さを規定する可能性があると考えられたためだった。

　分析の結果,「力量向上の期待」では,「カテゴリーレパートリー」を基準変数としたときに,【落ちつきなし】,【内気】,【落書き】の3場面で正の標準偏回帰係数が有意に示された。「パーソナルレパートリー」を基準変数としたときには, 全6場面で正の標準偏回帰係数が有意だった。「力量への満足感」では,「カテゴリーレパートリー」を基準変数にしたときに,【落書き】,【おしゃべり】の2場面で負の標準偏回帰係数が有意に示された。「パーソナルレパートリー」を基準変数としたときには,【落書き】,【怠慢清掃】の2場面で負の標準偏回帰係数が有意に示された。「教職経験年数」では,「カテゴリーレパートリー」を基準変数としたとき,【内気】のみで正の標準偏回帰係数が有意に示された。各重回帰分析での重相関係数は, .13〜.33だった。

考　察

　本研究では, 自らの力量を高めることの動機づけを規定すると考えられる変数と, 指導方法のレパートリーの豊富さとの関連についての二つの仮説の検証を行った。

　仮説1は, 問題場面での自らの実践に関する「力量向上の期待」の高い教師ほど, その場面での言葉かけのレパートリーは豊富であるというものであった。重回帰分析の結果,「カテゴリーレパートリー」を基準変数としたとき,【落ちつきなし】,【内気】,【落書き】の3場面のみで仮説1を支持する結果を示した。それに対して,「パーソナルレパートリー」を基準変数に用いたときは, 本研究で扱った全6場面で仮説1を支持する結果を示した。「パーソナルレパートリー」を基準変数とした場合において, 仮説1は明確に支持されたことになる。梶田(1986)は, 教師は自らの経験を拠り所にして指導方法についてのパーソナルな信念を形成していくと指摘している。各教師は, 自らのパーソナルなものの見方をもとにレパートリーを豊富にしているという事実を反映した結果であると解釈することができるだろう。

　次に仮説2は, 問題場面での実践で「力量への満足感」の低い教師ほど, その場面での言葉かけのレパートリーは豊富であるという仮説だった。重回帰分

析の結果,「カテゴリーレパートリー」を基準変数としたとき,【落書き】,【おしゃべり】の2場面,「パーソナルレパートリー」を基準変数としたとき,【落書き】,【怠慢清掃】の2場面で,仮説2にそった結果を示した。しかし,本研究で取り上げた六つの問題場面すべてで一貫して成り立つという結果は得られなかった。

　ここで,仮説2にそった結果を示した場面と,そうでない場面の違いについて考えることにしたい。もしもある場面での指導方法のレパートリーを,教師が実践活動を通じて習得するためには,該当する場面における実践に対して,積極的な関与をしていることが必要になるだろう。この点をふまえて,［研究①］の Table 4 における,問題場面での教師の関わりの傾向についてみてみたい。「強い関わりを持って接する」教師が,そうしない教師よりも有意に多い場面として,【落書き】,【おしゃべり】,【怠慢清掃】があげられている。いっぽう,【内気】,【依存】,【落ちつきなし】では,人数のうえでは「強い関わりを持って接する」教師がそうでない教師を上回るものの,統計的には有意性は示されていない。児童への積極的な関わりをもちやすい場面では,満足感が低いと,心理的な関わりも強いことから,実践的知識を習得して,結果としてレパートリーを増やすことにつながると考えることができるかもしれない。しかし,児童に対して関わりをもとうとする傾向自体が低い場面では,満足感が低くても,実践として積極的な関わりを児童とはもたないため,レパートリーを増やすことにつながりにくいのかもしれない。こうした解釈が本当に成り立つならば,本研究の結果は充分に理解することができる。もっとも,こうした解釈が本当に成り立つかどうかについて明らかにするためには,他の場面を用いて,あらためて実証的検討を行う必要があるだろう。

5.2　［研究⑨］言葉かけのレパートリーを豊富にするワークシートの効果

問題と目的

　教育者を対象とした児童,生徒との円滑なコミュニケーション・スキルの育成を,教員養成教育の段階から行う必要のあることが,近年国内でいわれてき

た。例えば教育職員養成審議会の第1次答申（平成9年7月）では，教員養成教育のカリキュラムの改善として，教育相談（カウンセリング）に係る内容の充実をあげている。これをふまえながら第3次答申（平成11年12月）では，教員志望の学生に必要な知識，技術，資質能力をふまえた授業，課題探求能力を身につけることができる授業を実施する必要があると結論づけている。

　ところで，児童，生徒とのコミュニケーション・スキルを育む教員養成教育および，教師教育を行うにあたっては，次の二点に留意する意義はある。一点目は，コミュニケーションのレパートリーを豊富にする支援である。教師が指導方法のレパートリーを豊富にすることの重要性は，従来指摘されてきたことである（e.g. 梶田，1986；竹下，1990）。とりわけその実践上の意義を，心理療法のシステムズアプローチの一領域であるブリーフセラピーの考え方のなかに見いだすことができることは，第1章で述べたとおりである。

　二点目は事例検討の実施である（e.g. Shulman, 1992）。これまで，特に教員養成教育における事例検討の代表的な方法としては，マイクロティーチングが知られている（e.g. 近藤，1980；佐伯，1980）。これは一人ひとりの受講者が，模擬授業を計画，実践し，同時に他の受講者の実践を評価することで，教科教育の方法を学ぶというものである。このような事例検討は，教育活動での拠り所となる実践的知識を学ぶ方法として機能してきた。ただしここで一つ注意すべきは，児童との間で繰り広げられる教育上のコミュニケーションの機会は，事前の計画に基づいて行われる教科教育の機会にとどまらない点である。本書で取り上げてきた問題場面のように，児童の種々の活動に対して，臨機応変な対応が求められがちな教科教育以外での事例も含まれる。そのため，児童，生徒とのコミュニケーションのスキルを高めるためには，実践計画に基づく実践を重視した教科教育の事例検討とは別の方法で，しかも臨機応変さの必要性から，教科教育にも増して実践的知識を豊富に習得していく方法が求められるのである。

　以上より，本書で取り上げてきた問題場面を対象に，児童，生徒へのコミュニケーションのレパートリーを，教員志望学生が豊富にしていくことを支援す

る独自の教育方法を考える意義は大きい。そこで本研究では，問題場面での児童，生徒へのコミュニケーションを，教員志望学生が習得するのを支援するための教材の作成を行うことにしたい。そして，この教材の実践効果について評価することを目的とする。

　今回作成する教材は，大学の生徒指導，教育相談等に関する半期の開講科目で適宜導入できるように，90分の授業で実施可能なワークシートとする。ワークシートの形式をとることには，次の三つの利点がある。(1)限られた時間内で，学生一人ひとりが問題場面の事例検討を行うことができる。(2)着座した受講形式に慣れた学生に対しても，円滑に導入することができる。(3)擬似的であれ事例への積極的な関与をもたらすため，講義形式で事例の説明を一方的に受けるよりも，学習されたコミュニケーションが保持されやすい。

　また，今回作成の教材は，教師の言葉かけという，言語的コミュニケーションを学ぶためのワークシートとする。ただしワークシートといっても，個々の受講者とシートとの1対1の対話だと，課題への関与に個人差が大きく生じかねない。そこで，一つの工夫が考えられる。児童への指導経験がない大学生でも，言葉かけならば，児童，生徒として学校にいた経験を通じて，実践的知識に近いかたちで種々の教師の言葉かけを内面化していると推察できる。そのため，内面化している言葉かけを相互に閲覧し，習得しあえるように，回覧形式のグループ用ワークシートを作成することを試みる。グループ用ワークシートであれば，受講者たち全員に課題への関与を促すことにもつながる。

　［研究①］［研究⑤］を通じて示されたように，問題場面は，教師の対処行動の傾向から，統制的行動が実践されやすい場面，受容的行動が実践されやすい場面に大別される。そこで，両者の場面の事例検討を行うワークシートを作成する。

　ワークシートの実践効果に関しては，特に三つの観点から検討する。一つはコミュニケーションのレパートリーを広げる教材であるかを評価するために，実施後の言葉かけのレパートリーの豊富さを検討する。またグループのメンバーの記した「教師の言葉かけ」を相互に閲覧しあうシートであるため，習得さ

れる言葉かけには質的な偏りが予想される。そこで二点目は，ワークシートを通じて，いかなる特徴をもつ言葉かけが習得されやすいかの検討を行う。また三点目は，ある特定の事例を題材に言葉かけを学ぶことが，類似したタイプの場面で用いられる言葉かけの習得にもつながるかを検討する。

方 法

▶被験者　教員養成系教育学部の大学生98名。教育職員免許法施行規則の「教職の意義等に関する科目」として開講されている必修科目に出席の1年生であった。

▶言葉かけを学ぶグループワークシート

(1)グループワークシートの作成

　言葉かけのレパートリーを習得するためのグループワークシート (group worksheet，以下GWS) は，一人に1セットを配布するもので，1セットにつき表紙1枚 (①〜⑥のいずれかの数字が印刷) と作業用の6枚の用紙 (A4) から成り立つものだった (6枚の作業用シートについては，以下シート1…シート6と記す)。各作業用シートには，(1)記述と線画で印刷した問題場面 (1事例)，(2)場面の児童に対する教師の言葉かけを回答する欄 (後述「質問1」の回答欄)，(3)教師の言葉かけ ((2)の回答) を受けた児童の反応を，グループ内の他者が想起して回答する欄 (後述「質問2」の回答欄) が記された。

(2)問題場面の記述および線画

　［研究①］で作成した12種類の小学校の問題場面を描写したもののうち，【内気】，【落書き】の2場面を用いた (Table 1，Figure 1)。これらを用いた理由は次の二つであった。(1)前者が受容的行動，後者が統制的行動の実施されやすい場面に該当した。(2)GWSの趣旨より，現実に多様な言葉かけを実施しうる事例の使用が望まれていたが，両場面ともこれに該当する事例であった。6枚の作業用シートのうち3枚 (シート1〜シート3) には【内気】，残り3枚 (シート4〜シート6) には【落書き】の描写が記された。

(3)教師の言葉かけの記入欄

　6枚の用紙には，シートによって異なる3タイプの「質問1」の記述が，次

のような文で印刷された。

シート1とシート4：「あなたがこの場面の教師だとします。ゆきえにどういった言葉かけをよく使うでしょうか。下の『　』内に書いて，次の回答者にまわして下さい。」

シート2とシート5：「もしあなたよりもきびしい教師ならば，この場面でゆきえ…（以下シート1と同じ）。」

シート3とシート6：「もしあなたよりもやさしい教師ならば，この場面でゆきえ…（以下シート1と同じ）。」

　シート2，3，5，6の「きびしい…」「やさしい…」の質問形式で教師の言葉かけをたずねるワークシートを作成した理由は，できるだけさまざまなタイプの言葉かけを被験者集団から抽出するためであった（ただし「実施手続き」で述べるが，本研究では，シート5，シート6は用いなかった）。

(4)児童役での心理，行動的反応の記入欄

　6枚のシートには，「質問1」の回答欄の下に，「質問2」とその回答欄が設けられた。「質問2」は6枚とも同内容で，「あなたはゆきえだとします。上の☆の教師の言葉に対して，どういった返事や行動をしたり，また心の中で感じたりするでしょうか。下のあなたの番号（①～⑥）の右にある『　』に書いて，他の回答者にまわして下さい。」であった。「☆の教師の言葉」とは，各シートの「質問1」に記入された言葉に該当し，「あなたの番号」とは，各被験者に最初に配布されたワークシートの表紙に記された①～⑥のいずれかの数字であった。この「質問2」は，グループ内の他者が「質問1」で回答した教師の言葉かけの記述に対して，心理的関与を促す意図で用いた。なお，用紙の例（シート1）はFigure 11のとおりであった。

▶言葉かけのレパートリーのテスト用紙（RTS）　GWSの実践効果を理解するために，【内気】，【落書き】ならびに【怠慢清掃】，【依存児】の四つの問題場面に対して，教師の立場で思い浮かぶ限りの言葉かけを自由に複数回答させる用紙（1場面につき1枚で，計4枚）を作成した。各場面とも，回答者に過度に負担感を与えないように，最大7回答まで可能な形式とした。これをレパート

リーテストシート（Repertory Test Sheet，以下 RTS）と呼称した。

なお【怠慢清掃】と【依存児】の2場面は，GWSの実施をきっかけに，他場面の言葉かけへの学習の般化が生じるかを検討するために設けられた。前者が統制的行動，後者が受容的行動の実践されやすい場面であった（Table 1, Figure 1）。

▶実施手続き　今回の被験者は，GWS実践群（47名），統制群（51名）に無作為に分けられた。各群とも，最大6名（最小4名）1組からなる9グループが設けられた。全被験者に対し，GWSとRTSを1セットずつ配布した。GWSについては，表紙の①～⑥の丸数字が，グループ内での個人のID番号となるよう，グループ内で番号を重複させないようにして配布した。GWS実践群（以下，実践群）では，次の手順で作業が行われた。

(1) 各自に配られたGWSのシート1の「質問1」へ回答する。

(2) 各自のGWSをグループ内のメンバーの一人に渡す。同時に他のメンバーのGWSを受け取り，シート1の「質問1」に回答された教師の言葉かけを受けて「質問2」を回答する。それをさらにグループ内の別のメンバーに回す。メンバー全員が，他のすべてのメンバーのGWSの「質問2」に回答するまでこれを続ける。

(3)「質問1」に自らが回答したGWSが，グループ全員より「質問2」に回答されて戻ってきたら，表紙の番号が奇数（①，③，⑤）の被験者はシート2，偶数（②，④，⑥）の被験者はシート3の紙面を開いて，(1)と(2)の手順を繰り返す（表紙が奇数番号の被験者のシート3と偶数番号の被験者のシート2は用いなかった）。シート2，3をこのように実施することで，実践群の被験者全員が限られた時間で，【内気】におけるさまざまなタイプの言葉かけに関わる機会を多くもつことが期待できた。

(4) 自分のワークシートが再び戻ってきたら，全員が【落書き】の場面が記されたシート4の紙面を開き，(1)と(2)の手順を再び繰り返す。

(5) RTSを実施する。

統制群には，RTSの実施後にGWSの実施を(1)～(4)の要領で求めた。統制群

〈場面1〉

> ゆきえは聡明なのであるが，内気で引っ込み思案である。彼女はクラスの中に自発的に参加していかないし，あなたが呼びかけても反応しないことが多い。今日あなたが授業中に彼女に質問を投げかけたが，彼女は目を下に向けたままで何も答えない。

（ゆきえさん！　………）

最初の回答者へ

あなたがこの場面の教師だとします。ゆきえにどういった言葉かけをよく使うでしょうか。下の「　　」内に書いて，次の回答者にまわして下さい。

☆「　　　　　　　　　　　　　　　　　　　　　　　　　　　　　」

二番目以降の回答者へ

あなたはゆきえだとします。上の☆の教師の言葉に対して，どういった返事をしたり，また心の中で感じたりするでしょうか。下のあなたの番号（①〜⑥）の右にある「　　」に書いて，他の回答者にまわして下さい。

☆「　　　　　　　　　　　　　　　　　　　　　　　　　　　　　」

☆「　　　　　　　　　　　　　　　　　　　　　　　　　　　　　」

☆「　　　　　　　　　　　　　　　　　　　　　　　　　　　　　」

☆「　　　　　　　　　　　　　　　　　　　　　　　　　　　　　」

☆「　　　　　　　　　　　　　　　　　　　　　　　　　　　　　」

☆「　　　　　　　　　　　　　　　　　　　　　　　　　　　　　」

Figure 11　ワークシート（GWS）の内容の例（シート1）

でGWSを実施したのは,実験の趣旨とは無関係で,講義時間,内容の調整のためであった。

なお,今回はGWSのシート5,6を用いなかった。つまり【落書き】の場面についてはシート4しか用いず,【内気】の場面についてはシート1に加えて2,3まで用いた。シート2,3を通じた「やさしい教師」,「きびしい教師」の言葉かけの回覧が,実践群の【内気】のレパートリーを豊富にすることを促進するかについて明らかにするためだった。

全プロセスにかかった時間は,グループごとに若干の差異がみられたが,両群ともおよそ60分であった。分析のために,実施後にGWSとRTSは回収した。

結　果

▶「言葉かけカテゴリー」を利用した回答の分類およびRTSの得点化　「言葉かけカテゴリー」(Table 6)をもとに,GWS,RTSに回答された言葉かけを質的に分類した。分類の方法については,[研究②]で実施された方法に基づいた。

被験者のRTSの回答に現れたカテゴリーの総数を,場面別に算出した。この得点を[研究⑧]をふまえ「カテゴリーレパートリー」と呼称し,レパートリーの豊富さの指標とした。例えばRTSの【内気】の三つの回答欄に「〈指示〉」,「〈譲歩〉」,「〈指示〉」の言葉かけが記された場合,〈指示〉は重複しているため2点とした。あるいは二つの回答欄に,「〈指示〉and〈励まし〉」,「〈譲歩〉」がみられた場合,独立した3カテゴリーが出現していることから3点とした。

▶両群における「カテゴリーレパートリー」の比較(GWSに記された場面に

Table 42　GWSに記された場面における「カテゴリーレパートリー」の平均値

(括弧内は標準偏差)

	【内気・引っ込み思案】	【授業中の落書き】
実践群	3.51 (1.41) *	3.70 (1.33) +
統制群	3.02 (1.12)	3.25 (1.56)
t値	1.89	1.50

＊$p<.05$,　＋$p<.10$

Table 43 実践群のGWSに回覧された言葉かけならびに回覧率

【内気・引っ込み思案】

回覧された言葉かけ〈カテゴリー別に表示〉	〈指示〉	〈忠告・意見〉	〈罰の示唆〉	〈婉曲的な指示〉	〈協力の示唆〉
回覧率（回覧グループ数）	88.9%(8)	66.7%(6)	22.2%(2)	44.4%(4)	11.1%(1)

【授業中の落書き】

回覧された言葉かけ〈カテゴリー別に表示〉	〈指示〉	〈忠告・意見〉	〈罰の示唆〉	〈婉曲的な指示〉	〈協力の示唆〉
回覧率（回覧グループ数）	100%(9)	88.9%(8)	11.1%(1)	77.8%(7)	44.4%(4)

Table 44 グループ内の他のメンバーがGWSに書いた「教師の言葉かけ」と同カテゴリーの言葉かけを，RTSに回答した被験者数

【内気・引っ込み思案】

〈指示〉	〈忠告・意見〉	〈罰の示唆〉	〈婉曲的な指示〉
8人	13人	2人	2人

〈協力の示唆〉	〈譲歩〉	〈簡単な語りかけ・応答〉	〈問題点を探る問いかけ〉
3人	17人	1人	14人

注：「他者」のGWSから影響を受けた学生に焦点を当てるため，該当するカテゴリーの言葉かけを「自ら」のGWSに記した者は除かれている。

ついて）　RTSから得られた，【内気】と【落書き】での実践群と統制群の「カテゴリーレパートリー」の平均値と標準偏差を算出し，t検定を行った（Table 4）。結果，【内気】において有意差がみられ，実践群で高い平均値を示した（$t(96) = 1.89$, $p<.05$）。【落書き】においては，統計的に有意傾向を示した（$t(96) = 1.50$, $p<.10$）。

▶GWSを通じて実践群が習得した言葉かけの質的検討　実践群が統制群よりも，【内気】の「カテゴリーレパートリー」で高い値を示し，【落書き】もその傾向を示す結果であった。実践群の被験者たちは，グループ内の他者がGWSに明記した「教師の言葉かけ」を保持し，RTSに同カテゴリーの言葉かけを記したと考えられた。この仮定をふまえ，「GWSで回覧された言葉かけ」と「GWSの回覧後に，個々の被験者のRTSに回答された言葉かけ」が該当するカテゴリーに着目した分析を行った。

1. 実践群のGWSで回覧されたカテゴリー

　まずは実践群の9グループを対象に，いかなるカテゴリーの「教師の言葉か

	〈譲歩〉	〈簡単な語りかけ・応答〉	〈問題点を探る問いかけ〉		
	100%(9)	33.3%(3)	100%(9)		

	〈問題点を探る問いかけ〉	〈肯定〉	〈冷やかし・呆れ〉	〈励まし〉	〈判断の委ね〉
	55.6%(5)	77.8%(7)	55.6%(5)	44.4%(4)	22.2%(2)

【授業中の落書き】	〈指示〉	〈忠告・意見〉	〈罰の示唆〉	〈婉曲的な指示〉	〈協力の示唆〉
	16人	9人	1人	12人	6人
	〈問題点を探る問いかけ〉	〈肯定〉	〈冷やかし・呆れ〉	〈励まし〉	〈判断の委ね〉
	12人	8人	7人	1人	1人

け」が，何％のグループで回覧されたか（以下，回覧率）を確認した（Table 43）。【内気】では8種のカテゴリーの言葉かけが回覧された。回覧率は，高い方から〈譲歩〉(100%)，〈問題点を探る問いかけ〉(100%)，〈指示〉(88.9%)と続いた。【落書き】では10種のカテゴリーの言葉かけが回覧された。回覧率は，高い方から〈指示〉(100%)，〈忠告・意見〉(88.9%)と続いた。

2. GWSで回覧されたいかなるカテゴリーがRTSの回答に反映したか

　2−1. GWSで回覧された言葉かけをRTSに回答した人数

　グループ内他者がGWSに記した「教師の言葉かけ」と同カテゴリーの言葉かけを，RTSに回答した実験群被験者の人数について，場面別に算出した。なおグループ内他者がGWSに記した言葉かけの影響のみを把握する必要があったため，GWSに自らが同カテゴリーの言葉かけを既述していた被験者は，この人数からは除外した。結果（Table 44），GWSで回覧されたすべてのカテゴリーの言葉かけが，最低1名のグループ内メンバーのRTSの回答に記されていた。またこの人数は，Table 43を併せて参照すると，概して回覧率の高

Table 45 【内気・引っ込み思案】の各カテゴリーを RTS へ回答した／しなかった人数

(実践群・統制群別)

	〈忠告・意見〉		〈婉曲的な指示〉		〈罰の示唆〉		〈婉曲的な指示〉	
	RTSへの回答をした	しなかった	RTSへの回答をした	しなかった	RTSへの回答をした	しなかった	RTSへの回答をした	しなかった
実践群	35	12	27	21	3	44	13	34
統制群	36	15	25	26	2	49	10	41
	$\chi^2=0.18$		$\chi^2=0.39$		$\chi^2=0.93$		$\chi^2=0.88$	

	〈協力の示唆〉		〈譲歩〉		〈簡単な語りかけ・応答〉		〈問題点を探る問いかけ〉	
	RTSへの回答をした	しなかった	RTSへの回答をした	しなかった	RTSへの回答をした	しなかった	RTSへの回答をした	しなかった
実践群	5	42	32	15	2	45	31	16
統制群	4	47	15	36	3	48	41	10
	$\chi^2=0.02$		$\chi^2=14.66^{**}$		$\chi^2=0.00$		$\chi^2=2.62$	

注：ここで取り上げられたカテゴリーは，実践群のワークシートにて回覧されたものに限る。セルの値が 5 以下を含むクロス表については Fisher の連続修正によるカイ 2 乗検定を実施。
**p<.01

Table 46 【授業中の落書き】の各カテゴリーを RTS へ回答した／しなかった人数

(実践群・統制群別)

	〈指示〉		〈忠告・意見〉		〈罰の示唆〉		〈婉曲的な指示〉		〈協力の示唆〉	
	RTSへの回答をした	しなかった	RTSへの回答をした	しなかった	RTSへの回答をした	しなかった	RTSへの回答をした	しなかった	RTSへの回答をした	しなかった
実践群	44	3	24	23	5	42	18	29	11	36
統制群	37	14	13	38	2	49	19	32	4	47
	$\chi^2=6.17^*$		$\chi^2=6.81^*$		$\chi^2=0.61$		$\chi^2=0.01$		$\chi^2=3.45$	

	〈問題点を探る問いかけ〉		〈肯定〉		〈冷やかし・呆れ〉		〈励まし〉		〈判断の委ね〉	
	RTSへの回答をした	しなかった	RTSへの回答をした	しなかった	RTSへの回答をした	しなかった	RTSへの回答をした	しなかった	RTSへの回答をした	しなかった
実践群	20	27	14	33	13	34	4	43	3	44
統制群	26	25	13	38	22	29	2	49	2	49
	$\chi^2=0.70$		$\chi^2=0.23$		$\chi^2=5.31^*$		$\chi^2=0.28$		$\chi^2=0.01$	

注：ここで取り上げられたカテゴリーは，実践群のワークシートにて回覧されたものに限る。セルの値が 5 以下を含むクロス表については Fisher の連続修正によるカイ 2 乗検定を実施。
*p<.05

いカテゴリーにおいて多い傾向がみられた。

2-2. 両群の比較からの検討

次に，両群のRTSに記された言葉かけを，カテゴリーごとに比較することを通じて，GWS実施後に実践群にて習得されたと考えられる言葉かけを理解した。実践群のGWSで回覧されたTable 43の言葉かけを対象に，それらをRTSに回答した人数の割合について，実践群と統制群で算出し，χ^2検定を行った（Table 45, 46）。その結果，【内気】の〈譲歩〉，【落書き】の〈指示〉，〈忠告・意見〉をRTSへ回答した者の割合が，実践群で有意に高かった（順に$\chi^2 = 14.657$, $p<.01$：$\chi^2 = 6.17$, $p<.05$：$\chi^2 = 6.81$, $p<.05$）。これらはいずれも回覧率が高く，GWSの影響を受けた人数も相対的に多いカテゴリー（Table 43, 44参照）だった。なお【落書き】の〈冷やかし・呆れ〉では，統制群の方でRTSへ回答した者の割合が高いことを示した（$\chi^2 = 5.31$, $p<.05$）。

2-3. 実践群内のグループ間の検討

実践群のGWSで回覧された言葉かけは，九つのグループでそれぞれ異なっていた。そこで実践群を，場面，カテゴリーごとに，「該当カテゴリーの言葉かけがGWSで回覧された群／されなかった群」に二分し，この両群において，該当カテゴリーの言葉かけをRTSに回答した人数の割合に違いがあるかをχ^2検定により確認した。GWSに自らが該当カテゴリーの言葉かけを記した被験者は，この分析からは除外した。

Table 47 実践群のうち【内気・引っ込み思案】の〈協力の示唆〉の回覧がGWSでされた／されなかったグループ別のRTSへの回答者数

【内気・引っ込み思案】	RTSへの回答を		
	した	しなかった	
ワークシートで〈協力の示唆〉の回覧がされたグループ（注1）	4 (3)	2	$\chi^2=12.05$** (注2)
ワークシートで〈協力の示唆〉の回覧がされなかったグループ	1	40	

注1：「〈協力の示唆〉の回覧がされたグループ」×「RTSへの回答をした」における（ ）内の人数は，GWSで〈協力の示唆〉を「自ら」回答しなかった内数を指す（本文の説明にあるとおり，χ^2検定の際には，（ ）の人数を用いている）
注2：χ^2値は，Fisherの連続修正の値
**$p<.01$

Table 48 実践群のうち【授業中の落書き】の〈協力の示唆〉の回覧がGWSでされた/されなかったグループ別のRTSへの回答者

【授業中の落書き】	RTSへの回答をした	しなかった	
ワークシートで〈協力の示唆〉の回覧がされたグループ(注1)	10 (6)	13	$\chi^2 = 4.01^*$ (注2)
ワークシートで〈協力の示唆〉の回覧がされなかったグループ	1	23	

注1:「〈協力の示唆〉の回覧がされたグループ」×「RTSへの回答をした」における( )内の人数は,GWSで〈協力の示唆〉を「自ら」回答しなかった内数を指す(本文の説明にあるとおり,χ^2検定の際には,( )の人数を用いている)
注2:χ^2値は,Fisherの連続修正の値
*p<.05

その結果(Table 47, 48),【内気】【落書き】のいずれの場面においても,〈協力の示唆〉がGWSで回覧された群において,RTSの該当場面で〈協力の示唆〉の回答を示す者が多かった(それぞれ$\chi^2 = 12.05$, $p<.01$;$\chi^2 = 4.01$, $p<.05$)。他のカテゴリーにおいては,両群の比率に統計的な差異はみられなかった。

▶GWSに記されていない場面での両群のRTSの比較　RTSの【怠慢清掃】と【依存児】における,実践群と統制群の「カテゴリーレパートリー」の平均値と標準偏差を算出し,t検定を行った(Table 49)。【依存児】では,両群の等分散仮説は棄却されたため($F(50, 46) = 1.91$, $p<.05$),Welchの方法を行った。その結果,【依存児】では有意差がみられ,実践群で高い平均値を示した($t(68) = 2.65$, $p<.01$)。【怠慢清掃】では,実践群で高い平均値を示したものの,統計的に有意傾向を示すにとどまった($t(96) = 1.47$, $p<.10$)。つまり,概してGWS

Table 49 GWSに記されていなかった場面における「カテゴリーレパートリー」の平均値
(括弧内は標準偏差)

	【怠慢な清掃活動】	【依存児】
実践群	2.66 (1.11) +	3.63 (1.55)**
統制群	2.33 (1.07)	2.88 (1.13)
t値	1.47	2.65

**p<.01, +p<.10

Table 50 【依存児】の〈婉曲的な指示〉および〈協力の示唆 or 簡単な語りかけ・応答〉をRTSへ回答した／しなかった人数　　(実践群・統制群別)

	〈婉曲的な指示〉		〈協力の示唆 or 簡単な語りかけ・応答〉	
	RTSへの回答を		RTSへの回答を	
	した	しなかった	した	しなかった
実践群	17	30	33	14
統制群	9	42	25	26
	$\chi^2 = 4.31^*$		$\chi^2 = 4.55^*$	

*$p<.05$

に取り上げなかった場面の「カテゴリーレパートリー」の得点も，統制群よりも実践群で高いことを示した。

　次に，両群の【怠慢清掃】【依存児】の結果を，言葉かけのカテゴリーごとにみたときに，RTSの回答者の割合に違いがみられるかについて，χ^2検定で確認した。その結果 (Table 50)，【依存児】の〈婉曲的な指示〉と〈協力の示唆 or 簡単な語りかけ・応答〉をRTSに回答した被験者の割合が，実践群で高いことを示した (順に $\chi^2 = 4.31$, $p<.05$: $\chi^2 = 4.55$, $p<.05$)。他のカテゴリーでは有意差はみられなかった。【怠慢清掃】においては，いずれのカテゴリーにおいても両群に有意差はみられなかった。

考　察

▶GWS実施場面における言葉かけのレパートリー　本研究では，小学校でみられる問題場面の教師の言葉かけを，教職志望の学生が授業のなかで習得するためのグループワークシート (GWS) を作成した。それを所定の手続きで実施し，その効果について検討した。

　まずGWS実践群と統制群との間で，レパートリーテストシート (RTS) から算出した「カテゴリーレパートリー」の平均値を比較した。結果，【内気】の「カテゴリーレパートリー」で，実践群の値が高いことを統計的に示した。【落書き】においては，実践群の平均値の高さについて，統計的に有意傾向を示した。GWSを授業で用いることにより，事後における学生たちの言葉かけのレ

パートリーが豊富になったことを概ね示したといえる。

　ところで，GWS の実施においては，【内気】と【落書き】でそれぞれ異なる手続きをとった。【内気】では，GWS に自らが当該場面の教師になったと仮定して回答するシート 1 に加えて，自分よりも「きびしい教師」，「やさしい教師」をイメージして回答するシート 2，シート 3 の 2 枚も併用した。一方【落書き】では，【内気】のシート 1 に該当するシート 4 のみの実施であった。両場面の GWS の実施手続きのこうした違いが，【内気】では実践群と統制群の「カテゴリーレパートリー」において統計的に有意差を示したのに対して，【落書き】では有意傾向を示すにとどまる結果をもたらした可能性がある。ただし各場面は，それぞれが受容的行動，統制的行動の実践されやすい場面ということで，質的に異なる事例である。場面の質的な違いによって，統計的検定の結果に差異が生じた可能性も残されていることはふまえておいたほうがよいだろう。

▶GWS から習得された言葉かけのタイプ　実践群と統制群の RTS への回答傾向を，場面ごとに言葉かけのカテゴリー別で比較した。その結果，実践群において，【内気】の〈譲歩〉，【落書き】の〈指示〉と〈忠告・意見〉を RTS へ回答した者の割合が高かった。

　これらのカテゴリーは，GWS にて回覧率 88.9〜100％の実践群のグループで回覧されていた。さらに，順に 17 名，16 名，9 名と，他のカテゴリーに比べて多数の被験者が，グループ内他者のワークシートから言葉かけを確認し，保持して，RTS へ回答したと考えられた。

　上記の結果により，GWS をグループ内で回覧しあい，他者の記した言葉かけと関わることで，それと同カテゴリーの言葉かけを習得していくプロセスが推察できる。つまり GWS の実践を通じて RTS の回答につながりやすい言葉かけは，GWS に出現しやすいカテゴリーの言葉かけであるといえる。

　では GWS での回覧の際に出現頻度が少なかったカテゴリーの言葉かけについては，被験者の RTS への回答に影響しなかったのだろうか。本研究では，実践群の間でも，グループによって回覧された言葉かけが異なっていたことに着目した分析も行った。その結果，【内気】，【落書き】の〈協力の示唆〉に該

当する言葉かけがGWSで回覧されたグループにおいて、〈協力の示唆〉の言葉かけをRTSへ記した学生の比率が高くみられた。【内気】、【落書き】の〈協力の示唆〉は、それぞれ回覧率11.1%、44.4%のカテゴリーで、これはグループ数にして、それぞれ9グループのうち、1グループ、4グループにしか回覧されなかったことになる。GWSに出現機会の少ない言葉かけでも、RTSへの回答へ反映しうると考えることができる。

ところで〈協力の示唆〉というカテゴリーは、とりわけ学生に習得されやすい質的側面をもつカテゴリーであったのだろうか。Table 43（ならびにTable 6）をふまえると、今回のGWSで回覧された言葉かけは、その内容から、ほとんどが児童に独力で問題解決を促したり、あるいは放任したりするといった言葉かけだったといえる。そのようななかで、援助的に、しかも問題解決に向けて関わる〈協力の示唆〉は、それを閲覧した学生にとって、強く印象に残ったものと考えることができる。

▶GWSの実践による他場面の言葉かけの習得　GWSの効果が、GWSには記載のなかった場面（【怠慢清掃】【依存児】）にまで及ぶかについて理解するために、実践群と統制群のRTSの結果をもとに比較検討した。その結果、実践群で【依存児】における「カテゴリーレパートリー」が豊富であることを示した。また、〈婉曲的な指示〉と〈協力の示唆or簡単な語りかけ・応答〉のカテゴリーにおいて、実践群の回答者の割合が高いことを示した。

【依存児】は、GWSに記された【内気】と同様に、教師の受容的行動が目立つ問題場面という点で類似性の高いことが［研究⑤］より示唆されている。そのため実践群では、GWSの【内気】での言葉かけの学習を通じて、【依存児】の言葉かけを豊富にするという学習の般化が生じた可能性を考えることができる。

▶ワークシートに関する今後の課題　今回の結果をふまえて、ワークシートに関する今後の課題を整理しておきたい。まずGWSの実践が言葉かけのレパートリーを豊富にする効果は、【内気】で実証的に示されたが、【落書き】では統計的に有意傾向を示すにとどまった。こうした結果が、【内気】と【落書き】

の実施手続きの違いによるものか，あるいは両場面の内容に関する違いによるものなのかについては，さらに検討が必要である。

　また，GWS によってグループで回覧された言葉かけは，そのグループメンバーのレパートリーの一部として習得されうることが示された。特に，GWS を通じて多くのグループで回覧があった言葉かけは，閲覧者も多かったことから，統制群に比べて実践群の RTS の回答に多くみられた。回覧の頻度が少ない言葉かけでも，〈協力の示唆〉のカテゴリーにあたる言葉かけは，グループ内で回覧がされれば，各メンバーに習得されやすいことが示された。しかし一方で，実践群の方が統制群よりも【落書き】の〈冷やかし・呆れ〉で回答者が少ないといった分析結果もみられた。こうした現象の説明も含め，GWS で習得されやすい言葉かけのタイプについて明確な結論を得るためには，さらなる実証的検討が必要である。

　GWS で用いなかった【依存児】のレパートリーが，RTS の結果をみる限り，実践群で豊富になった。【依存児】との類似性が高い【内気】を題材に GWS を行ったことが，学習の般化として【依存児】の言葉かけの習得へとつながった可能性がある。しかしながら，なぜ【依存児】のなかでも〈婉曲的な指示〉と〈協力の示唆 or 簡単な語りかけ・応答〉の言葉かけが実践群に多かったのかなどについては明らかにされておらず，般化のプロセスについて，さらに理解すべき点が残されている。

　今回の GWS は，コミュニケーション・スキルを育むことを目的に，教師の言葉かけのレパートリーを拡張するための教材として作成された。さらに，本研究の実施手続きで GWS を行った場合，教師役で自ら記した言葉かけに対して，児童役のメンバーから反応のフィードバックを受けることによる教育効果も期待できる。GWS の実践がもたらす教育効果については，さまざまな観点より検討していく必要がある。

　最終的には，生徒指導，教育相談に関する授業のなかで，今回のワークシートを用いた教育方法を，どのように，あるいはどの程度活用していくかを考えていく必要がある。グループによって回覧された言葉かけが異なったことから

も，全受講者に対して，問題場面で用いうる種々の言葉かけを体系的に補足説明する講義の機会も必要である。教員養成教育の半期の授業のなかで，今回のようなワークシートをどの程度，あるいはどのように組み込むかについては，さらに検討していくことが求められる。

5.3 まとめ

教師において，日々の実践の際に依拠することのできるのは実践的知識である。特に教職の場は，「不確実性」(Lortie, 1975) といった特徴をもつことから，実践的知識としての指導方法のレパートリーを豊富にすることが，教職活動を円滑にこなすうえで重要であると考えられた。そこで第5章では，問題場面での指導方法のレパートリーが豊富であることの意義を踏まえて，二つの検討を行った。

まず，[研究⑧] では，実践活動のなかで，自らの言葉かけのレパートリーを広げると考えられる現職の教師の特徴を実証的に明らかにする検討であった。分析の結果，自らの力量が高まると期待している教師において，言葉かけのレパートリーが豊富であることが明らかとなった。また，限られた場面についてであったが，直面する場面における自らの力量への満足感が低い教師においても，言葉かけのレパートリーが豊富であることが示された。いずれの結果も，自らの力量を高めようと動機づけられていることが，指導方法のレパートリーの習得に結びついていることを示すものであった。

[研究⑨] では，教員養成教育において，問題場面での言葉かけのレパートリーを広げる教育的介入を行うためのグループワークシートの作成を行った。そして，教員志望の大学生に実施してもらい，その効果の検討を行った。その結果，個々の大学生が内面化している言葉かけを互いに習得しあい，問題場面での言葉かけのレパートリーを相互に高めあうことが可能であることを示した。ワークシートの効果を厳密に明らかにするにはさらなる検討が必要だが，大学の講義形式の授業のなかで，教職活動を円滑にこなすために必要な実践的知識の一端を習得するための方法を提案することとなった。

第6章 総括的討論

6.1 討論の視点

本書にて実施された一連の研究は，教師が問題場面での実践活動で困難に直面し，その克服のために自らの行動を変化させる必要に迫られた状況に備えて，教師にとって参照可能な科学的知見を提出することを主たる目的として実施された。そして上記の目的を果たすために，次の四つの課題を設定したうえで，それらについての実証的な検討が行われた。

(1) 問題場面における教師集団の行動の検討
(2) 問題場面で生じる教師たちの内的要因と教師行動および言葉かけとの関連の検討
(3) 問題場面での教師の種々の行動や言葉かけに対する児童たちの見方についての検討
(4) 問題場面での行動のレパートリーを教師が内面化するための条件についての検討

そこで以下では，これら四つの課題に基づく研究の結果について，教師行動に関する学術的研究としての意義，および教育実践に対する意義をふまえながら，総括的討論をすすめることにしたい。

6.2 問題場面における教師集団の行動

本書では，小学校での問題場面における教師集団の一般的傾向について整理した。まず［研究①］を通じて，「叱る」，「おだやかに接する」などの10項目の行動記述の因子分析をもとに，教師行動を理解するための「統制」，「受容」，「関与度」といった三つの指標を導き出した。また［研究②］では，教師の自由記述から得られた言葉かけより，〈指示〉，〈忠告・意見〉などをはじめとする14種類からなる「言葉かけカテゴリー」を導いた。これらの三つの行動指標ならびに「言葉かけカテゴリー」は，問題場面での教師行動を特性論的に分析するための尺度として用いることが可能であった。

［研究①］のTable 4, Table 5, ［研究②］のTable 8, さらに［研究⑤］

のTable 18は，上記の行動指標に基づいて，問題場面での教師集団の行動の一般的傾向を表したものである。ここで第1章にて提出した実現性の概念を使うならば，これらの表は，各場面における高／中／低実現性教師行動についてまとめた資料であるといえる。これらの資料を振り返りながら，問題場面での教師集団の行動の傾向について総括的にまとめておきたい。

　［研究①］で用いた10項目の行動記述に対する複数の教師からの回答より，各問題場面の教師集団の行動傾向は，統制あるいは受容の実現性，すなわち統制あるいは受容がどの程度実践されやすいかによって特徴づけられることが明らかとなった (Table 4, Table 5)。さらに詳細に記すと次のとおりであった。【おしゃべり】，【反抗】，【危険】といった場面では，統制的意図の強い行動の実現性が高い一方で，受容的意図の強い行動になるに従い実現性は低かった。これとほぼ正反対なのは【低学力】，【孤立】，【内気】といった場面で，受容的意図の強い行動の実現性が高い一方で，統制的意図の強い行動になるほど実現性は低かった。こうした観点で教師行動の実現性をみた場合，【怠慢清掃】，【けんか】，【落ちつきなし】，【アンダー】，【依存】，【落書き】といった場面は，前二者の中間に位置する場面であり，統制的意図ならびに受容的意図の程度がともに弱めの行動の実現性は高く，統制的あるいは受容的意図が強い行動ほど実現性が低かった。

　［研究⑤］でも，［研究①］と同様に「しかる」，「おだやかにせっする」等の10項目からなる教師行動に関する質問項目を用いて研究を行った。そして4年生と6年生の児童に対して，10場面を対象に，各質問項目に該当する行動を教師が実践しているかどうかを想起してもらうことを通じて，教師集団の行動の傾向を分析した。その結果 (Table 18)，特に【危険】，【けんか】においては，統制的意図の行動の実現性が高く，受容的意図の強い行動の実現性は低いことを示した。いっぽうで【内気】，【依存】，【孤立】においては，受容的意図の行動の実現性が高く，統制的意図の強い行動の実現性は低いことを示した。残りの場面については，統制的意図の行動の実現性は【危険】，【けんか】よりも概ね低く，かつ受容的意図の行動の実現性は【内気】，【依存】，【孤立】より

も概ね低いという結果を示した。この結果は，［研究①］と同様に，各問題場面の教師集団の行動が，統制あるいは受容の実現性から特徴づけられることを示している。

　［研究②］では，［研究①］，［研究⑤］で用いた行動記述よりも具体的な教師行動の指標ともいえる言葉かけを用いた。そして問題場面で児童に用いる言葉かけについて教師に回答を求め，各場面における，実現性の高い言葉かけ，低い言葉かけについて確認した。その結果，いかなる場面でどういった言葉かけの実現性が高いもしくは低いかは，それぞれの場面ごとに独自の特徴がみられることとなった (Table 8)。例えば【内気】では，他の場面にみられないほどに〈譲歩〉の実現性が高かった。あるいは【けんか】では〈問題点を探る問いかけ〉の実現性が高かったり，【落ちつきなし】では〈簡単な語りかけ・応答〉の実現性が高かったりした。実践的知識にできるだけ即したかたちで問題場面での教師集団の行動の特徴を理解しようとするほど，問題場面一つ一つのコンテクストの違いをふまえる必要のあることがうかがえる結果であった。

　ところで，本書では，問題場面でみられる教師集団の行動を，実現性という観点から整理を試みた。こうした知見については，教師行動の学術的研究としての意義とともに，教育実践に対する意義を以下のように見いだすことができる。

　まず，実現性という観点から教師行動を検討したことの学術的意義，特に教育心理学的研究としての意義ついてふれておきたい。これまで，教師行動の心理学的研究には，類型論的アプローチを通じて，「Baといった行動は，Bbに比べて教育効果がある」といった知見を提供するものは多数みられてきた。しかしながら，本書では，実践的知識にできるだけ即したかたちで教師行動のあり方や影響力について理解する方法を用いるということから，状況論的アプローチと特性論的アプローチの併用型で，問題場面のコンテクストをふまえて教師行動を検討した。その結果，教師の実践的知識にできるだけ即した教師行動の研究を行った場合，低実現性教師行動，つまり実践に用いにくい教師行動の存在を無視しがたいことが明確になったのである。すなわちこのことは，教師

行動の教育効果について提案する研究において,「Baといった行動は,果たして現状の教育現場において実践しやすいか」といった視点を無視できないことを示したといえる。あるいは,仮に教育効果の高い行動が低実現性教師行動であったとしても,教室サイズや教育制度などを含めて,現状の教育環境をどのように変えれば,その行動の実現性が高くなるかという発展的課題に目を向けることの重要性を示したともいえる。いずれにせよ,こうした示唆は,実現性という観点から教師行動を検討したことを通じて,より明確になったといえるだろう。

次に実現性という観点から教師行動を整理することの実践的意義についてふれたい。特にブリーフセラピーの考え方をふまえることにより,次のような教育実践への貢献が期待できる。ブリーフセラピーによれば,教師が現状の自らの実践活動に困難を感じている場合,児童との関わり方について,従来の関わり方とは何らかの違った行動を試みることは,当該の問題への解決につながることが期待できる。そのため,問題場面において,自らの従来の行動パターンからの変化のために用いることができる教師行動にはどういったものがあるかについての知識をもつことは,教師にとって大きな助けとなるのである。

問題場面ごとに,高実現性教師行動,低実現性教師行動,中実現性教師行動について明らかにしたことにより,個々の教師に対して,いかなる場面でどういった行動を,変化のための行動としてとりやすいか,あるいはとりにくいかという情報を提供したことになる。特に中実現性教師行動に位置づけられるような行動は,現実的に教育場面で実践が可能であると同時に,普段の実践として用いていない教師が多い行動であることを意味している。もし自らの行動変容に迫られている教師において,ある中実現性教師行動をこれまで行っていなかったとしよう。こうした行動は,教育の場では,無理なく実践しやすく,かつ自らの実践スタイルに変化をもたらす可能性をもった行動であるといえるだろう。

さらに,複数場面の行動の実現性を理解することは,多様な行動をとりうる場面やそうでない場面を明らかにすることになり,このことが教師にとって,

有効な実践活動の手がかりを得ることにつながるといえる。ブリーフセラピーには小さな変化が大きな変化を導くという考え方がある（宮田，1998）が，ここである教師が，学級の雰囲気を変えるという大きな目標をもっているとしよう。多様な行動をとりうる場面は，行動変容のための選択肢が豊富であるとみなすことができる。そのため，こうした場面は，先の目標をもった教師にとって，まず小さな変化を起こすきっかけの場となりやすいのである。例えば［研究⑤］のTable 19からは，【落書き】，【落ちつきなし】といった場面においては，中立場面（理論的にはいかなる行動も中実現性教師行動であるという仮想場面）との類似性が高いことから，さまざまな実践が教師によって行われうることが推察できる。反対に，【危険】，【けんか】といった場面は，Table 19からもわかるとおり，中立場面との類似性が低く，しかもTable 8の「カテゴリー数」より，教師たちが実践に用いうる言葉かけのバリエーションも豊富でないことがわかる。つまり，【危険】，【けんか】のような場面は，他の場面に比べると，行動変容のための選択肢はあまり豊富でないと考えることができるだろう。

　以上，問題場面での教師集団の行動傾向について，［研究①］，［研究②］，［研究⑤］の結果をもとに，実現性という概念をふまえながら概観した。ただ，教師行動の実現性に関する知見については，本書ではまだ不十分な点もある。その点については，今後の研究の展望として，6.6にて詳述したい。

6.3　教師の内的要因と問題場面での教師行動との関連

　本書では，［研究③］，［研究④］より，問題場面で教師が表出する行動を規定する教師自身の内的要因の影響力について検討した。

　［研究③］では，特定の問題場面において，自らの働きかけを通じて児童に影響を与え，理想的な結果を導くという信念を指す「効力期待強度」の強い教師は，その場面での児童との関わりを強くもつことを示した。そしてこうした関連は，場面の内容に関わらずみられることを明らかにした。

　また，教師が問題場面で要求充足を児童に阻まれたり，不満，苛立ち，怒りを感じたりする程度を指す「問題所有」の強い教師は，統制的行動を表出しや

すいことを示した。ただし、この関連については、統制的行動の実現性が高い場面である【落書き】、【おしゃべり】、【反抗】、【けんか】において顕著にみられ、実現性が低い場面では明確にみられなかった。ならびに、統制の実現性がきわめて高く、授業中において学級規範を児童が脅かす【おしゃべり】、【反抗】といった場面でのみ、「問題所有」の高い教師において、受容的行動を表出する可能性がきわめて低いことも確認された。「問題所有」と教師行動との関連についてのこうした結果より、教師の内的要因が教師行動へ及ぼす影響力の大きさは、教師が行動をとる場面のコンテクストによって異なることが明らかとなった。

　[研究④]では、【おしゃべり】、【けんか】において「問題所有」の低い教師が、それぞれ〈婉曲的な指示〉、〈不介入・静観〉といった言葉かけを選択する割合が高いことを示した。【おしゃべり】、【けんか】は、[研究①]および[研究⑤]より、統制の実現性が高い場面に該当する。また[研究③]の結果で述べたとおり、このような統制の実現性が高い場面において、「問題所有」が高い教師ほど、統制的行動のみられやすいことがわかっている。〈婉曲的な指示〉、〈不介入・静観〉といった言葉かけは、遠回しな指示をしたり、じっと静観するといった関わりを示したりする関わり方であり、直接的に指示するような言葉かけよりも、統制の表出の程度は弱いといえる。つまり、[研究④]の結果を、「問題所有」の高い教師の方が、〈婉曲的な指示〉、〈不介入・静観〉を選択する割合が低いことを示すものと読みかえるならば、[研究③]の結果と一致することになる。

　さらに[研究④]においては、「効力期待強度」および「児童との類似性」と、言葉かけとの関連について、特定の場面にしかみられない結果が現れた。例えば、【危険】における「効力期待強度」の高い教師群ほど、〈怒鳴り・罵り〉がみられた。また【けんか】における「児童との類似性」の高い教師群ほど、〈指示or婉曲的な指示or冷やかし・呆れ〉がみられたり、【依存】での「児童との類似性」の低い教師群のみで、〈励まし〉がみられたりした。これらの結果については、第3章の[研究④]の考察にも示したが、まだ検討の余地が

ありそうである。内的要因と言葉かけとの因果性を明らかにできるような研究モデルの設定を行ったり，言葉かけの背景にある，教師自身の過去の経験や指導の信念などを面接でたずねたりするなどを行って，さらに両者の関連について検討をしていく必要がある。

　以上より，本書からは，教師の内的要因と問題場面での教師行動との関連について二つのことが明らかになったといえる。一つは，教師の不満，苛立ち，怒りなどの「問題所有」が高くなると，教師の統制的行動が出現しやすく，受容的行動が出現しにくくなる傾向がみられるということである。しかもこの関連がみられやすいかどうかは，場面のコンテクストに依存するということは特筆すべきである。もう一つは，「効力期待強度」が，場面のコンテクストを問わず，教師の積極的な場面への関わりをもたらすということである。以下に，こうした結果に関する学術的な意義と，教育実践に対する意義についてふれておきたい。

　まず，本書の学術的な意義，特に教育心理学的な意義は，「問題所有」と教師行動との関連についての結果をもとに指摘できる。両者の関連は，場面によって必ずしも一定の結果を示さなかった。いわば，場面のコンテクストという要因と，教師の内的要因とが，交互作用を引き起こし，教師行動となって現れていることを明らかにしたといえる。教師行動の研究において，状況論的アプローチをとることの重要性を明確にしたといえるだろう。

　次にこうした知見の教育実践に対する意義は，教師たちが，児童たちと関わる場面において，自分の行動の傾向を理解することの手がかりを提供した点にあるといえる。教師にとって，自らの「問題所有」，「効力期待強度」の状態を認識することによって，自分が他の教師集団と比較したときに，どういった行動をとる「くせ」があるかを省察する機会を得ることができるといえる。「問題所有」，「効力期待強度」に限らず，教師はさまざまな自らの心理的な状態を手がかりとすることで，自分の行動の特徴について理解することにつながるといってよいだろう。

6.4 問題場面での教師行動に対する児童の見方

　[研究⑤]では，小学校4年生と6年生を被調査者として，問題場面での教師行動と，それに対する児童たちの評価との関連について検討を行った。特に6年生において，統制の実現性が高い【危険】などの問題場面ほど，教師の統制的行動は，否定的な評価がされにくく，【内気】，【依存】，【孤立】といった受容の実現性が高い場面ほど，否定的な評価がされやすいことを明らかにした。6年生において，場面によって統制への評価が異なった理由は，高学年になるに従って，指導を受けた経験の豊富さや，教師自体を絶対視する傾向の弱まる結果，各児童が状況に即した規範意識に基づいて教師行動を評価しているためだと考えられた。またこうした傾向は，「研究⑦」の結果においても確認することができた。

　こうした解釈を実証的に裏づけたのが[研究⑥]の小学校4年生と6年生を対象とした調査であった。この調査では，特に6年生において，問題場面ごとに形成された「規範についての信念」が，統制を評価する際の重要な評価基準になっていることを明らかにした。つまり，教師行動が繰り広げられている背景となる場面のコンテクストが，児童による教師行動への評価に左右されるという現象は，特に高学年になってから顕著になるということが示されたわけである。

　こうした結果は，場面のコンテクストという要因と，児童による教師行動の認知の要因とが交互作用を引き起こし，教師行動への評価として現れていることを明らかにしたといえる。これまでの総合的考察でもふれたことだが，この結果は，教師行動に関する現象や法則を教育心理学的に理解するうえで，状況論的アプローチを採用することの重要性を，重ねて示すものであるといえる。

　また教師の統制に対する児童たちの見方についての本書の結果は，教師が児童との良好な関係性を維持しながらも，教育的介入として適した統制的な教師行動を行うことが可能であることを明らかにしたという意味において，実践上で重要な知見である。例えば，実践経験が十分でない初任者の教師のなかには，

「統制が児童との関係を悪化させるのでは」という考えから，統制的行動に慎重になることはありうるだろう。しかし，［研究⑤］［研究⑦］の結果をふまえれば，統制の実現性の高いと考えられる場面における統制的行動は，児童との関係性を悪化させるわけでなく，学級の規範を維持するための教育上有効な行動として，むしろ積極的な実践が求められるのである。

さらに，問題場面での統制的行動の，実践上の有効性に関する知見は，［研究⑦］の結果よりさらにあげることができる。［研究⑦］では，教師が統制をしないことは，むしろ否定的に評価される場合があることを示した。クラスメートが何らかの反社会的，非社会的な行動に対して，児童たちは，Table 6の「言葉かけカテゴリー」における〈協力の示唆〉，〈忠告・意見〉，〈婉曲的な指示〉，〈励まし〉のカテゴリーに相当する，「助言」といった統制的な言葉かけを教師に求めていることが明らかとなったのである。しかも重要なのは，こうした言葉かけは，［研究②］の結果が示すように，必ずしも実現性の低い言葉かけでないということである（Table 8参照）。自分の指導について甘すぎるあるいは厳しすぎると自己判断した教師にとって，こうした言葉かけを，時には有効に活用することは，学級経営を効果的に行うことに資することを実証したという点で，本書の学術的な意義とともに，教育実践へ示唆を与えた意義は大きい。

6.5 指導方法のレパートリーを教師が内面化するための条件

教師が，自らの問題解決行動に資する実践的知識を洗練させていく営為はきわめて重要なことである。特に，実践的知識として，指導方法のレパートリーを豊富にすることは，実践上で何らかの困難を抱えた際に行う変化のための拠り所を広げるという点において有意義である。そこで，［研究⑧］，［研究⑨］では，個々の教師たちが，指導方法のレパートリーを豊富にすることにつながる内的条件および外的な教育的介入方法について明らかにするための研究を行った。

まず［研究⑧］では，いかなる教師が，実践的知識としての言葉かけのレパ

ートリーを豊富にしていくかについて検討を行った。その結果，自らの力量を高める課題を遂行できるという期待が高いこと，ならびに自らの力量にあまり満足した状態でないことが，豊富なレパートリーを習得していくうえで重要であることが明らかとなった。

　こうした結果は，教師が力量を高めるための実践的なあり方について，重要な指針を与えている。教職について，Lortie (1975) は「不確実性」と特徴づけている。これは，教育において確実な理論や技術が存在しないことを意味している（佐藤，1994）。教師にとって，確実な理論や技術に拠り所を求められないということは，言いかえれば，教師の成長には最終地点があるわけではないことを意味している。そのため，教師はできるだけ自らの実践の拠り所となりうる実践的知識を洗練させることに向けて，いつまでも力量の向上に励むことが求められているのである。逆にいえば，教師にとって，「自らの力量が頭打ちになったので，力量向上の期待が持てない」，「今の力量で満足できる状態にある」という認識は，実践的知識を洗練させるうえで，大きなブレーキになるといえるのである。そして実際に，［研究⑧］の結果は，いわば絶えず力量の向上を求める教師が，実践的知識を豊富にしていくことを実証的に明らかにしたわけである。［研究⑧］が，教師の力量向上のあり方について考察するための学術的な資料を示したとともに，教師が実践に取り組む姿勢についても示唆に富んだ知見を示したといえるだろう。

　［研究⑨］では，言葉かけのレパートリーを，教員養成教育などの枠組みで豊富にすることを支援するための教材として，問題場面における言葉かけを習得するためのグループワークシートを作成し，その効果について検討した。その結果，グループワークシートを通じて，大学生たちが，お互いの言葉かけの知識を習得しあうことができることを示した。［研究⑨］が，実践的知識に関する教育方法の一つの具体例を示した点で，教員養成教育への貢献としての意義を指摘することができる。さらに，ここで扱われたグループワークシートの内容や実施手続きのさらなる加工を検討することにより，教師教育ならびにそれらの研究の発展につながることが期待できる。

また，[研究⑨]の結果に関連して，実践者である教師に向けた示唆として，あえて次のことを記しておきたい。[研究⑨]の結果では，教育実習生同士がグループワークシートを用いたやりとりのなかでも，実践的知識を豊富にする可能性を見いだしたわけである。おそらく，既に豊富な実践を行っている教師たちが，互いの実践的知識を学びあうことは，より一層有意義な営みになるものと考えられる。個々の教師たちが，[研究⑨]のようなワークシートを媒介することに限らず，教師同士による直接的な対話によって，相互に自らの実践的知識を習得しあう機会を重視することにより，指導方法のレパートリーを豊富にし，実践的知識を洗練していくことにつながることは，充分に期待してもよいだろう。

6.6　おわりに：問題場面に対処する教師行動の研究の展望

さて，本書における研究の枠組みを活用すること，および得られた知見を発展させること，あるいは研究の問題点を押さえておくことにより，本書のテーマに基づくさらなる研究の発展を期待することができる。最後になるが，今後の研究の展望について，以下に整理することで，本書のまとめとしたい。

(1)問題場面での教師行動を多角的に検討すること

本書では，問題場面での教師行動について，「注意をする」「おだやかにせっする」といった形式での行動記述と，その場面で用いられる言葉かけとの二つの側面から取り上げた。これらは，問題場面に直面した教師が，即時的に実践する対処行動に焦点を合わせたものであった。もしも問題場面での教師行動について，さらに詳細に理解するのであれば，場面で即座に繰り広げられる行動以外にも，問題場面のような事態が生起する前後の児童との関わり方など，時間的に幅広い視野を研究に取り入れながら，教師行動を理解する必要があるだろう。例えば，いわばアフターケアといったかたちでの問題場面後の児童への関わり方や，あるいは時間を遡れば，学級担任として新学期にいかなる学級規範を形成してきたかなどを押さえることによって，問題場面での「～しなさい」といった言葉かけが児童に与える影響力は，さまざまな様相を示すものと考え

られる。

　また,「〜しなさい」といった言葉かけが児童に及ぼす影響は,その際の教師の声色や表情などによっても大きく異なることは十分に考えられる。問題場面での教師行動として,非言語的な側面についても深く検討することも必要であろう。

　さらには,同じ教師が,類似した複数の場面において,自分のレパートリーから指導方法を意図的に使い分けているのであれば,その教師が使い分けを行っている根拠などについてもふれる意義はあるだろう。言いかえれば,個々の教師における問題場面での「ATI（適性処遇交互作用）」の信念について深く理解することといえる。例えば熟練した教師を対象として,こうした知見をまとめることにより,指導方法を児童や状況に応じて「適切に」選択して実践する力量について,理解することにつながるものと考えられる。

(2) 教師の実践的知識に関するさらなる検討

　実践的知識という概念にこだわって,記しておくべきことがある。本書の［研究①］,［研究②］を通じて記述された問題場面での教師行動は,教師集団の実践的知識のあくまで一面にすぎないということである。

　少なくとも,本書のなかで行われた研究でまとめられたものが,特定の仮想場面に限定された知見であるために,教師の実践的知識の一面にすぎないといえる。ただ,むしろそのこと以上に,本研究の知見が,教師の実践的知識の一面にすぎないといえるのは,今回取り上げた行動指標や言葉かけが,あくまで顕在的な教師行動の実践的知識に着目したものであり,その背景には,潜在的な実践的知識の体系が教師たちに内在していると考えられるからである。例えば,ある教師が仮にさまざまな行動のレパートリーを習得しているとしよう。その教師は,それぞれをどういった状況,いかなる児童に用いるのが適切かという考えをおそらくもっていることだろう。今回の研究では,行動のレパートリーという実践的知識は扱ったものの,それらをどう使い分けているのかという教師の知恵については取り上げることがなかったが,こうした知恵こそが,教師の潜在的な実践的知識であると位置づけられる。このほか,個々の状況を

読み解く力，児童の特性を見極める際に用いる知識など，さまざまな目に見えない実践的知識が教師に内在していることは想像に難くない。本書では，教師行動を主たるテーマとしたことから，行動と密接に結びついた実践的知識の記述を行ったが，教師が参考とすることができる実践的知識を整理する試みを追究していくならば，課題はまだ多く残されている。

(3)解決のための介入が長期化すると考えられる問題での教師行動

　本書で取り上げた問題場面は，その場でほぼ完結したストーリーとなるような内容の場面を取り上げた。しかし現実には，長期的な時間にわたって繰り広げられる問題，例えばいじめや不登校の子どもへの対応，発達障害，学習障害をもった子どもへの特別支援教育の方法についての事例は，多くの教師にとって介入に困難さを抱えるものである。こうした問題での教師行動のあり方について理解していく意義は，やはりきわめて大きいといえるだろう。

(4)実現性の検討方法について

　問題場面での教師集団の行動の一般的傾向を理解するために，本書では実現性という概念を提出した。これは，教師が日常の指導においてなんらかの困難を感じたときに，何らかの実践可能な行動の変化を行うことが，困難の克服に奏功するというブリーフセラピーの考え方をふまえ重視した概念であった。仮に理論的に有効であると考えられる教師行動でも，実現性が低い行動であれば，現実の場面では実践が困難であるといえるわけで，実践を迫られる教師にとっては，種々の行動が，実践の場でどの程度現実的に行いやすいかは，きわめて重要な情報なのである。そこで，教師行動の実現性を理解するために，［研究①］，［研究②］ならびに［研究⑤］を実施した。

　ところで，［研究①］と［研究⑤］は，同じ形式の質問項目を用いながら，被調査者は前者が教師で後者が児童という点で異なっていた。両者の結果を比べてみると，概ね類似した結果であるものの，一部の場面において若干の違いがみられる。例えば，［研究⑤］の児童報告では，統制の実現性の最も高い【危険】に続いて，【けんか】が示されているが，［研究①］の教師報告においては，【けんか】は［研究⑤］の結果までに統制の実現性が高い場面とはなっていな

い。また,【依存児】の結果では,児童報告の［研究⑤］では,統制の実現性の低い場面として位置づけられているが,教師報告の［研究①］では,統制の実現性もある程度認められる結果となっている。両研究の結果にみられるこうした違いは,教師と児童の立場の違いによって教師行動の報告内容が異なりうることの表れであると考えることができる。例えば,Babad (1995) は,教師自身の報告に比べて,児童集団の認知に基づく教師行動の報告が,客観的な行動観察で測定されるものを大いに反映していると報告している。いずれにせよ,問題場面の教師集団の行動の一般的傾向についてより客観的に理解していくうえでは,さらなる検討が必要であるといえる。

(5)問題場面での教師行動に対する児童の評価的観点と学級経営の成否との結びつき

本書では問題場面での教師行動の効果について,その場の児童の評価的な観点に関する変数(関係に影響すると考えられる評価,言ってほしい言葉かけ)を扱いながら検討した。本書では,問題場面の教師行動は,これらの変数を媒介しながら,その後の学級経営に影響するという考え方をもとに実施されたわけである。しかしながら,これらの変数が,実際の学級経営の状況とどの程度結びついているかについては,本書で実証的に明らかにしたわけでない。問題場面の教師行動に対する児童の評価的観点が,学級経営に及ぼす影響力について,実証的に検討していくことも課題として残されている。

(6)問題場面での指導方法のレパートリーの習得に関する縦断的検討

指導方法のレパートリーを豊富にすることは,不確実性と特徴づけられる教職において,重要な課題である。個々の教師が,実際にどういったかたちでレパートリーを豊富にしていくかについて,縦断的な観点から検討していくことは,教師の職能発達の理解をもたらすものと期待できる。

(7)実践的知識を洗練させる教育プログラムのさらなる構築

［研究⑨］で作成したワークシートは,教師教育,特に教員養成教育のなかで,問題場面での実践的知識を洗練させるための教育支援プログラムとして機能することが期待できる。しかしながら,今回のワークシートは,あくまで実

践的知識を育む教育支援プログラムを部分的に支えるにすぎない。言葉かけのレパートリーを豊富にすることは，洗練された児童，生徒とのコミュニケーション・スキルをもつための，あくまで一条件にすぎないからである。さらに教師には，自らのレパートリーを拠り所にしながら，直面する場に応じて，高い柔軟性をもって適切なコミュニケーションを選択し，実践するという力量も求められる。今後，問題場面を題材にした教育支援プログラムはもちろん，さまざまな実践的知識を育成するための教育支援プログラムのさらなる構築が求められる。

おわりに

　本書は，筆者が2003年度に名古屋大学に提出した博士学位請求論文「問題場面に対処する教師行動の研究」に基づいてまとめられたものであり，平成19年度科学研究費補助金（研究成果公開促進費）学術図書（課題番号195120）の助成を受けて出版されることになった。

　本書の研究内容は，多くの先生方のさまざまなご助言や，有形無形のご支援のうえで成り立っているが，研究の着手に際して特に影響を与えているのは一冊の本である。筆者が大学院生のころの指導教官である梶田正巳先生が著された「授業を支える学習指導論―PLATT―」である。はじめに読んだのは大学生のころであったが，当時は今ほどにその内容を理解したわけではなかった。ただ，「個人レベルの学習・指導論（PLATT）」という新しい概念の提出が，「断片的な教授学習理論」，「不毛な教育心理学研究」という汚名を晴らすことを期待されたものであるということがふれられた箇所には，当時の筆者にとっては，とても頼もしく感じたと記憶している。それから現在に至るまでのあいだに，幾度も同書を読み返し，そのたびに，内容の深さに感動したものであった。

　現在，中部大学教授である梶田正巳先生には，先のご著書に関する内容はもちろん，研究の方向性などについてのきわめて重要な面でのご指導を，長年にわたっていただいた。また，皇學館大学の市川千秋先生には，本書の実践的意義を支えるブリーフセラピーの考え方について，筆者が目を向けるきっかけを与えていただいた。ならびに，本書についての査読をお引き受けいただいた名古屋大学の速水敏彦先生，平石賢二先生をはじめ，同大学院教育発達科学研究科の先生方には，さまざまな機会にて，数々の有益なご指導をいただいた。また，大学院生の当時，名古屋大学を拠点とした「学習グループ」の先生方からも，研究会において，本書で示された各研究を行うに際して，さまざまなご助言をいただいた。このほか，先輩，同輩，後輩の皆様からも，種々の研究会を通じて，本書に収録の研究について，さまざまなご助言をいただいた。

　調査の実施にあたっては，愛知県，三重県内の小，中，高等学校の多数の先

生方に，貴重な時間を割いていただいた。ならびに同県内の小学生の皆さんにも，快く調査のご協力をいただいた。

　また，最後になるが，本書の出版にあたり，学文社の三原多津夫氏，二村和樹氏には，ひとかたならずご支援をいただいた。

　以上，ここに記して，感謝を申し上げます。

2007年6月

西口　利文

引用文献

Babad, E. 1995 The "Teacher's Pet" phenomenon, students' perceptions of teachers' differential behavior, and students' morale. *Journal of Educational Psychology*, 87, 361-374.

Bandura, A. 1977 Self-Efficacy: Toward a unifying theoey of behavioral change. *Psychological Review*, 84, 191-215.

Brophy J. & McCaslin, M. 1992 Teachers' reports of how they perceive and cope with problem students. *The Elementary School Journal*, 93, 3-68.

Brophy, J.E. & Rohrkemper, M.M. 1981 The influence of problem ownership on teachers' perceptions of and strategies for coping with problem students. *Journal of Educational Psychology*, 73, 295-311.

Clandinin, D.J. 1985 Personal practical knowledge: A study of teachers' classroom images. *Curriculum inquiry*, 15, 361-385.

Dweck, C.S. 1986 Motivation processes affecting learning. *American Psychologist*, 41, 1040-1048.

二杉孝司　1993　自分の教師像を探る　(教育科学研究会「現代社会と教育」編集委員会　現代社会と教育—5 教師)　大月書店　Pp.112-122

Gordon, T. 1974 *Teacher effectiveness training*. New York: Wyden.(奥沢良雄・市川千秋・近藤千恵　共訳　1985　T.E.T.教師学　小学館)

原岡一馬　1990　教育実践を通しての教師の自己成長　原岡一馬　編　これからの教育1　教師の成長を考える　ナカニシヤ出版　Pp.11-26.

速水敏彦　1998　自己形成の心理—自律的動機づけ　金子書房

本多克己・高木嘉一・小川義幸　1968　子どもの望む教師　教育心理, 16(4), 16-21.

石田勢津子・伊藤篤・梶田正巳　1986　小・中学校教師の指導行動の分析—算数・数学における教師の「個人レベルの指導論」　教育心理学研究, 34, 230-238.

梶田正巳　1986　授業を支える学習指導論—PLATT—　金子書房

梶田正巳・杉村伸一郎・桐山雅子・後藤宗理・吉田直子　1988　具体的な事例へ保育者はどう対応しているか　名古屋大学教育学部紀要—教育心理学科—, 35, 111-136.

河村茂男・國分康孝　1996　小学校における教師特有のビリーフについての調査研究　カウンセリング研究, 29, 44-54.

岸田元美　1958　児童と教師の人間関係の研究1—教師への児童の適応—　教育心理学研究, 5, 87-95.

岸田元美　1969　教師認知・態度の因子構造　徳島大学学芸紀要—教育科学—, 17,

85-146.

國分康孝・河村茂雄　1996　学級の育て方・生かし方　金子書房

近みち子　1993　小学校教師—その喜びと悩み　教育科学研究会「現代社会と教育」編集委員会　現代社会と教育—5 教師　大月書店　Pp.6-19.

近藤勲　1980　教材開発をくみこんだ模擬授業とその評価法　日本教育工学雑誌, 4, 85-95.

Lortie, D.C. 1975 *Schoolteacher: A Sociological Study*, University of Chicago Press.

松本卓三　1996　教育とコミュニケーションの心理学　松本卓三編　教師のためのコミュニケーションの心理学　ナカニシヤ出版　Pp.9-18.

蓑内豊　1993　課題の重要度の認知が自己効力の般化に及ぼす影響　教育心理学研究, 41, 57-63.

三隅二不二　1984　リーダーシップ行動の科学　有斐閣

三隅二不二・矢守克也　1989　中学校における学級担任教師のリーダーシップ行動測定尺度の作成とその妥当性に関する研究　教育心理学研究, 37, 46-54

宮田敬一　1994　ブリーフセラピーの発展　宮田敬一編　ブリーフセラピー入門　金剛出版　Pp.11-25.

宮田敬一　1998　ブリーフセラピーの学校への適用　宮田敬一編　学校におけるブリーフセラピー　金剛出版　Pp9-23.

奈須正裕　1996　努力の心理学　児童心理, 659, 581-590.

西口利文　1998　問題場面の児童に対する教師による言葉かけの分類—大学生の回答をもとにして—　名古屋大学教育学部紀要（心理学）45, 141-160.

Nucci, L.P. 1984 Evaluating teacher as social agents: students' ratings of domain appropriate and domain inappropriate teacher responses to transgressions。*American Educational Research Journal*, 21, 367-378。

岡本慎一郎　1994　状況と言語表現　木下冨雄・吉田民人（編）　応用心理学講座4　記号と情報の行動科学　福村出版　Pp.20-44.

佐伯卓也　1980　マイクロティーチングによる教材翻案スキルの訓練　日本教育工学雑誌, 4, 97-101.

佐藤学　1994　教師文化の構造—教育実践研究の立場から（稲垣忠彦　久冨善之　編　日本の教師文化）　東京大学出版会

佐藤学　1997　教師というアポリア—反省的実践へ—　世織書房

Schunk, D.H. 1981 Modeling and attributional effects on children's achievement: A self-efficacy analysis. *Journal of Educational Psychology*, 73, 93-105.

Sclare, G.B. 1997 *Brief counseling that works: A solution-focused approach for school counselors.* California: Corwin Press.

Shulman, L. 1992 Toward a Pedagogy of Cases. *Case Methods in Teacher Education.* New York: Teacher College Press.

竹下由紀子　1990　授業実践の観点から　原岡一馬　編　これからの教育1　教師の成長を考える　ナカニシヤ出版　Pp.69-80.

瀧野揚三　1992　投影的図版による教師の指導態度に対する生徒の反応の分析　カウンセリング研究, 25, 1-8.

柳井修・浜名外喜男　1979　学級の出会い　小川一夫　編著　学級経営の心理学　北大路書房　Pp.1-24.

渡辺三枝子　1997　学校教育とカウンセリング　渡辺三枝子編著　学校に生かすカウンセリング―学びの関係調整とその援助―　ナカニシヤ出版　Pp.24-36.

山口正二　1994　教師の自己開示特性と心理的距離に関する研究　カウンセリング研究, 27, 126-131.

山崎準二・小森麻知子・紅林伸幸・河村利和　1990　教師の力量形成に関する調査研究―静岡大学教育学部の8つの卒業コホートを同一対象とした1984年調査及び1989年追跡調査の結果の比較分析報告―　静岡大学教育学部研究報告　人文・社会科学篇　41, 223-252.

遊佐安一郎　1984　家族療法入門―システムズ・アプローチの理論と実際―　星和書店

本書で取り上げた研究の出典

本書における研究と,その出典との関連は,次のとおりである。

［研究①］
　西口利文　1996　問題場面で生じる教師の心理的要因が対処行動に及ぼす影響についての予備的検討　教育心理学論集（名古屋大学大学院教育学研究科編集）25, 47-63.

［研究②］
　西口利文　2000　学校場面における教師の心理的要因と児童への言葉かけとの関連　名古屋大学教育発達科学研究科紀要（心理発達科学）47, 117-138.

［研究③］
　西口利文　1996　問題場面で生じる教師の心理的要因が対処行動に及ぼす影響についての予備的検討　教育心理学論集（名古屋大学大学院教育学研究科編集）25, 47-63.

［研究④］
　西口利文　2000　学校場面における教師の心理的要因と児童への言葉かけとの関連　名古屋大学教育発達科学研究科紀要（心理発達科学）47, 117-138.

［研究⑤］
　西口利文　2001　問題場面に対処する教師行動についての研究―児童の行動評価からの分析―　カウンセリング研究　34, 115-126.

［研究⑥］
　西口利文　1997　児童による教師の統制表出への評価に影響する要因　名古屋大学教育学部紀要（心理学）44, 145-154.

［研究⑦］
　西口利文　2004　問題場面で児童が教師に求める言葉かけ―小学校高学年児童からの検討―　研究助成論文集（財団法人明治安田こころの健康財団）39, 53-62.

［研究⑧］
　西口利文　2007　教師の実践的力量を高める動機づけ要因と言葉かけのレパートリーとの関連　学校カウンセリング研究　9

［研究⑨］
　西口利文　2004　問題場面の児童への言葉かけを学ぶグループ用ワークシートの効果　カウンセリング研究　37, 23-34.

索　引

あ

α係数　84 - 86, 88, 114, 115, 117, 140, 141
アンダーアチーバー　27, 28, 30, 32 - 34, 36, 37, 39, 63, 64, 165
イェーツの連続修正による χ^2 検定　71, 75
依存児　27, 28, 30, 32, 33, 35 - 37, 39, 48, 55, 63, 65, 66, 70 - 75, 82, 83, 85, 86, 88 - 96, 144, 148, 149, 156, 157, 159, 160, 165, 171, 177
一要因分散分析　88
因子負荷　31, 87, 116, 117, 140, 141
因子分析　31, 64, 84, 87, 88, 115, 118 - 120, 140, 141
内気・引っ込み思案　27, 28, 30, 32 - 34, 36, 39, 42, 54, 56, 63, 64, 70, 72, 73, 82, 83, 85 - 96, 101 - 107, 109, 110, 113, 116, 120, 127, 129 - 131, 142 - 144, 147 - 152, 154 - 160, 165, 166, 171
ATI（適性処遇交互作用）　175
MRI（Mental Research Institute）モデル　14, 15
M機能（集団維持機能）　10
婉曲的な指示　40, 41, 54, 74, 75, 77, 112, 152 - 154, 157, 159, 160, 169, 172
――（みんな～）　110, 118, 119
――（質問をしてうながす）　110, 115, 118, 119, 130
おしゃべり　27, 28, 30, 32, 33, 35, 36, 39, 44, 54, 63, 64, 66, 70, 72, 74 - 76, 82, 83, 86 - 88, 90 - 92, 96, 101 - 107, 142 - 144, 165

か

解決志向モデル　14, 15

χ^2 検定　32, 33, 71, 75, 155, 156, 157
カウンセラー　15
カウンセリング・マインド　16
学習指導　8
仮説実験授業　10
課題探求能力　145
学級経営　8, 24, 172, 177
カテゴリーレパートリー　141 - 144, 151, 156 - 159
関係に影響する評価　82, 87, 88, 92 - 94
簡単な語りかけ・応答　40, 41, 54, 56, 67, 74, 121, 152 - 154, 157, 159, 160, 166
関与　31, 33, 35, 68, 95
関与項目群　86, 88, 89, 91, 95
関与尺度　85
関与度　31, 33, 34, 57, 65, 66 - 68, 164
危険を伴うふざけあい　27, 29, 30, 32, 33, 35, 36, 39, 51, 55, 56, 63, 65, 66, 70 - 73, 75, 76, 82, 83, 87, 88 - 96, 165, 168, 171, 176
規範意識　20, 96, 97, 106, 107, 109, 128, 132, 171
規範についての信念　98 - 107, 109, 113 - 115, 125 - 127, 131
希望を叙述する形（～してほしいのだけど）　112
教育職員養成審議会　145
教育相談　145
教育的人間関係　13, 80, 87
教員研修　22
教員志望者　22
教員養成教育　22, 144, 145, 161, 173, 177
教師教育　3, 145, 173

教師行動　1, 8-12, 14, 16, 18-21, 23, 24, 26, 27, 31, 36, 38-40, 56, 58, 60-64, 66, 68, 78, 80-82, 84, 86, 88, 92, 94-97, 107-109, 128-130, 164-171, 174-177
教師行動の特性論的アプローチ　10
教師行動の普遍的アプローチ　9
教師―児童関係　81, 86, 96, 102
教授学習理論　10
教師所有問題　12-14, 60, 61
教師―生徒共有問題　12, 13, 14, 60
教師の統制に対する評価　100
教師の統制表出についてのスキーマ　97-105
教師への受容表出要求　98, 100-107, 113
教師への直接的反抗　27-30, 32, 33, 35, 36, 39, 45, 55, 63, 64, 66, 70, 72, 74, 82, 83, 85-88, 90-92, 94-96, 165
教師への統制表出要求　113-115, 125, 126, 131
協力の示唆　40, 41, 54, 74, 75, 77, 112, 130, 152-154, 157, 159, 160, 169, 172
具体的な知識　8
クライエント　14, 15
グループワークシート（GWS）　147-151, 153, 156, 158-161, 173, 174
経験智　9
ＫＪ法　40
結果期待　61
けんか　27, 28, 30, 32, 33, 35-37, 39, 47, 55, 56, 63, 65, 66, 70-76, 78, 82, 83, 85, 86, 88, 90-96, 165, 166, 168, 176
言語的関与　86, 90
研修用教材　3
高校教諭　39
交互作用　19, 20, 62, 122, 124, 130, 170, 171
高実現性教師行動　18, 23, 26, 36, 37, 88, 91, 93, 95, 165, 167
肯定　40, 41, 54, 112, 153, 154
　――（現状への積極的な肯定　えらいね）　110, 115, 118, 119, 121, 131
　――（これまでの経過を否定しない）　110, 118, 119, 121

肯定疑問形（〜してもらえるかな）　112
行動のレパートリー　2, 164, 175
行動変容　16-19, 26, 38, 167, 168
効力期待　61, 62, 67, 76
効力期待度数　2, 61-71, 73-78, 168-170
言葉かけ　1, 39-41, 53, 56, 58, 68, 71-75, 77, 78, 108-110, 112-114, 116, 117, 120-123, 125-133, 140-142, 144, 146-149, 151, 153, 155, 158-160, 164, 166, 169, 170, 172, 174, 175
言葉かけカテゴリー　40, 53, 57, 71, 112, 141-143, 151, 157-159, 164, 172
言葉かけのレパートリー　137-139, 141, 157, 160, 161, 172, 173
コミュニケーション　8, 16, 145, 146, 178
コミュニケーション・スキル　16, 144, 145, 160, 178
固有値　84, 87, 140
孤立児　27, 28, 30, 32, 33, 35-37, 39, 48, 55, 63, 65, 66, 70-74, 82-84, 87-96, 109, 111, 113, 116, 120-127, 129-131, 142, 165, 171

さ

指示　40, 41, 54, 75, 77, 112, 151-155, 158, 164, 169
　――（〜してもらえるかな）　110, 118, 119, 121, 129
　――（〜しなさい）　110, 118, 119, 121
システムズアプローチ　145
実現性　18, 23, 26, 37, 38, 56-58, 60, 67, 76, 80, 81, 88, 90, 93-95, 97, 102, 106, 108, 109, 112, 122, 128-132, 165-169, 171, 172, 176, 177
実践的知識　8, 9, 11, 12, 14, 16-18, 21, 22, 39, 107, 136-138, 144-146, 161, 166, 172-178
児童との類似性　69, 70, 71, 74, 75, 77, 78, 169
児童認知　81, 94
指導方法のレパートリー　21-24, 136, 137, 143, 144, 161, 172, 174, 177

授業中の落書き　27, 28, 30, 32 – 34, 36, 37, 39, 43, 54, 63, 64, 66, 70, 72 – 75, 78, 82, 83, 85 – 92, 94 – 96, 101 – 110, 113, 116, 120 – 129, 142, 143, 147 – 149, 151, 152, 154, 156 – 160, 165, 168
授業を妨げる落ちつきのない行為　27, 29, 30, 32, 33, 35 – 37, 39, 52, 55, 56, 63, 65, 66, 68, 70 – 75, 82 – 84, 87 – 96, 101 – 105, 107, 142 – 144, 165, 166, 168
主効果　123, 124
受容　31 – 37, 57, 64 – 67, 86, 88, 90, 91, 95, 99, 164, 166
　——尺度　85, 86, 88, 89, 92, 94
受容的意図　33, 37, 38, 57, 85, 130, 131, 165
受容的行動　33, 36, 62, 66, 67, 69, 98, 99, 108, 112, 129, 131, 146, 147, 149, 158, 159, 169, 170
小学校教諭　26, 27, 39, 41, 63, 70, 82, 139
状況論的アプローチ　11, 12, 13, 166, 170, 171
承認　120 – 122, 124 – 128, 130 – 133
譲歩　40, 41, 54, 56, 74, 112, 151 – 155, 158, 166
　——（全面的譲歩　まあいいか）　110, 115, 118, 119, 122, 131
　——（部分的譲歩　〜してもらえるかな）　110, 118, 119
　——（部分的譲歩　〜しなさい）　110, 118, 119
助言　115, 120 – 128, 130 – 133, 172
心理的距離　84
信念　15, 77, 99, 109, 136, 168, 170, 175
心理療法　14, 137, 145
ストラテジック・モデル　14, 15
Spearmanの順位相関係数　94
生徒所有問題　12 – 14, 60, 61
セラピスト　14
相関　65, 66, 68, 69, 82, 86, 104, 105, 114, 115, 121, 122, 125 – 127, 131
相互作用　15, 22, 98
相互作用パターン　16, 17

た

Tukey法　93, 95
対処行動　2, 61, 146
対処方法のレパートリー　1
対担任教師親近性　82, 83
対担任教師親近性尺度　82, 84, 86
怠慢な清掃活動　27, 28, 30, 32, 33, 35 – 37, 39, 46, 55, 63, 65, 66, 70, 72, 74, 75, 82, 83, 86, 90 – 92, 94 – 96, 109, 110, 113, 116, 120 – 130, 142 – 144, 148, 149, 156, 157, 159, 165
多次元尺度法　90, 91
多重比較（Bonferroni法）　123, 124
中学校教諭　39
忠告・意見　40, 41, 54, 75, 152 – 155, 158, 164, 172
　——（〜していると – だよ）　110, 118, 119
　——（〜してほしいのだけれど）　110, 115, 118, 119, 129
　——（〜すると + だよ）　110, 115, 118, 119, 130
　——（〜は大切なことだよ）　110, 115, 118, 119, 130
中実現性教師行動　19, 23, 26, 36 – 38, 60, 88 – 91, 93, 95, 165, 167
中立場面　89, 90, 95, 96, 168
直接的表現（〜しなさい）　112
t検定　152, 156
低学力児　27 – 30, 32 – 34, 36, 37, 39, 63, 64, 66, 165
低実現性教師行動　18, 23, 26, 36, 60, 88, 90, 91, 95, 96, 165 – 167
統制　31 – 37, 57, 64 – 69, 76, 80, 81, 86, 88, 90 – 100, 102, 105 – 109, 122, 130 – 133, 136, 164, 166, 169, 171, 172, 176, 177
　——指数　34, 36
　——尺度　85, 86, 88, 89, 92, 94
統制的意図　33, 37, 38, 57, 80, 81, 85, 97, 120, 127, 130, 165

統制的行動　2, 33, 34, 36, 61, 62, 66, 67, 69, 76, 80, 97 – 99, 108, 109, 112, 129, 132, 146, 147, 149, 158, 169 – 172
怒鳴り・罵り　40, 41, 54, 75, 76

な

二要因分散分析　122

は

パーソナル・ティーチング・セオリー（Personal Teaching Theory）　10, 11
パーソナルな指導理論　8
パーソナルレパートリー　141 – 144
励まし　40, 41, 54, 75, 77, 130, 151, 153, 154, 169, 172
パス解析　100, 103, 104, 106
パスモデル　105
発達的アプローチ　11
罰の示唆　40, 41, 54, 121, 130, 152 – 154
場面想定法　3
場面のコンテクスト　18 – 20, 23, 26, 53, 56, 62, 68, 130, 169 – 171
判断の委ね　40, 41, 54, 74, 121, 153, 154
PM理論　10
PLATT (Personal Learning and Teaching Theory)　69
P機能（目標達成機能）　10
非関与　31, 33, 35
否定疑問形（〜してもらえるかな）　112
冷やかし・呆れ　40, 41, 54, 75, 77, 121, 153 – 155, 160, 169
非類似性得点　89
非類似性得点マトリックス　88, 89
フィッシャーの直接確率法　71, 74, 75
不介入・静観　40, 41, 54, 67, 74, 76, 77, 112, 169
不確実性　14, 136 – 138, 161, 173
フラストレーション　1, 29, 35
ブリーフセラピー（Brief Therapy）　14 – 17, 22, 24, 26, 38, 137, 145, 167, 168, 176
プログラム学習　10
偏相関　92, 94
保育士　18
保育所　18

ま

マイクロティーチング　145
命令　115, 120 – 122, 125 – 133
問題所有（problem ownership）　2, 12, 14, 61 – 72, 74 – 76, 78, 168 – 170
問題点を探る問いかけ　40, 41, 54, 56, 71, 75, 112, 152 – 154, 166
　　――（体調を尋ねる）　110, 118, 119
問題場面　1 – 3, 14, 16 – 24, 26, 29, 31, 34 – 39, 53, 56 – 58, 60 – 63, 66 – 69, 78, 80 – 82, 84, 88, 94 – 98, 102, 107 – 109, 112, 114, 122, 127 – 129, 132, 133, 136, 137, 139, 143 – 147, 159, 161, 164 – 168, 170 – 178
　　――との関わりの強さ　98, 102, 105
　　――の児童との類似性　109, 113 – 115, 126, 127, 131, 132

や

有意味受容学習　10
要求表現　112
養護教諭　39
幼稚園　18
要望　115, 120 – 123, 125 – 133

ら

リーダーシップ　13
力量向上の期待　138 – 143, 173
力量への満足感　138 – 143
レパートリーテストシート（RTS）　148, 149, 151, 153 – 160

わ

ワークシート　2, 146 – 149, 155, 159 – 161

[著者略歴]

西口　利文（にしぐち　としふみ）

1971年大阪府生まれ。
名古屋大学大学院教育学研究科博士後期課程満期退学。
専　門　教育心理学
現　在　中部大学人文学部 准教授，博士（心理学）
　　　　日本学校カウンセリング学会理事（2001年―現在），愛知県義務教育問題研究協議会専門部会委員（2004年―現在）．
著　書　『学校心理学入門シリーズ②　授業改革の方法』（共編著）ナカニシヤ出版, 2007年
　　　　『やる気を育む心理学』（分担執筆）北樹出版, 2007年
　　　　『学ぶ意欲を育てる人間関係づくり―動機づけの教育心理学』（分担執筆）金子書房, 2007年
　　　　『教師教育テキストシリーズ4　教育心理学』（分担執筆）学文社, 2007年
　　　　『心理学を学ぼう』（分担執筆）ナカニシヤ出版, 2006年
　　　　『子どもの学びを育てる少人数授業』（分担執筆）明治図書, 2003年
　　　　『学ぶ心理学，生かす心理学』（分担執筆）ナカニシヤ出版, 2001年
　　　　『成長する教師―教師学への誘い』（分担執筆）金子書房, 1998年

問題対処の教師行動

2007年11月20日　第1版第1刷発行

著　者　西口　利文

発行者　田　中　千津子

発行所　株式会社　学文社

〒153-0064　東京都目黒区下目黒3-6-1
電話　03（3715）1501 ㈹
FAX　03（3715）2012
http://www.gakubunsha.com

印刷所　新灯印刷
製本所　小泉企画

© Toshifumi NISHIGUCHI 2007
乱丁・落丁の場合は本社でお取替えします。
定価は売上カード，カバーに表示。

ISBN 978-4-7620-1718-6